성재일기

惺 齋 日 記

*이 도서의 국립중앙도서관 출판예정도서목록(CIP)은 서지정보유통지원시스템 홈페이지(http://seoji.nl.go.kr) 와 국가자료종합목록 구축시스템(http://kolis-net.nl.go.kr)에서 이용하실 수 있습니다.

（CIP제어번호: CIP2020033072）

국학자료 심층연구 총서 17

성재일기

惺　齋　日　記

16세기 재지 사족의
올곧은 삶과 문화의 기록

한국국학진흥원 연구사업팀 기획

이연순 김종석 박청미 안영석 이정철 지음

은행나무

일러두기

1. 단행본과 학술지, 잡지는 『 』로 논문과 단편, 시조는 「 」로, 그림은 〈 〉로 표기했다.

책 머리에

한국국학진흥원은 오랜 시간 민간 소장 일기류에 관심을 가져왔습니다. 2008년부터 10여 년간 목록집을 만들고 번역본을 출간해왔으며 한국학중앙연구원 한국학자료센터 영남권역의 사업으로 진행되어 해체 탈초 및 DB 구축사업을 진행해왔습니다. 사대부의 일기는 관찬 사료에서는 볼 수 없는 조선시대 생활사를 복원하는 데는 더 없이 귀중한 자료입니다. 일기에서 당시 장터의 풍경을 엿볼 수 있는가 하면 비단 한 필의 가격과 고등어 한 손의 값어치를 짐작할 수 있습니다. 그뿐만 아니라 일기에는 그날 그날의 날씨가 기록되어 있기 때문에 시대상을 파악하는 데도 중요한 자료입니다. 일식과 월식 그리고 장마철의 풍경, 전염병이 돌았을 때 피해 상황 등은 농경사회에서 참으로 중요한 기록입니다. 한국국학진흥원은 이렇게 소중한 일기 자료를 많은 사람들이 쉽게 읽고, 오래된 옛날의 풍경을 살펴볼 수 있도록 대중화하는 작업을 시작했습니다. 이 작업은 전공 영역의 벽을 허물고 다양한 분야의 연구자들이 같은 일기를 읽고, 자신의 관점에서 새롭게 해석하는 연구로 이어지고 있습니다. 그 결과 참으로 신선하고, 재미있으며, 학술적으로도 유용한 결과들이 배출되는 계기가 되었습니다.

올해는 성재惺齋 금난수琴蘭秀의 『성재일기』를 발간하게 되었습니다. 금난수는 대략 25세부터 75세로 사망할 때까지 50여 년 동안 일기를 썼는데 현재 남아 있는 『성재일기』는 25세인 1554년부터 10월 30일부터 27세인 명종 1556년 12월 17일까지, 31세인 1560년 11월 9일부터 32세인 1561년 9월 9일까지, 46세인 1575년 5월 13일부터 75세로 사망한 1604년 2월 13일까지의 기록입니다. 발문에 의하면 없어진 부분은 임진·정유 양란 때 소실된 것으로 추정하고 있는데 특히 33세부터 45세까지 한창 때의 기록이 누락되었다는 점은 아쉬운 부분입니다. 『성재일기』는 16세기 일기의 하나로, 그 내용이나 의의에 대해 본격적으로 다루어지지 않았던 작품입니다. 하지만 이번 기회를 통해 일기에 드러난 그의 개인적인 삶과 공적인 삶을 함께 톺아보고자 합니다.

금난수는 원래 월천月川 조목趙穆의 문하에서 공부했으나 월천의 권유로 퇴계退溪 이황李滉과 사제 관계를 맺은 후 꾸준히 학문에 힘쓴 과정을 일기에 남겨 놓았습니다. 특히 월천과 각별한 사이로 서로 오가며, 스승 퇴계가 내려왔을 때 같이 찾아뵈러 가거나, 퇴계가 보낸 편지나 시에도 월천과 성재 두 사람에게 같은 내용이 담겨 있어 함께 보는 등 일상에서나 학문적으로 꾸준히 교유한 면모를 볼 수 있습니다. 이외에도 아들들의 과거 급제를 도운 여정, 임진왜란 당시 재지 사족으로서의 활동들을 살펴볼 수 있습니다.

『성재일기』는 본래 필사본 형태로 문중에 보관되어 오다가 2019년

에 한국국학진흥원에서 국역 발간되었습니다.『성재일기』의 출간으로
향후 이 분야에 대한 연구가 보다 진척되기를, 또 이 일기를 활용한 보
다 풍성한 결과물들이 나오기를 기대하면서 이 책이 발간되기까지『성
재일기』연구에 심혈을 기울여준 집필자 선생님들께 감사드립니다.

2020년 8월 한국국학진흥원 연구사업팀

1장

16세기 일기문학으로서
『성재일기』의 성격과 의의

이연순

서론

　장덕순은 16세기를 "일기문학의 번성기"라고 평하면서, 16세기 일기문학이 성행하는 경향에 대해 관심을 집중시킨 바 있다. 또한 장덕순은 이자의『음애일기陰崖日記』, 이이의『석담일기石潭日記』, 휴정의『진중일기陣中日記』, 이순신의『난중일기亂中日記』등을 예를 들어 살피고, 이 당대 일기문학의 특성으로 "공적인 사건을 서술하면서 개인적인 특성이 나타난다"라는 점을 들었다.

　이후 특히 임진왜란과 병자호란 등 전쟁으로 인해 기록된 일기에 대해서는 종합적인 연구와 함께 개별 작품 연구도 이루어졌다. 그 가운데 전쟁의 체험뿐만 아니라 일상의 생활을 담고 있는 오희문의『쇄미록瑣尾錄』과 남평 조씨의『병자일기丙子日記』가 생활일기로서 일찍이 주목받아 연구되었다. 이 작품들은 전쟁의 와중에 쓰였으면서도 역사 기록의 정신에 투철한 작품들과 달리, 생활일기로서의 측면이 강한 점이 특징으로 꼽혔다.

이외에 16세기 일기문학으로 가장 활발히 연구된 작품은 이문건의 『묵재일기默齋日記』이다. 을사사화로 성주에 유배된 이문건이 유배 이전부터 유배 기간까지 17년간의 일기를 남겼는데, 문학에서는 특히 『묵재일기』에 수록된 국문소설들이 새로이 발굴되었고, 이현보의 『농암가聾巖歌』가 필사본으로 부기되어 있어 관심을 모았다.

이 글에서 다루려는 성재 금난수의 일기인 『성재일기惺齋日記』 또한 16세기 일기의 하나로, 그 내용이나 의의에 대해 본격적으로 다루어지지 않은 작품이다. 기존에 성재에 대해서는 성재가 퇴계의 문인이었다는 점에서 그 수학과 학문, 교유 등에 관한 연구가 이루어졌다. 다만 그와 비슷한 시기 퇴계의 제자로서 긴밀히 교유하며 함께 수학했던 월천 조목의 경우에 비해서는 연구가 미미한 편이다. 이러한 상황에서 『성재일기』는 성재의 얼마 안 되는 저술 가운데 현전하는 것으로, 비록 양은 많지 않으나 그 학문과 삶을 알려주는 면에서 의의가 크다.

성재는 고려 말 문하평장사門下平章事에 오르며 이름을 떨친 금의琴儀의 후손으로, 경북 예안에서 태어나 21세에 퇴계의 문인이 되어 월천과 함께 수학기를 보냈고, 퇴계 사후 유고 수습에도 직접 관여할 만큼 퇴계학파와 영향이 깊은 인물이다. 비록 대과에는 실패하고 생원시 합격을 끝으로, 50세부터 제릉 참봉이 되어 경릉 참봉 등을 거쳐 70세 때 봉화 현감에 이르며 벼슬살이를 마감하지만, 당시 성행한 계회契會와 유산遊山 등을 통해 당대 인물들과 교유를 펼치며 평생 학문을 놓지 않았다. 계회로는 인척 간의 모임인 육촌계회六寸契會와 동료들끼리 결성한 장흥고계회長興庫契會 등에서 활동했고, 유산으로는 지리산, 청량산,

천마산 등을 유람하며 퇴계의 문인들뿐 아니라 남명의 문인들과도 교분을 가졌다. 또한 성재는 자식들의 수학과 과거, 관직에까지 힘써 끝내 둘째 아들 금업琴㦐(1557~1638)이 문과에 급제하고 중앙의 관직인 정언正言이 되는 데까지 관심을 가지는 모습을 보인다. 말년에는 임진왜란을 겪어, 당시 고향에서 의병 활동을 벌이고 그에 지지하면서 조정의 소식에도 관심을 가지며 변란에 적극적으로 대처했다.

이러한 과정과 모습이 『성재일기』에 생생하게 기록되어, 잘 알려지지 않았던 당시 재지 사족의 실제 삶과 당대 실상을 살펴볼 수 있게 해준다. 특히 『성재일기』는 성재가 임진왜란을 거치면서 전쟁과 일상의 일을 기록한 점에서, 기존에 16세기 일기의 특성으로 장덕순이 지적한 '공적 사건 서술'과 '개인적인 특성'이 잘 드러나고 있다. 임진왜란 때 의병장으로도 활약한 성재의 실제 관심사를 일기에서 찾아볼 수 있으며, 임진왜란 시기에도 일상의 '봉제사접빈객' 또한 꾸준히 기록하고 있는 점에서, 일찍이 주목받았던 『쇄미록』과 같은 특성, 곧 전쟁일기이자 생활일기로서의 성격도 공유한다.

이 글에서는 『성재일기』의 기록 내용을 살펴보며 그 성격을 파악하고, 일기문학사적 의의를 부여하고자 한다. 『성재일기』의 성격에 대해서는 크게 공적 활동의 기록에서 관인일기의 성격과, 사적 관심의 기록에서 개인일기의 성격을 공유하고 있는 점에 대해 중점적으로 살펴볼 것이다. 이러한 내용을 담고 있는 『성재일기』는 개인일기이자 관인일기로서 성격을 공유하고 있고, 생활 일지이면서 전쟁 보고의 성격 또한 공유한다는 점에서 당대 일기문학으로서 의의가 부여된다. 특히 성재가 조정의 소식이나 주변 시인들의 교유 사실 등을 선문하고 기록한 내용 가운데는, 임란으로 소실된『선조실록』을 보완할 만한 내용도 간혹 발견된다. 이는 당시 개인 일기로서『선조실록』의 임란 이전 기록을 대체한 유희춘柳希春(1513~1577)의『미암일기眉巖日記』나 이정형 李廷馨(1549~1607)의『동각잡기東閣雜記』등과 함께 의의가 부여되는 점이라 여겨진다.

한편 성재가 살았던 16세기는 기존의 일기문학 외에도 유산기 문학이 우세한 경향을 보이는 것으로 파악되고, 계회와 관련한 기록과 회화 등이 많이 남아 그 분야 연구에도 관심이 모아졌었다. 이 글에서『성재일기』를 살펴보는 과정에서도 성재가 당시 이러한 주된 경향을 보이는 문학 작품들을 창작한 면모가 발견된다. 이에 당대 문학의 경향과 관계되는 점들도 고려하여 그 의의를 추출할 것이다.

일기는 성재 46세부터 죽기 전, 곧 75세까지가 주되게 차지하고 있고, 그 이전인 긴 수학기에 해당하는 20세부터 45세까지는 25~27세와 31~32세를 제외하고는 기록이 없다. 그리하여 성재의 생애 중 중요하게 여겨지는 시기, 곧 퇴계를 찾아가 배우던 수학기 가운데 1554~1556년과 1560~1561년을 제외한 나머지 시기가 모두 빠져 있고, 또 퇴계가 세상을 떠나고 5년간, 곧 1570~1574년의 기록도 빠져 있다. 이것을 퇴계와 관련하여서 해석할 일인지는 정확하지 않다. 다만 성재의 수학기 전부와 퇴계의 사후 5년간이 딱 그에 해당하는 시기라, 그중심에 퇴계가 있었다는 것은 부인할 수 없는 사실이므로 이를 분명 고려할 필요가 있다고 여겨진다. 이에 이 글의 주된 연구 대상인『성재일기』의 기록 내용을 중심으로 그 성격을 파악하며 살피기 전에,『성재일기』에 빠진 부분을 여타 자료를 통해 검토해보겠다.

이 글에서 대상으로 하는『성재일기』는 한국국학진흥원 소장본으로, 이를 토대로 최근에 편차 구성을 연대순으로, 곧 1554~1556년, 1560~1561년, 1575~1604년까지로 재구성한 완역본이 나왔다. 이에 본문에서 번역문은 이를 따랐고, 인용 시 저자의 이름은 생략하고, 책 이름만을 제시해 구분할 것임을 밝힌다.

『성재일기』이전 혹은 그에 빠진 부분

여기서는『성재일기』의 주된 기록이 담긴 성재 46세부터 75세 이전 시기 중 25세부터 27세, 31세와 32세를 제외한 부분에 대해 다루며 성재의 생애를 따라 재구성해보겠다.

성재는 1530년 2월 13일 아버지 첨지공僉知公과 어머니 남씨南氏 사이에서 2남 3녀 중 맏아들로, 예안현禮安縣 부라리浮羅里에서 태어났다. 성은 금씨琴氏로 그 계통은 삼한에서부터 나와 고려시대 문하평장사에까지 오른 금의 대에 이름을 떨쳤다. 금의는 세 번이나 과거의 시험관을 맡아 그때마다 뽑은 인재들이 모두 당세의 이름난 사람들이었다고 전한다. 이는 경기체가인「한림별곡」의 1연 끝에서 '금학사琴學士의 옥순문생[玉筍門生]'이라 불리며 칭송된 데서 알 수 있다. 또한 이규보李奎報가 금의의 묘지墓誌에 "옥순玉筍의 성대함이 근고에 일찍이 없던 일이었다"라고도 한 것을 볼 수 있다.

성재의 수학기는 7세에 가학으로 부친께『소학』을 배우는 것으로 시작해, 12세에 김성일의 부친인 심신沆墥(1500~1580)에게 나아가 수학

15

하는 것으로 이어진다. 그러다 15세에 위기지학을 알고, "사람의 본성은 모두 선하다는 가르침[人性皆善之訓]"으로부터 깨달은 것이 있었다고 한다. 이때 성재의 위기지학에 대한 깨달음은 평생 이어지는 그의 학문 자세로, 월천과 함께 퇴계의 위기지학을 계승한 인물로 평가받게 하는 중요한 요소이다. 또한 성재의 학자적 면모를 이론보다는 실천의 측면에서 파악하게 하는 요소가 되기도 한다. 이러한 성재의 '위기지학'과 '성선性善'의 깨달음에 주목해야 하는 것은, 16세기 당시 조선에서 송대 성리학의 계승으로 '실천궁행'을 중시하던 풍조가 여기에 반영된 것이라 보이기 때문이다.

관례를 따른 성재는 월천 조목을 좇아 배웠고 20세 되던 겨울에 청량산 상선암上仙庵에서 독서했다. 이때 백담柏潭 구봉령具鳳齡(1526~1586), 양곡暘谷 이국량李國樑 등과 여러 암자에 나누어 지내며 날짜를 잡아 모여 독서한 책을 강론하기도 했다. 21세 되던 1550년 봄에는 보현암普賢庵에 머무르며 공부했고, 11월에 월천의 권유로 당시 고향에 내려와 있던 퇴계를 찾아뵙고 제자가 되었다. 이후부터 성재는 퇴계에게 수업하며 질문하고 격려 받으며 학문에 매진한다. 22세 7월에는 연대사蓮臺寺에 공부하러 가는 길에 퇴계에게 전송 시를 받는데, 이는 당시 성재가 학문을 이루지 못해 향시에 참여하지 않고 산으로 들어가자 그 뜻을 가상히 여기며 지어준 시이다. 이에 성재가 청량산에서 퇴계의 시에 차운한 시가 있다.

23세 1월에는 안중암安中庵에 있다가 만월암滿月庵으로 옮겨 독서했고, 11월에는 현사사수계를 결성했다. 이때 참여한 인물은 성재를 포함해 월천 조목, 백담 구봉령, 지산芝山 김팔원金八元(1524~1589), 인재忍

齋 권대기權大器(1523~1587) 등 총 다섯 명이다. 이들은 모두 퇴계의 문인으로, 현사사에서 수계하고 독서하기 위해 모임을 만들었다. 그러나 현사사수계에 대해서는 이를 결성한 날과 인적 구성에 대한 소개 외에 이들의 구체적인 활동이 문집이나 일기에 더 이상은 보이지 않는다. 다만 수계의 일원들과 성재는 훗날까지도 교유를 이어가는 모습을 보인다. 대표적으로 월천과는 성재가 그 누이동생과 혼인함으로써 사돈 관계를 맺고, 퇴계를 스승으로 함께 모시며 제자 관계도 이어가는 등 평생을 같이했기에 일기에 기록이 많다. 구봉령과도 수학기에 향시를 같이 치르고 퇴계를 함께 방문했으며, 퇴계 사후 성재가 서울에서 벼슬살이 할 때까지 찾아보고 교유를 꾸준히 이어간 기록이 있다. 권대기와는 합천 향시에 함께 응시했고, 훗날 그 부음을 듣고 일기에 기록했으며, 월천에게 보낸 편지에서 그 죽음을 안타까워했다. 이 외에 김팔원과 교유한 기록은 없고, 그 아들 김삼계金三戒의 부고를 들은 기록이 보일 뿐이다.

현사사수계 같은 수계는 당대 젊은 지식인들의 독서 모임 형태로, 고향의 지인들뿐만 아니라 중앙 정계에 진출하여 사가독서한 이들끼리도 활발히 결성한 기록을 볼 수 있다. 특히 중앙의 독서당에서 사가독서하며 이루어진 수계는 그 명단인 좌목座目이 문집에 수록돼 있거나, 그 계회 장면을 그림으로 남긴 계회도가 박물관이나 개인에 소장되어 있다. 대표적인 계회도로는 〈독서당계회도讀書堂契會圖〉가 있다. 좌목이 남은 대표적인 예가 '호당수계湖堂修契'로, 여기에는 당시 대제학이던 성세창成世昌 아래 호당에서 사가독서하던 인물들, 곧 성재의 스승이기도 한 퇴계를 비롯해 낭대 쟁쟁한 분인 학자였던 하서 김인

후, 임당 정유길 등이 함께했다. 당시 계회에서 중요한 부분은 좌목으로, 이는 계원 당사자들 사이에 동질감과 연대 의식이 형성되도록 하는 매개가 되었다. 실제로 이들은 단지 한때의 모임에 그치지 않고, 비록 정치적인 입장이 달라지는 가운데도 평생을 지인지간으로 교유하는 모습을 보여주었다.

다시 부재의 이야기로 돌아가, 성재는 이해 12월에 퇴계에게 학문을 면려하는 뜻이 담긴 편지를 받았다. 24세 12월 27일경에는 『심경心經』을 읽고 퇴계 선생께 시 두 수를 올렸다. 이에 퇴계가 서울에 있으면서 그믐 즈음 성재 시에 차운한 시와 편지를 보냈다. 다음 25세부터 27세 사이에는 일기 기록이 있으나 25세는 10월부터 12월까지, 그것도 매일의 기록이 아니고 며칠 만의 기록이 전부이므로 일기 기록을 살피는 것은 무리이기에 여기서 살피고, 26~27세에 대해서만 뒤에서 마저 다루겠다.

25세 봄에 동계東溪에 성성재惺惺齋라는 서실을 짓자, 퇴계가 그 편액을 써주며 시 두 수를 지어주었고 그에 대해 성재가 차운했다. 퇴계는 한 수를 더 짓고, 또 성성재 주변의 누대 곧 활원대活源臺, 임경대臨鏡臺, 총춘대總春臺, 풍호대風乎臺 등을 제재로 풍광을 읊고 수양할 것을 다짐하는 시 다섯 수를 더 지었다. 이러한 퇴계의 시 중 두 번째 시에서 '성재'의 호에 대해 그 근본 의미를 찾아 사량좌謝良佐(1050~1103)의 '성성법惺惺法'과 서암 스님의 '성성惺惺' 고사를 든 것은 주목할 만하다.

'성성법'은 북송시대 유학자 정이의 제자인 사량좌가 자신의 스승이 체계화한 경敬 사상의 공부 방법으로 발전시킨 것으로, 그 저술인 『상채어록上蔡語錄』에서 "경은 상성성법이다[敬是常惺惺法]. 지금 사람이 경을 설명할 때 정제엄숙으로 말한다. 진실로 옳기는 하나 만일 마음이 깨어 있지 않으면 이치를 터득할 수도, 물욕과 사욕을 물리칠 수도 없다. 비록 억지로 이 마음을 지닌다 해도 어찌 경이 될 수 있겠는가"라고 언급한 데서 볼 수 있다. 이에 『주자대전』 권43에서는 "대개 경건함과 진지함은 미발과 이발에 다 적용이 되는, 위로도 통하고 아래로도 통하는 도이다"라고도 하여, 이러한 점은 불교의 선과 통하는 부분으로 파악되기도 한다. 이에 대해 주희는 『심경부주』 권1에서 "이 마음을 깨우치게 하는 것은 같으나 그 방법은 다르니 우리 유가는 이 마음을 깨워서 그로 하여금 여러 도리를 비추어보고자 하고, 불씨는 공허하게 마음을 불러 깨워 여기에 있게 하여 아무런 작용함이 없는 것이다"라고 구분했다.

이해 9월 16일에는 퇴계에게 받은 편지에서, 과거 공부를 소홀히 하지 말 것을 당부하는 뜻을 새겼고, 10월 27일에도 월천과 같이 받은 퇴계의 편지에서 공부할 것에 대해 자극을 받았다. 이때 성재는 퇴계가 손수 써서 준 『연평답문延平答問』 한 권을 읽었다. 이달 30일과 11월 1~2일에는 일기 기록이 있으나 소략하므로 여기서 이어서 살피면, 월천과 함께 다음 달 영주 향교에서 열리는 거접에 참가하러 길을 나섰다가 비가 심하게 내려 그냥 돌아온 일이 있었다. 26세와 27세는 일기 기록이 있으므로 여기서는 다루지 않는다. 다만 일기에 없는 기록 중 27세 4월에 월천과 월란암月瀾菴에서 함께 독서하고 퇴계의 『주자서절요朱子書節要』를 베껴 쓰며 공부한 일이 있었다.

그런데 28세 일기에서는 퇴계가 월천에게 보낸 편지에서 성재를 격성하는 내용을 볼 수 있다. 이에 성재가 편지와 함께 시 세 수를 보내자 퇴계가 성재에게 그의 성찰하는 자세를 칭찬하며 답신을 보내주었다. 이해 겨울에는 계당溪堂에서 퇴계의 손자인 몽재蒙齋 이안도李安道(1541~1584)와 김부륜金富倫(1531~1598)의 조카 김전金㙉(1538~1575) 등과 함께 학문했다. 29세 3월에는 도산서당에 천연대天淵臺가 완공되었고 4월에는 역동서원을 세울 터를 살펴보고자 퇴계 선생과 부포리에 있는 오담鰲潭을 유람하고 터를 정했다. 한편 당시 성재가 월천, 이명홍 등과 월란암에서 공부하고 있었던 사실을 퇴계가 보낸 편지에서 알 수 있다. 가을에는 보현암에 머물며 간재艮齋 이덕홍李德弘과 함께 수학했다. 성재는 그 후 퇴계 선생께 편지를 올렸고, 그에 퇴계가 답하여 성재에게『중용』의 문장을 들어 '늦게 학문을 하는 자에게 약이 되는 말'이라 일러주며 면려했다. 30세 봄에도 이덕홍이 와서 한 달을 성재惺齋에서 머물며 공부하고 그때의 깨달음을 퇴계에게 편지하여 알렸다. 이후 31세의 일은 11월부터『성재일기』에 나오니, 그 이전의 일을 살피면, 4월에 퇴계 선생과 월천, 매헌, 신중 등과 고산에서 노닐고 시를 지은 일이 있었다. 32세의 일은『성재일기』에 자세히 나오므로 다음 장에서 살펴보겠다.

33세 되던 해 7월 16일에 퇴계 선생, 월천 등과 뱃놀이 하려던 계획이 무산되었고 12월 12일에는 퇴계 선생과 단사곡, 월란대 등으로 놀러 갔다. 34세에 퇴계 선생께 편지를 올려, 왕세자의 복제服制와 시제時祭, 상례喪禮 등의 조목을 질의했다. 겨울에 외사촌 남치리南致利와 성재에 머무르며 퇴계 선생께 수업을 받았다.

35세 4월 14일에는 퇴계 선생을 비롯해 문인들 13인과 함께 청량산을 유람하러 나서서 3일을 머물고 17일에 내려왔다. 함께한 이들은 이

문량李文樑, 금보琴輔(1521~1584), 김부의金富儀, 김부륜, 권경룡權景龍, 김사원金士元, 유중엄柳仲淹, 유용운柳龍雲, 이덕홍, 남치리, 퇴계의 조카 이교李㝯(1531~1595)와 맏손자 이안도 등이었다. 이보다 전인 35세 정월에 성재가 청량산에 첫째와 둘째 아들을 데리고 문수암 등지에서 옮겨가며 머문 일이 있는데, 이때 고산 보현암 벽에 입산기入山記를 써놓았다. 청량산에 들어갈 때 퇴계가 그 글을 보고 성재에게 시를 지어주자, 성재가 다시 그에 차운하여 시를 지은 것이 남아 있다.

기문에 따르면, 성재는 18세(1547) 봄에 처음 청량산을 두루 보고 진면목을 알았으며, 이후 20세(1549) 겨울, 21세 봄, 22세 초가을, 23세 여름, 27세 여름, 28세 겨울, 29세 겨울, 그리고 35세 정월에도 청량산의 암자 등에서 지냈고, 이를 성재 스스로 20년 동안 열두세 번을 왕래했다고 정리했다. 이에 덧붙여, 예전에 지은 시들을 다듬다가 산에 들어갈 때 먹은 마음이 세속적인 일에 휘말려 공부에 진력을 기울이지 못한 채, 곧장 나와서는 사물의 빛깔을 접하며 그나마 얻은 것을 다 잃어버려, 말이나 행동에 한 가지 볼 만한 것이 없었다며, 오히려 자신이 세속에 빠져 사는 부류만도 못하게 되었다고 한스러워했다. 그렇기에 사람의 수양이 어떻게 힘쓰는가에 달려 있지 공간과는 관계없다는 것을 알았다며, 뒤에 산에 들어가는 자에게 경계하는 말을 남겼다.

이처럼 성재가 18세 이후 29세까지 거의 매년 청량산에 가서 공부했으나 그 후 더 이상 찾지 않다가, 35세에 아들들을 데리고 가서 저와 같은 회상 글을 남기는 데서, 30세 이후로 성재가 공부를 하기 위해 굳이 조용한 산을 찾아 들어가야 한다는 생각은 버리고, 어디에서든 수양하는 자세를 가지는 것이 중요함을 깨닫고 실천하게 되었으리라 짐악된다. 이것은 성재의 수양과 학문 방법의 변화를 보여주기에 주목되는데, 곧 성재의 30세 이후 학문법이 일상에서 위기지학의 실천을 중시하는 쪽으로 변화했음을 알려주기 때문이다.

이해 여름 성재는 고산에 가서 퇴계 선생을 천연대에서 뵈었다. 가을에는 일동정사日洞精舍가 지어져 당시 많은 이들이 시를 지었고, 그것으로『고산지孤山志』를 만들었으며, 성재도 여기에 시를 남겼다. 성재가 이즈음 주자의 글을 읽고 퇴계 선생께 올린 편지가 있다. 12월 15일 퇴계의 조카 이교가 원암촌에 집을 지어 처자를 데리고 그곳으로 떠나자 김취려, 성재가 이안도 등과 함께 시를 지어 송별해주었다. 36세에는 친족 형 등과 계모임을 열어 퇴계가 온계溫溪 마을에 세운 약조에 준수해 마을 친족계를 시행하자고 했다. 37세 봄에는 고산정에서 주자의 글을 읽고 퇴계 선생께 편지와 절구 시 두 수를 올리자 이에 퇴계가 차운했다. 38세 7월 중순에는 역동서원易東書院 건립 공사에 농번기 백성들을 동원하게 된 일에 대해 퇴계에게 편지로 문의했고, 이에 퇴계로부터 그 공사를 7월로 미루는 것이 좋겠다는 답신을 받았다. 7월 14일에는 당시 명나라 사신들을 맞이하던 퇴계가 월천과 성재에게 편지를 보내, 조사들이 요구할 것에 대비해 계상 동재의 서가에 있는 이언적李彦迪의 유고를 속히 찾아서 보내줄 것을 부탁받아 실행했다. 8월에는 도산에 가서 퇴계 선생께 태극에 관해 주희와 육구연의 설을 살피고 질의했다.

39세 정월에 한강寒岡 정구鄭逑가 찾아왔고, 2월에 역동서원에서 모여 원규와 당재의 이름을 의논하여 퇴계께 정할 것을 여쭈었다. 4월에 퇴계가 계상의 서재에 거처하고 있을 때 배삼익, 월천 등과 퇴계를 찾아가 배알하고 고산으로 놀러 갔다. 다음 날 퇴계로부터 두 수의 시를 받았다. 성재도 이에 답하는 차운시를 지었다. 40세 여름에 농운정사隴雲精舍에 머무르며 계재溪齋에서 수업했고, 11월에 현풍玄風에서 곽황郭趪을 조문했다.

41세 5월에는 퇴계가 도산에서 강의한 『역학계몽易學啟蒙』의 수업을 받고, 7월에는 역동서원에서 『심경』 수업을 받았다. 이때 모인 사람들은 김부필, 이숙량, 조목, 김부의, 김부륜, 금응훈, 윤흥종, 이재, 이안도, 이순도, 박려 등이었다. 9월에는 도산서당에 박사훈, 이덕홍, 남치리 등 제생과 이안도 등과 함께 모여 퇴계 선생이 강의하는 『계몽』과 『심경』을 듣고 공부했다. 성재는 동문들과 『심경의의心經疑義』를 교정했는데, 퇴계께 교정이 정밀하고 자세하다는 평을 들었다. 11월에 아버지 첨지공을 모시고 가서 퇴계 선생을 찾아뵈었다. 당시 권호문이 청량산으로 가는 길에 계상서당으로 퇴계를 찾아뵙고 가르침을 받고 있었는데, 강의 도중 성재가 아버지를 모시고 간 것이다. 그리고 12월에 퇴계 선생이 돌아가시자, 일 년을 띠를 두르고 심상 삼년心喪三年을 지내며, 제문에서 "나를 낳아주신 분은 부모이시고 나를 가르친 분은 선생"이라고 했다.

성재 42세부터 45세까지는 퇴계 선생 사후 사업을 추진하는데, 『성재일기』에는 이 시기가 고스란히 빠져 있고 「묘갈명」에도 관련 기록이 없다. 그런데 1572년 12월 연보에서는 '일록'을 지칭하며 인용하는 대목이 있다. 그리고 나서 8일까지의 기록을 인용하여 퇴계의 기일에 즈음해 전奠을 한 일련의 과정을 적어놓았다. 이로 보아 성재가 이 시기에도 일기를 썼으나 일기가 일실된 것이 분명하다. 이에 성재의 문집과 연보, 관련 문인들의 문집을 주 자료로 정리한다. 43세 3월에 퇴계 선생 장례의 절차에 대해 여러 사람들과 논변했고, 6월에는 역동서원에서 퇴계의 문집을 모았고, 사문일록師門日錄을 수정修整했다. 43세 4월에는 김부필, 금보, 구봉령, 금응협琴應夾, 류성룡柳成龍, 정유일鄭惟一, 이문규李文奎 등과 함께 부석사浮石寺를 유람하며 시를 지었다. 11월에 계당에서 기대승奇大升이 지은 퇴계의 묘갈문에 대해 퇴계 손자 이안도와 의논하여 결정했다. 44세 봄에 김부필, 금보, 이숙량李叔樑 등과 확연정廓然亭에서 강신했다. 45세에는 동문들과 함께 도산陶山에 상덕사尙德祠를 건립할 것을 의논하고, 퇴계 선생의 시호에 대하여 의논하고는 글을 지었다. 45세 봄에는 도산서당 뒤에 서원을 지었다.

　지금까지『성재일기』에 빠진 부분, 또는 기록 이전의 생애 중에서, 주로 수학기에 해당하는 시기를 살펴보았다. 이 시기에 성재는 월천을 통해 퇴계와 사제지간을 맺었으며 그의 학문도 그와 관련하여 이루어졌을 것이라 짐작되나, 남아 있는 저술이 없어 자세히 살펴보기 어려웠다. 다만 퇴계의 문하에서『심경』,『연평답문』,『주자서절요』등을 읽고, 퇴계의『역학계몽』수업을 들으며,『심경의의』를 교정하는 등 퇴계에게 학문적으로 영향을 받은 사실을 알 수 있었다. 그리고 퇴계 제자들과 함께 현사사수계를 만들어 독서하고, 또 퇴계를 비롯해 그 문인들과 청량산을 유람하며 교유한 사실도 확인할 수 있었다. 퇴계 생전 처음으로 함께 청량산에 유람하기 전, 성재 스스로 18세부터 29세까지 청량산에 공부하러 매년 들어가다가 30세 이후로는 청량산을 더이상 찾지 않은 데서, 성재의 학문 방법이 현실에서 위기지학의 실천을 더욱 중시하는 방향으로 나아갔으리라 추정해볼 수 있다.

『성재일기』의 일기문학으로서 성격

앞서 성재의 수학기에 해당하는 시기에『성재일기』기록 중 많은 부분이 빠져 있어, 여러 자료들을 활용해 살펴보았다. 여기서는『성재일기』의 일기문학으로서 성격에 대해 공적 활동 기록을 남긴 관인일기의 성격과 사적 관심 기록에 치중한 개인일기의 성격 면으로 나누어 살피며, 그와 함께 성재의 나머지 생애도 재구성해보겠다.

이에 먼저 성재가 공적인 영역에서 남긴 기록을 중심으로 관인일기로서의 성격을 살펴본다. 성재는 서울과 경주 등지에서 벼슬살이를 하며, 가정의 대소사로서 관혼상제뿐만 아니라 업무에서도 국가적 의례를 행하고, 임진왜란 당시 전쟁에 대처하는 과정에서 조정으로부터 들려온 소식과 직접 목도한 사실 등 견문을 기록하며, 날씨를 선택적으로 부기했다.

공적 활동 기록을 남긴 관인일기의 성격

(1) 부임지에서 관직과 의례의 수행

『성재일기』에 대부분을 차지하는 시기, 곧 46세부터 75세로 죽기까지에 이른다. 일기는 46세 5월에 아버지가 돌아가시는 것으로 시작하는데, 이때 관찰사 윤근수가 부의를 보내왔고, 많이 이들이 와서 조문한 기록이 보인다. 8월에는 백운지白雲池에 있는 할아버지 산소 아래로 빈소를 옮긴 후, 옆에 아버지와 어머니를 합장했다. 그리고 9월 12일부터 백운재궁白雲齋宮을 건립하기 시작하여, 이듬해 47세 3월 5일에는 백운재궁에 기와를 이으며 낙성했다.

그 후 성재는 50세가 되던 1579년부터 본격적으로 서울에서 벼슬살이에 들어가, 4월에 유일遺逸로 제릉 참봉齊陵參奉이 되어 8월에 능침陵寢을 수리하는 일을 맡게 된다. 제릉은 태종의 모후인 신의왕후神懿王后의 능으로, 현재 경기도 개풍군 부소산에 있고 그 원찰이 연경사衍慶寺이다. 성재는 도성에서 머물다가 매달 이곳에 와 초하루 제사를 지내고 연경사에서 음복한 후 보름쯤 도성으로 돌아오거나 고향에 내려가는 일련의 일들을 반복한다.

51세에도 제릉 참봉으로 소임을 다하며 서울에서 머물렀고 봄가을로는 고향에 성묘하러 내려갔다. 4월 보름에 제릉 참봉의 임무를 마치고 16일에 개성으로 가서 문충공 서원에서 지내던 아들을 만나고 동년과 지인들과 모임을 가졌다. 그리고 나서 고향으로 돌아와 성묘하고 윤4월까지 지내다 5월에 다시 서울로 올라갔다. 8월에는 초하루와 보름 두 번의 제사를 마치고 16일 새벽에 출발하여 용인, 충주, 영천 등지를 거쳐 24일 밤에 집에 도착해 다음 날부터 친족들과 월천과 인사하고, 8월 30일 역동서원의 음복에 참석했다. 9월부터는 우선 집안의 제사를 받들어 가묘에서 시사時祀를 지내고 증조할머니의 기제사를 지낸 후 고향 지인들과 만나 강신회에 참석하여 두루 만나고 서울에 올라가기 전에는 전별도 받는다.

52세에도 제릉 참봉으로 정월 초하루와 10일 제사를 받들고 연경사에서 음복하는 등 능참봉의 임무를 다한다. 그 뒤로는 인근에 있는 풍덕의 관호루觀湖樓에 오르거나 파주의 적취정滴翠亭을 들르면서 서울 벼슬살이를 이어갔다. 또 절기에 따라 단오제, 춘향제 등의 제사를 지냈다. 이 해에는 정월 보름쯤 고향으로 떠나 충주, 영천을 거쳐 집에 도착해 배삼익 등의 전별을 받으며 다시 서울로 향해 2월 보름쯤 서울에 왔다. 그해 봄가을, 곧 4월과 9월에는 고향에 내려와 성묘하며 한 달 이상씩 머물고 서울로 가기도 했다. 이해 11월 19일에 성재는 집경전集慶殿 참봉이 되었다. 집경전은 경주慶州에 있고, 태조 이성계의 어진을 모신 전각이다.

53세에 초하루 제사를 지내고, 3월 10일 고향에 돌아온 성재는 찾아온 친척들을 만난 후 저녁에 역동서원에서 월천 등과 만났다. 23일 월천, 4월 5일 숙부의 생신에 참여하고, 8일 마을 강신회講信會에 참석하기도 했다. 당시 역질이 번져 친척과 지인의 부음을 듣고 아들을 조문에 보냈다. 5월 20일 다시 경주로 향하여 26일 도착했다. 이해 8월 16일에는 고향으로 향하여 20일 집에 와서 22일 역동서원에서 월천과 지인들을 만났다. 9월에는 해마다 고향에서 하던 의례를 행했다. 그리고 12월 고향에 있는 동안 둘째 며느리를 맞이하는데, 며느리가 현구고례見舅姑禮를 할 때는 이틀에 걸쳐 잔치를 마련해 지인들에게 대접했다.

54세 1월 1일 가묘에 제사를 지내고, 동네 손님들에게 대접했다. 2월에 경릉 참봉敬陵參奉이 되어 동네 지인들의 전별을 받으며 서울로 향해 영천, 풍기, 단양, 이천 등지를 거쳐 윤2월 1일 서울에 있는 정탁의 집에 도착했다. 그곳에서 지내며, 조정에 나아가 숙배하고 대제大祭와 환안제還安祭까지 치르며 임무를 마쳤다. 이때는 고향의 식구들도 함께 올라와 15일 보름 제사를 마치고 두모포로 가서, 배를 타고 온 식구들을 맞이했다. 경릉은 추존왕 덕종과 소혜왕후의 능으로, 현재 경기도 고양시 덕양구의 서오릉 안에 있다. 3월부터 성재는 본격적으로 소임수

제사를 지내러 이틀 전 그곳에 갔다가 보름에 다시 도성으로 돌아오는 능참봉의 생활을 반복한다. 도성 안에서는 지인들을 만나고 전별 자리 등에 참석했다. 4월 10일에는 하향제夏享祭를 지낸 후 도성에 들어와 18일 수각동水閣洞에서 육촌회六寸會에 참석했다. 이해 가을에는 성묘하러 고향에 내려가지 않고 도성에 머물며 매달 초하루 제사를 지내는 능참봉의 임무를 하다가 10월에 두모포로 들어온 월천을 맞이한다.

55세에도 경릉 참봉으로서 초하루 제사와 보름 제사를 맡았고, 4월에 하향제, 10월에 동향제冬享祭, 12월에 납향대제臘享大祭 같은 제사도 올렸다. 끝나고는 동료들과 답청踏靑이나 중양절 같은 풍속을 즐기고, 천렵, 뱃놀이, 활쏘기 등을 하며 그때마다 참석한 이들을 기록했다. 이 순도李純道와 이봉원의 부음을 듣고 조문을 하러 가기도 했다.

56세에도 경릉 참봉으로 임무를 다하는데, 1월에 춘향대제春享大祭, 3월 한식대제寒食大祭, 5월 단오제端午祭, 11월 동지대제冬至大祭, 12월 동향대제冬享大祭를 지내고 제사가 끝나고는 천렵 등을 한 기록도 보인다. 이해에는 지인들의 문병을 다니고 자신과 월천의 병치레에 대해서도 기록했다. 숙부 금보의 부음에 조문하고, 함께 온 이들도 기록했다. 가을에는 휴가를 받아 윤9월에 보름 제사를 마친 후 고향을 향해 출발하여 용인, 충주, 단양 등지를 거쳐 집에 도착하자마자 숙부의 빈소로 갔다. 그 외에도 부음을 들은 이들의 빈소에 찾아가 예를 갖췄다. 10월 1일 시제를 지내고 여러 지인들의 전별을 받으며 3일 떠나 영천, 풍기, 단양, 이천을 거쳐 10일 도성에 들어왔다. 12월에 장흥고長興庫 봉사奉事가 되었다.

57세에는 관직이 조금 바뀌어, 1월에 제관, 4월에 경릉敬陵 알자謁者,

8월에는 경릉 제사의 찬자贊者가 되었다. 그보다 먼저 1월에는 장흥고에 입직하여 2월에 그곳 물품들을 검사하는 번고反庫 업무를 하며 청대請臺했다. 그리고 5월에는 방물표方物表를 지어올렸고 동료들과 장흥고계회長興庫契會를 만들어 제사를 마친 뒤 이들과 천렵을 하기도 했다. 아들의 병과 혼사에 대해서도 기록했다.

58세에도 경릉에서 제관의 업무를 다하다가 5월에 강릉康陵에서 제관을 하게 되었다. 6월에는 사직동에서 제사를 드리고, 7월에는 알자로 차임되어 경릉으로 갔다가, 9월에 건원릉健元陵으로, 10월에는 또 경릉으로 갔으며, 12월에 장흥고 직장이 되었다가 사직 제관이 된다. 이해 봄에는 특히 가뭄이 심했는지 4~5월 사이에 기우제 지내는 일이 많이 보인다. 부음을 듣고 조문하러 다니기도 했다.

59세 1월에는 대궐에 숙배한 후 효릉孝陵으로 가고, 종실의 교육을 담당하는 종학宗學의 모임에도 참석했으며, 2월에는 강릉으로 갔고 7월에 영녕전永寧殿 제관이 되었다. 8월에는 태릉泰陵에, 10월에 경릉에, 12월에 사직에 갔다. 당시 중국에서 종계변무의 목적을 달성한 『대명회전大明會典』을 받아 종묘에서 제사 지내고 잔치를 베푼 일을 기록했다. 10월에는 교정청에서 내린 연회에 참석했는데 이는 전에 유학자들을 불러 사서와 소학 등을 번역하게 한 것에 대한 연회였다. 이해에 성재의 막내아들 정탁 등이 참석한 가운데 관례를 치렀으나 잦은 병치레로 끝내 병을 이기지 못하고 죽자 통석해 했다. 또 7월에 배삼익, 9월에 허봉許篈, 12월에 정작鄭碏의 부음을 들었다.

60세에도 제관으로서 1월에 태릉에서 제사 지내고 신년하례에 참석했다. 이어서 남산에 기사도 제사를 지낸 후 그믐에 경릉으로 갔다.

2월에 제관에 차임되어 희릉禧陵에, 3월에는 그믐에 경릉으로 갔다. 5월에는 문소전文昭殿에, 8월 보름에는 경릉에, 9월에도 배릉拜陵하는 어가를 따라 경릉과 창릉昌陵에 갔다. 6월에는 장예원 사평이 되었다. 그리고 집안의 기제사 등을 받들며, 막내딸이 병으로 죽자 많은 이들의 조문을 받고 죽은 딸의 상구를 운반하는 데도 도움을 받았다.

이해 10월부터 12월까지는 당시 정여립 사건과 관련해 조정에서 있었던 견문을 기록했다. 황해도 관찰사가 정여립 역모사건을 입계한 일로부터 시작해, 정여립이 자결한 소식을 듣고, 군기시에서 정여립이 능지처참되는 것을 보았다. 또한 정철이 우의정, 성혼이 이조 참판이 된 후 백유양, 정언지鄭彦智, 김우옹金宇顒(1540~1603), 홍종록洪宗祿(1546~1593) 등이 멀리 귀양 가는 일들을 담았다. 또 의금부에 잡혀간 유대정兪大禎, 황여일黃汝一, 김해金垓 등에게 안부를 묻고 그들이 방송된 일까지 기록했다. 12월 말에 계사를 올리고, 모화관에 칙사를 배행하러 조정에 나아갔으며, 영동 현감의 부망에 올랐으나 낙점되지는 않았다.

61세에 제관으로 2월 그믐에 사직으로 갔다가 조정에 나아갔고, 4월에는 종묘로 갔다. 1월에 종묘에 불이 나서 이굉중李宏仲이 옥에 갇히자 그를 위해 옥바라지를 하며 김성일에게 구조회문救助回文을 내기도 했다. 그 전후로 성재는 월천에게 여러 차례 편지를 보내, 정여립 사건과 기축옥사의 여파로 가까이 지내던 민백향, 이교 등이 외직으로 내려가고 이굉중도 파직된 뒤로 홀로 벗 없이 서울에 있기 막막해 하던 심정을 드러냈다. 이 편지들에서는 정여립 사건과 기축옥사 등으로 인해 서울에 있기 불편해 하던 성재의 심정을 볼 수 있다. 이때 연보에 월천에게 주었다고 기록된 편지는 문집에는 실려 있지 않고, 그 후 월천의 편지에 이와 관련하여 답한 편지글 셋이 실려 있다. 그러면서도 제관으로 2월 그믐에 사직으로 갔다가 조정에 나아갔고, 4월에는 종묘로 갔다. 그러나 이해 4월 보름 이후 성재는 파직되어 윤두수 등 명사들의 전별시를 받으며 고향에 내려가 할아버지 기제사를 지낸 후 가묘에 초하루 제사를 지내고, 백운지白雲池에 올라가 성묘하며 기제사와 시제 등을 지냈다. 당시 예안 현감이 기우제 지내는 데에도 동참했다. 당시 벼슬을 버리고 고향에 내려온 월천을 비롯해 유향소 사람들을 만나고 분천 동회와 향약에 참석하며 만남을 가졌다. 또한 지인들의 부음에 조문했다. 이후 8월 초에 영천, 풍기, 충주, 단양을 갔다가 다시 영천을 거쳐 고향으로 돌아왔다. 이 외에는 줄곧 고향에 머물면서 청량산에 오르고, 상덕사尙德祠에 배알하며 이덕홍 등과 교유한다. 그리고 66세 2월에는 도산서원에 가서 춘향대제를 지냈다.

성재는 70세에 봉화 현감이 되어 서울에 숙배를 하러 가느라 고향 지인들의 전별을 받았다. 원주, 제천을 거쳐 봉화로 가서 출근하여 환곡을 나눠주는 일 등을 하고 좌기하거나 향회를 행했다. 71세 2월에는 산동 안찰 부사山東按察副使인 두잠杜潛을 영접하고 5월에 노인회를 열었다. 72세 1월에 도산서원과 역동서원의 서당에 참배하고 4월에는 유향소에서 마련한 자리에 참석했다. 73세 8월에는 도산서당에서 석채례를 지냈다. 74세에 3월에는 강신회에 참석했다.

이처럼 성재는 50세 이후 마침내 서울에서 능참봉으로 벼슬하면서, 곧 일상에서 체득한 의례를 공적인 업무로도 수행하게 되면서, 사적인 일상과 공적인 업무가 거의 일치된 삶을 산 것으로 보인다. 임란 후에는 성재가 고령의 나이에도 봉화 군수가 되어 향약 등을 시행하며 끊임없이 마을의 질서를 지키고 안녕을 유지하기 위해 애쓴 흔적을 엿볼 수 있다.

(2) 임진왜란 당시 대처와 견문 기록

성재가 63세가 되던 1592년 4월에는 임진왜란이 일어났다. 왜적의 침입 소식이 들려오자 가족들과 함께 피난했고, 서울에 있던 아들이 피난 오는 등 난리를 겪는다. 이때 다른 이들의 피해 상황과 도성의 함락 소식도 기록했다. 첫째 아들은 창군槍軍을 뽑는 일에 참여했고 성재는 급격한 왜적의 침입에 집안과 마을을 지키기 위해 갖은 애를 써서 대비했다. 먼저 6월 말부터 7월 초까지는 가족들의 피난처를 알아보고 월명담月明潭 주변의 석굴로 숨었다가 왜적이 고향까지 침입해오자 반구대 석굴로 옮겨 숨었다. 왜적의 약탈이 심해진 뒤로는 용두 절벽龍頭絕壁으로 숨었다가 왜적이 안동으로 옮겨갔다는 소식을 듣고 서재로 내려왔다. 이후로도 왜적의 움직임에 촉각을 세우고 마을 차원에서 왜적의 침입에 대비해 향병鄕兵의 일을 의논하는 데 참석했다. 첫째 아들은 군량 유사軍糧有司로 활동하기도 했다.

이듬해인 64세 때도 왜적의 침입이 이어지는 가운데 1월 말에 명나라 군사가 평양성을 소탕했다는 소식, 11월에 경주가 포위당했다는 소식이 들려왔다. 3월에는 집안이 안전하지 않아 피난을 나가 살았다. 6월에는 수성장守城將이 되어 당시 경주에서 김해가 죽자 향병이 흩어지고 주민이 동요될 것을 진정시키고, 방백이던 김수金睟에게 군대를 연습시키고 관아 창고를 열어 환자를 받기도 했다. 하지만 이질이 심하여 병장病狀을 올리고 집으로 돌아왔다가, 8월에 다시 관아에 나가 진휼미 분배로 보고서를 썼다.

65세 1월에는 예안 현감께 수성장을 사직한다는 뜻을 아뢰었다. 당시는 왜적의 침입이 여전했고 항복한 왜적 소식도 있던 때였다. 그런 가운데 기제사를 지내고, 철이되면 반구대에서 철쭉을 구경하고 천렵을 하거나, 국화를 심고 술을 빚는 등 일상을 이어갔다. 그리고 월천을 비롯해 난리로 어려워진 지인을 도왔다. 11월에는 계상에 들러 당시 전쟁 중에도 태평한 것에 감사하며 시를 지었다.

66세에는 전쟁과 관련한 기록이 없고, 향사와 향서당에 참석한 행적이 보인다. 67세 5월에 월천이 왜적이 물러갔다는 소식을 듣고 기뻐했다는 기록이 있어, 이때 잠시 평화를 누린 것으로 보인다. 이해 윤8월에 퇴계 선생의 지석을 묻는 일로 동암東巖에 가서 묘지墓誌를 묻었다. 그러나 68세에는 당시 왜군의 침략이 심해져 곽재우가 의병을 모집하자 첫째 아들을 화왕산성으로 보내 참여하게 했고 4월에는 체찰사 이원익과 천연대에서 모였다. 5월에는 가래가 끓고 숨이 차 초정 약수에 가서 목욕을 한 후 향교에서 조리하고 지인들의 문병을 받으면서도 수성장직을 다시 받아 지인들과 군량軍粮을 모으고 의병 활동을 지지했다. 8월에 왜적이 한산도에서 우리 수군을 격파하고, 9월에는 용궁과 예천을 노략질했으며 상주 지역으로 물러갔다는 소식을 들었다. 11월에는 명나라 군사가 고향에 들어왔고 12월에 울산에서 전투를 벌여 왜적을 격파했다는 소식도 들었다. 한편 그해 2월에는 강신講信 모임, 3월에 봉사 동회에 참석했다. 이듬해인 69세 1월에는 명나라 장군이 울산 전투에서 다쳤다는 소식을 들었다. 그러면서 정월에 도산서원과 역동서원 사당에 참배했고 가을에는 향서당에서 향약을 강구해 시행했다.

70세에는 봉화 현감이 되어 서울에 숙배를 하러 가는 길에 원수를 들렀다. 당시 왜적의 침입으로 황폐해진 원주의 모습을 목도했고, 4월에 도착한 서울도 노략질을 당하고 터만 남은 참담한 모습으로 마주하게 된다. 71세 1월에는 명나라 군사 소식을 기록했다.

(3) 날씨의 선택적 부기

성재는 그날의 날씨를 기록하고 기상을 보고하여 당시 기후를 파악할 수 있게 했다. 일기에 날씨를 기록하는 것은 날짜를 적는 것과 함께 기본적이면서도 중요한 형식적 요소이다. 그러나 『성재일기』에는 날짜 다음에 날씨가 부기되어 있는 경우가 그리 많지 않다. 예외적으로 성재가 서울에 머물던 시기, 이상 기후를 보이던 날씨만을 일기에 집중적으로 남긴 경우가 보인다. 매우 개인적인 일과 관련해서도 날씨 기록이 보인다. 52세 6월에는 고향에 강물이 불어나고, 54세 5월에는 서울에 연일 큰 비가 왔다는 기록이 있다. 이처럼 며칠 동안은 날씨가 중요하게 기록되어 있지만, 이는 성재가 일기에 형식적으로 날씨를 갖추어 기록해야겠다는 의도에서라기보, 날씨가 그날의 가장 특이한 일이었기 때문이라고 보인다.

이러한 경우 외에도 날씨는 여정의 기간 동안, 그날에 날씨가 관계된 일이 있을 때 의미 있게 기록되어 있는 것을 볼 수 있다. 곧 개인의 일정에 따라 이동하던 중 날씨 때문에 겪은 일이 있을 경우에 날씨가 등장한다. 날씨는 여행에 영향을 끼치는 중요한 요소가 되므로 주로 유람 중에 기록한 것이 많이 보인다. 1578년 4월 17일부터 21일 사이에 당시 봉화 수령이던 월천과 성재의 아들, 김시보金施普와 김경룡金景龍 등과 청량산을 유람하고 내려오던 마지막 날, 『성재일기』 첫 부분에서

"간혹 비가 내리기도 하고 개기도 했다" 등으로 날씨를 기록한 것이다.

날씨의 기록은 대부분 여정을 일기 형식에 담은 일본 헤이안 시대 기노 쓰라유키紀貫之(868?~946?)의 『도사일기土佐日記』에서 흔히 볼 수 있는 형태이다. "935년 1월 4일 바람이 불어서 전혀 출발할 수 없었다. 935년 1월 5일 바람도 파도도 멈추지 않아 역시 같은 장소에 있다" 같은 기록과 거의 비슷하다. 이 일기는 기존에 왕조 일기문학의 효시라 할 수 있는 『가게로일기蜻蛉日記』 이전의 일기로는 유일한 작품으로 평가받았다. 이는 남성 관인의 한문일기 형식을 따서 여성으로 가탁해서 쓴 일기로, 그날의 날짜와 머문 곳, 그리고 날씨를 기재하는 등 종래의 일기의 요건을 갖추고 있다. 『성재일기』도 부분적으로 이동을 하면서 기록을 남긴 경우에 날씨 기록을 볼 수 있다는 점에서 이러한 일기와 같은 성격을 공유한다.

이처럼 공적 기록을 중시한 관인일기에서는 날짜와 함께 매일의 날씨가 표기되어 있는 것이 기본이다. 성재와 비슷한 시대 일기를 남긴 미암 유희춘(1513~1577)의 『미암일기』는 대개 날씨부터 하루를 시작하고 있다. 곧 매일의 날씨가 맑음[晴], 또는 흐림[陰], 비[雨]와 같이 적혀 있고, 때로 날씨 변화에 대해 상세히 밝혀져 있다. '어젯밤부터 비가 크게 내렸다[自去夜雨大下]'라든가, '흐리고 약간 비[陰微雨]' 같은 예가 그것이다. 이것은 당시 위정자로서 기후 변화에 따른 백성의 삶에 관심을 표현한 것으로, 평상시 기후가 농가에 미칠 영향을 생각하기도 하고, 조정에서 기후에 대응한 방식들까지 기록한 데서 그 구체적인 내용을 살펴볼 수 있다.

『성재일기』는 이러한 일기의 기본 형식으로서 매일의 날씨를 기록하지는 않고 이상 기후를 보일 때나, 개인의 일상이나 여행과 관련해 곧 자신의 관심사를 반영하여 기록함으로써, 날씨를 선택적으로 부기했다고 보인다.

이상에서 『성재일기』가 자신의 관직에서 국가적 의례를 수행한 일과 임진왜란 당시 전쟁에 대처하고 견문한 사실을 기록하고 날씨를 선택적으로 부기함으로써 공적 활동 기록을 남긴 점에서, 관인일기의 성격을 지니고 있다고 판단된다.

사적 관심 기록에 치중한 개인일기의 성격

이제부터는 성재가 일기에 사적인 관심사들을 기록하여 남긴 부분에 대해 살피며, 『성재일기』의 개인 일기로서 성격을 파악해볼 것이다. 이에 많은 양의 사적인 내용들 즉, 학문과 독서 생활, 계회와 유산을 통한 교유 활동에 대해 살피고, 아들들의 교육과 과거 준비를 도모한 부분, 그리고 몸과 질병에 관해 기록한 부분 등을 하나씩 자세히 살펴보겠다.

(1) 학문과 독서, 교유 관계 표명
① 학문과 독서, 그리고 문학
성재는 21세 때 월천의 권유로 퇴계와 사제 관계를 맺은 후 꾸준히 학문에 힘쓴 과정을 일기에 남겨 놓았다. 특히 월천과 각별한 사이로 서로 오가며, 스승 퇴계가 내려왔을 때 같이 찾아뵈러 가거나, 퇴계가 보낸 편지나 시에도 월천과 성재 둘에게 같은 내용이 담겨 있어 이를 함께 보는 일상에서나 학문적으로 꾸준히 교유한 면모를 볼 수 있다.

『성재일기』가 시작되는 시기인 1554년 일기에서부터 성재는 월천과 함께 풍성, 고감, 영주 향교를 거쳐 백운으로 거접하러 갔으나 들어가지 못하고 돌아온 일을 기록했다. 이듬해인 1555년의 일기에서도 서울에서 내려온 퇴계 선생을 뵈러 월천과 함께 계상으로 찾아갔고, 퇴계가 월천에게 보낸 편지의 끝에 성재도 같은 내용을 당부 받았으며, 월천과 함께 걸어가 퇴계 선생을 뵌 일 등이 보인다. 그러나 성재는 이해 10월에 월천과 함께 영양에서 치러진 향시에 임했으나 월천만 합격하고 혼자 떨어졌다. 이에 11월에 성재는 용두사龍頭寺에서 독서했다. 이후 『성재일기』에 빠진 부분, 곧 28세부터 30세까지의 생애는 앞서 살펴보았다. 또한 성재가 31세 되던 1560년 11월 일기 이전의 일도 앞서 살펴보았다.

1560년 11월 성재는, 이듬해 2월에 합천陜川에서 치러질 향시에 응시하러 가는 길에 지리산을 유람하고자 일찍 나섰다. 퇴계 선생께 하직 인사를 하고 성주에 이르러 당시 목사였던 금계 황준량黃俊良과 영봉서원迎鳳書院에 사당 세우는 일을 논의한 후 또 성주 교수로 있던 덕계 오건吳健과 향서당鄕序堂에 모여 도의를 닦았다. 그러나 성주에서 나와 가야산에 가려다 보니 마침 눈이 많이 내려 포기하고 단성에 머물며 남명의 문인들과 시를 주고받는다.

이듬해 32세 1월에 단성에서 남명의 벗인 이원李源(1501~1568)을 뵈었는데, 이때 그가 퇴계의 시에 차운하여 시를 주자 성재도 퇴계 선생의 시에 차운하여 보냈다. 2월에는 진주 향교에 머물며 정탁鄭琢이 보내준 시에도 차운했다. 이후 진사시進士試를 보는데 시제가 여러 차례 바뀌나가 마침내 정해진 시제로 글을 지었고 또 이날에 생원시生員試

를 본 후, 생원시와 진사시 모두 2등 12인으로 입격한 사실을 알게 된
다. 3월에는 현풍에 가서 논論과 부賦와 책문策文 등을 지었다. 4월에는
배삼익裵三益과 시를 주고받으며 지리산에 같이 들어가기로 했다가
서모의 병이 심하다는 소식에 돌아가려 했다. 그러나 결국 15일에 뇌
룡당雷龍堂에서 남명南冥을 뵙고 말씀을 들은 후 남명 문인들의 전별을
받고 5월에야 집으로 돌아왔다.

5월 5일 오후에 퇴계 선생을 뵙고, 7일 퇴계가 월천에게 보낸 편지
를 읽었다. 여기에 성재에 관한 내용이 있다. 당시 퇴계의 조카가 도산
에 작은 집을 짓고자 성재와 이덕홍 등과 뜻을 모아 집을 지어갔는데,
일이 커지고 복잡해지자 중지하도록 한 일이 있었다. 5월 12일 도산에
나아가 퇴계 선생을 뵙고, 13일 고산에서 도산으로 내려와 퇴계 선생
을 뵈었다. 24일에는 8월에 있을 회시會試에 대비하기 위해 백운동 서
원으로 돌아왔고 28일 남경상의 「잡록후雜錄後」 시에 차운하여 절구
세 수를 지었다. 회시를 보러 7월에 서울로 가서 8월 4일 녹명을 하고,
11일 제2소인 장악원掌樂院에서 부제賦題와 시제詩題에 글을 지었다.
13일 생원시를 치렀고 19일 생원시에 3등으로 참방하여 21일 삼청동
三淸洞에서 방회를 열고 29일 응방應榜을 했다. 성재의 과거 이력으로
는 이때, 곧 1561년 신유 8월의 생원시 합격이 방목에 기록된 유일한
것이다. 이후 33세부터 45세까지는 기록이 전무하여 앞서 빠진 부분
을 살펴보았다.

성재는 50세부터 서울에서 능참봉으로 벼슬살이를 하며 잠시 학문
과 독서 활동을 보이지 않다가 다시 54세 4월에 과거를 치르면서 학
문 관련 기록을 남긴다. 먼저 성균관에서 녹명을 한 후 알성별시謁聖別

試를 보았으나 합격하지 못하고, 합격한 이를 축하해주러 다녔다. 7월 에도 과거 시험을 보러 성균관에 가서 종장終場에서 책문을 제출했고, 12월 12일에 정시廷試를 보고 책문을 제출했다. 55세에는 『화담집花潭集』을 읽은 데 대한 변론의 글 「독화담집변讀花潭集辨」을 썼다. 이 글은 5년 전 성재가 서울 벼슬살이를 시작하던 첫 해 7월에 유수留守가 책을 보내와 꼼꼼히 읽고 쓴 것이다. 또 56세에는 성재 스스로 『강목綱目』을 베껴 쓰며 학문한 기록을 남겼다. 그리고 58세에 다시 『강목』을 빌려 와 독서했으나 이해 치러진 과거 시험에서는 떨어졌다. 60세에도 성재 는 『강목』을 빌려와 공부했다. 그리고 72세에 퇴계의 『심경후론』을 읽 은 후 시를 남겼다.

② 계회와 유산을 통한 교유

성재는 퇴계의 제자로, 퇴계 문인들과 두루 교유했다. 특히 『성재일 기』에는 성재가 만난 인물들의 이름이 매우 많이 나오는데, 그 가운데 특히 월천과는 학문뿐 아니라 일상에서도 평생을 같이 했고, 간재 이 덕홍과도 학문적으로 깊이 사귀었다. 또한 퇴계의 아들, 손자들과 퇴 계의 문인인 배삼익, 퇴계와 남명의 문인이었던 정탁 등의 이름도 자 주 등장하여, 이들과 지속적으로 관계를 이어간 양상을 확인할 수 있 다. 남명의 문인들뿐 아니라 당대 쟁쟁한 인물들, 곧 김성일, 윤근수, 류성룡 등과도 교유한 흔적에서는 성재의 교유 관계는 매우 폭넓었던 것으로 보인다. 성재가 만난 인물들을 하나씩 밝히는 것보다, 당대 성 행한 계회와 유산의 활동을 보여주는 기록들을 주로 살펴보며 그 과정 에서 성재가 남긴 문학과 그 의의에 대해서도 살펴보겠다.

먼저 계회를 통한 교유에 대해서는 대표적으로 성재가 참여한 몇 개의 계회를 중심으로 살펴보겠다. 다만 성재가 수학기에 고향의 벗들과 함께 결성한 현사사수계는 『성재일기』에 기록된 바가 없어 앞서 살펴보았고, 여기서는 확연정강신회, 육촌계회, 장흥고계회 등에 대해 보겠다.

　확연정강신회는 성재가 44세 되던 1573년 봄에 김부필, 숙부 금보, 이현보의 아들 이숙량李叔樑(1519~1592) 등과 확연정에서 강신한 모임이다. 본래 강신회는 향약 등에서 마을 구성원들이 규약을 지키고 다짐하는 자리에서 만들어졌는데, 성재는 고향의 벗, 친척들과 모임을 결성하여 서로 교유하는 방식으로 발전시켰다. 이후 확연정강신회의 활동상은 보이지 않으나, 성재가 동네 강신회에 꾸준히 참석한 기록은 남아 있다. 49세에 동네 강신회에 참석했고, 51세에는 제릉 참봉으로 서울에서 지내다가 가을에 성묘하러 내려와 동네 강신회에 참석했다. 또 54세에도 봄에 성묘하러 고향에 왔다가 원루에서 열린 마을 강신회에 참석했고, 임란이 일어나기 한 해 전의 가을에도 동네 강신회에 참석했다. 이처럼 성재는 서울에서 벼슬을 시작하고부터 임란 전까지 고향의 지인들과 긴밀한 관계를 가지며 강신회 등을 통해 교유를 이어온 것을 알 수 있다. 임란 후 성재는 향약과 동약 시행을 준수하며 퇴계의 학문을 실천했다.

　한편 이원을 증조로 하는 친인척 관계로 서울에서 참석하게 된 육촌회를 통해서도 성재는 많은 인사들과 교유했다. 총 세 번 모임 자리가 마련되었고, 그때마다 참석한 공간들과 인물들이 『성재일기』에 기록되어 있다. 단 첫 번째 모임에서만 참석 인물이 언급되지 않는다. 첫 번째 육촌회는 성재가 61세 되던 1580년 3월 6일 장의동藏義洞 한의韓誼

의 집에서 이루어졌다. 두 번째는 1583년 4월 18일 수각동水閣洞 권의權誼 집에서 열렸다. 이때 참석한 사람들은 이양원李陽元, 권덕여權德輿, 영천정永川正, 의천 수령, 성천 수령, 춘천 수령, 권대성權大成, 정복시鄭復始, 한양韓讓, 조감趙堪, 봉사 조붕趙鵬, 조종도趙宗道, 한항韓恒, 김협金鉿, 안세득安世得 등이다. 이때의 모임에 대해서는 그림이 전한다고 한다. 이 중 정복시는 서경덕의 문인이면서 성재의 이종사촌으로, 성재가 서울에서 지내는 동안 그의 집에서 기숙하는 등 친밀하게 관계를 유지한 인물이다. 세 번째는 성재 58세 되던 1587년 9월 20일 찰방 한항의 집에서 이루어졌다. 이때 참석한 이들은 이양원, 영천정, 의천 수령 계옥季玉, 성천 수령 숙옥叔玉, 한의韓誼, 춘천 수령 자옥子玉, 이효원李孝元, 이의원李義元, 영제정寧堤正 등이다.

또한 서울에서 성재는 직장 동료와도 계회를 만들었다. 57세 되는 1586년에 장흥고에서 함께 일한 동료들, 곧 조순빈趙舜賓, 김시金禔(1524~1593), 백수종白守琮 등이 참여해 장흥고계회를 만든 것이 그것이다. 그 전 해에 성재는 장흥고 봉사가 되었다. 연보에 따르면 이때 참여한 이들의 관직과 품계, 이름을 나열하고 그림을 붙인 계첩契帖이 있었다고 한다. 또한 계회도契會圖는 김시가 그렸고, 시는 이양원이 지었다고 하나, 따로 발견된 계첩이나 계회도가 없기에 성재의 연보를 통해그 존재를 확인할 수 있다.

그 외에도 성재가 서울과 경주 등지에서 벼슬살이를 하면서 참석한 크고 작은 연회들이 『성재일기』에 간혹 보인다. 그중 집경전 참봉이 되었을 때 경주에서 열린 잔치가 성대했다고 한다. 이는 성재 63세 되던 1582년 5월 4일에 의봉누倚鳳樓의 내대內臺에서 열린 잔치로, 부윤, 전임

첨사, 하양 수령, 기장 수령, 영일 수령, 이필李佖, 반자半刺 이하李遐, 전임 선임관 이이李邇, 정원충鄭元忠 등 열여 명이 모였다.

성재 70세 되던 1589년에 제관으로서 그해 1월에 남산에서 제사를 지낸 후 계축을 만들기로 약속했는데, 10여 일 후 임정任正이 목멱산동 고계의 술자리를 마련하자 그곳에 참석한 기록이 있다. 이때 함께 참석한 이들의 명단은 없고, 이후 모임의 기록도 없어 교유가 이어졌는지는 자세히 알 수 없다.

이처럼 성재가 결성하고 활동하는 데 주된 역할을 했던 장흥고계회가 지니는 당대적인 의의를 좀 더 자세히 살펴보자. 장흥고계회에는 계첩과 계회도가 남아 있는데, 당시 계회도는 주로 관료 생활을 중심으로 한 계회를 많이 담고 있다. 〈추관계회도秋官契會圖〉 같은 작품이 대표적인 예이고 장흥고계회도 이러한 당대 현상의 하나로 보인다. 그런데 당시 계회도가 유행한 것은, 관료 문인들의 계회가 무수히 만들어진 16세기의 현상으로, 18세기로 들어가면 그 수가 현저히 줄어들어 그 장르조차 미미해진다. 당시 선비들이 계회를 그림으로 그렸던 것은, 계회가 학문과 도덕을 권장하는 명분을 지키고 있어 그 성대한 모임을 자손들에게 기억하자는 취지를 반영한 것이었다고 해석된다. 그러나 그 정도가 과해져 계회의 '회음會飮'에 대한 폐단이 보고된 바가 있었던 점을 고려하여, 16세기 계회도 제작 문화는 사림의 중앙 정계 진출과 그 정치 문화가 학문 풍토와 관련을 맺으면서 크게 성행하게 된 풍조로 파악되기도 한다.

실제 성재도 장흥고계회를 만든 뒤 장흥고에서 해야 하는 일, 궁중의 물품을 관리하고 청대하는 등의 본 업무 외에 동료들과 사적으로도 술자리 등 모임을 가지며 관계를 유지했던 것으로 보인다. 곧 제사를 마친 뒤 동료들과 천렵을 하거나, 성재가 아팠던 것을 위로하여 장흥고의 상관이 남대문 밖에 차린 술자리에 당시 동료들이 참석한 경우가 그 예이다.

다음으로 유산을 통한 교유에 대해 살펴보겠다. 성재는 지리산, 청량산, 천마산 등을 유람하면서도 교유 관계를 가졌다. 먼저 성재의 지리산 기행은 1560년 11월에, 이듬해 2월에 합천에서 치러질 향시에 앞서 유람할 요량으로 미리 출발하면서 이루어진다. 앞의 생애를 살피면서도 보았듯이, 가는 길에 성재는 성주 목사 황준량과 성주 교수 오건 등을 만났고, 성주에서 나와 가야산에 가려다 눈이 많이 내려 포기한 후 고령, 합천, 삼가, 단계丹溪를 지나 단성丹城으로 갔는데, 그곳에서 남명의 문인들과 만난다. 대표적으로 권문현權文顯(1524~1575)과는 시로 화운했고, 그 외에도 권문저權文著(1526~?), 권문임權文任(1530~1576) 등 남명의 문인들과 교유한 모습이 보인다. 이듬해 32세 되던 1561년 1월에는 단성에서 퇴계 선생께 편지를 보냈고 곧이어 그에 차운한 퇴계의 시를 받았다. 퇴계는 시에서 성재가 본래 남으로 가면서 뵙기로 마음먹었던 '방장산 속의 숨은 선비', 곧 남명 선생을 찾아뵐 것을 권유했다. 이에 성재는 퇴계의 시에 차운하여, 편안하던 스승 곁을 떠나와 객지에서 지내는 자신의 심정을 토로하고, 다시 도산서당에 있는 천연대에서 은거할 것을 떠올리며 돌아갈 기약을 했다.

이후 성재는 남명의 벗인 이원을 뵙고, 퇴계 시의 운으로 차운하여 시를 주고받으며 교유했다. 그 후 2월에 생원진사시를 치르고 4월에 배신익, 도희령都希齡(1539~1566) 등과 남녕을 뵌 후 시리산에 늘어산다. 이때 지은 『남정南征』이라는 장편의 지리산 기행시가 서와 함께 남아 있다.

성재는 지리산이 남명의 거처와 가까운 곳이어서 그곳으로 가는 길에 남명의 문인들이나 벗과도 교유했다. 남명을 찾아뵌 뒤에는 고향으로 돌아와 남명의 자취를 기리며 시를 읊었다. 이처럼 특정 공간을 지나며 그와 관련된 인물을 떠올려 시문을 짓는 것은 당시 지리산 유산시에서 많이 발견되는 하나의 현상으로 보인다.

성재의 청량산 유람은 세 번 있었다. 퇴계 생전에 선생과 그 문인들과 함께 한 번, 퇴계 사후 월천과 아들 등과 한 번 또 벗들과 한 번이 그것이다. 이 중 첫 번째는 『성재일기』에는 기록이 없어 앞서 살펴보았다. 두 번째 청량산 유람은 퇴계 사후에 성재 49세 되던 1578년 4월 17일부터 21일 사이, 당시 봉화 수령이던 월천과 성재의 둘째 아들, 김시보, 김경룡 등과 이루어졌다. 이때는 주로 암자들을 오르내리며 다녔다. 성재가 먼저 자비암에서 월천을 기다리다 다음 날 월천과 지장전에서 함께 자고 그다음 날 문수사에 올라갔다가, 고산에서 온 둘째 아들과, 동곡에서 온 김시보, 김경룡 등과 모여 보현암, 몽상암, 원효암 등의 여러 암자를 둘러본 후 만월사에서 묵었다. 다음 날 백운암, 연적봉, 만월암을 거닌 후 암자 벽에다 이 날의 기록을 남기고, 월천은 시를 읊어 벽에 썼다. 마지막 날 비가 오고가, 김생, 치원, 극일, 안중, 나한 등의 암자를 걷다 쉬며 둘러보고 지장전으로 내려온다.

같은 해 8월에도 성재의 첫째와 둘째 아들이 경산에서 치러진 소과에 응시하고 돌아온 뒤 25일부터 27일까지 청량산을 유람했다. 이때는 당시 영해 부사寧海府使 양사기楊士奇와 안동 현감安東縣監 서익徐益,

그리고 월천 등과 함께 배를 타고 다니기도 했다. 첫날 청량산을 유람한 후 배를 타고 단사협丹砂峽과 풍월담風月潭으로 내려와 고산정사에서 자고, 다음 날도 배를 타고 단사협으로 내려와 도산서원에서 잤으며, 마지막 날 애일당에 갔다가 배를 타고 풍월담으로 내려와 다시 월천서당, 확연정 등에 올라갔다가 돌아간다.

마지막으로 천마산 유람은 51세가 되던 1580년 3월 23일부터 27일까지 둘째, 셋째 아들과 성혼의 문인인 김현도金玄度(1551~?) 등과 함께했다. 그 전 해에 성재는 제릉 참봉이 되어 도성에 머물다가 개성에 가서 경연經筵을 보고, 정몽주와 서경덕의 위패를 모시고 있는 문충공 서원에 김현도와 함께 참배했다. 그 뒤로 자하동에 놀러갔다가 천마산까지 오르게 된 것이다. 마침 아들들이 성균관에서 과거를 준비하고 있던 터라 그들의 심신 수양과 학문 정진에도 도움을 주고자 한 것으로보인다. 23일은 개성 교수인 장문한張文翰이 영통사에 술을 보내주었고, 24일은 당시 영통사에 머물고 있던 윤근수, 심원해沈源海, 신벌申橃등과 만났으며, 25일에야 본격적인 여정을 시작해 지족당, 태흥, 박연, 관음굴 등을 두루 보고, 26일 황련, 의상, 청량, 차일암 등 굴과 암자를구경한 후, 현화사에서 자고 27일 화장에서 개성으로 갔다. 다음 날 성재는 재소로 돌아오고, 둘째 아들은 문충공 서원에 남아 공부했다.

이처럼 성재의 생애 가운데 여러 차례 이루어진 유산의 기록을 보면, 그 산과 관련한 주요 인물을 찾아뵙거나 그를 기리는 일을 겸하여, 함께한 이들과도 활발히 교유했음을 알 수 있다. 곧 지리산을 오를 때에는 근처에 거처하는 남명을 찾아뵈면서 그 문인들과도 교유했고, 청량산을 노니면서는 퇴계와 그 문인들과 교유하는 자리를 마련했다.

천마산을 오르면서는 성혼의 문인과 함께 개성에서 정몽주와 서경덕의 덕행을 기린 문충공 서원을 참배했다. 이처럼 당시 성재의 유산은 그 산 또는 주변의 지명과 관련된 학자들을 중심으로, 매우 폭넓게 교유 관계를 펼치는 계기가 되었다.

(2) 아들들의 교육과 과거 준비 도모

성재는 아들들의 교육에 지대한 관심을 가지고 네 아들, 곧 첫째 경과 둘째 업, 셋째 개, 그리고 넷째 각의 수학과 과거 여정에 대해『성재일기』에 세세히 기록했다. 일기에는 성재가 47세 되던 1576년 성재의 첫째 아들 경과 둘째 아들 업이 서울로 별시를 보러가기 위하여 떠났다가 서울에서 내려온 일, 48세에 막내아들이 처음으로『논어』의 대문을 읽은 일, 둘째 아들이 봉화현에서 월천에게『고문진보古文眞寶』후집後集의 내용을 질문한 것 등이 보인다. 이때 첫째와 둘째 아들 모두 월천에게 수학하게 한 사실은 연보에도 기록되어 있다. 이후로도 첫째와 둘째, 넷째가 고산에서 청량산에 들어가 공부를 했다거나 청량산에 가서 성재가 이들을 만나고 데리고 왔다는 기록, 셋째 아들이 봉화에서 산으로 들어갔다는 견문 기록까지 보인다.

49세에는 첫째와 둘째 아들과 도산서원에서『소학』을 강했고, 셋째 아들은 오수영吳守盈(1521~1606)에게 시를 배웠다. 51세에는 첫째 아들의 과거 시험을 위해 개성에 있는 정몽주 사당인 문충공 서원에 머물게 하다가 성균관에 보내고, 그가 시험장에 들어가기까지의 일들을 기록했다. 이후 아들들을 데리고 천마산을 유람했다. 이처럼 성재는 아들들의 심신 수양과 학문 정진에도 도움을 주고자 한 것으로 보인다.

또 둘째 아들이 『사략史略』을 매일 열 장씩 외며 읽어간 과정을 권수마다 기록하여, 아들의 독서와 학습에 관심을 보였다.

54세 2월에는 세 아들 모두 과거 시험을 보러 나서서, 첫째가 4일에, 둘째와 셋째는 7일에 떠나는 과정을 기록했다. 이에 7월 첫째 아들이 입격했고 8월 첫째 아들이 전시殿試에서 책문을 제출한 후 황여일黃汝一이 아들을 데리고 고향에 내려갔다.

55세에도 아들들의 과거 시험에 관심을 갖고 도모한 일들을 기록했다. 56세에는 아들들이 승보시陞補試에 모두 입격한 사실과 함께 과거 시험, 독서 과정에 관해서도 기록했다. 특히 막내아들 각의 독서 과정에 각별히 관심을 갖고, 『강목』 초권을 읽기 시작한 일, 그를 당시 성주에 머물던 허봉에게 보내 수학하게 한 일, 그리고 인천에 가는 허봉을 따라 갔다가 돌아오게 한 일들도 빠짐없이 기록했다. 57세에도 당시 성산에 와 있던 허봉에게 배운 막내아들에 대한 관심이 이어졌다. 이때 막내아들이 「주유천하기周遊天下記」라는 작품을 지었다고 적었다. 58세에도 아들의 학업뿐 아니라 과거에도 관심을 가지고 이를 기록했다. 59세에는 아들들이 중학과 서학에서 강의하고 과거 시험을 치렀다. 60세에 아들들이 과거 시험을 치러 첫째는 생원시에, 둘째는 진사시에 모두 합격하여 기쁨을 누렸다. 61세에는 고향에서 아들이 성균관에 들어가느라 도성에 온 것을 맞아주고, 과거 본 것들을 기록했다. 62세에 첫째와 둘째 아들이 경산慶山에서 별시를 보았고, 둘째 아들은 8월 사마시에 합격한 후 도산서원의 헌관이 되었다. 71세 1월에는 아들의 관직 제수 소식을 듣고, 72세 2월에는 아들의 과거 참여 사연과 서울에 올라간 아들의 학입에 성취가 있어 과거에 입격했다는 소식을 들어, 지인들의 축하를 받으며 잔치를 열었다. 74세에 아들들이 관직을 받았다는 소식을 들었고 이듬해에 생을 마감한다.

(3) 몸과 질병에 대한 관심 토로

성재가 『성재일기』에 자신의 몸에 대한 여러 증상뿐만 아니라 부인, 아이, 종, 친척과 지인들의 병에도 관심을 가지고 그 증세와 차도를 살피며 기록을 빠뜨리지 않은 점이 주목된다. 이는 당시 묵재 이문건(1494~1567)의 일기에서도 비슷하게 나타나는 점이다. 특히 『성재일기』에서는 1579년 1월부터 4월까지 온 가족과 지인의 치병 기록이 연이어지는 점을 발견할 수 있다. 이는 성재가 집안사람들의 질병 소식을 전해 듣고 기록한 부분으로, 유행병일 것이라 진단한 뒤에는 병에 걸린 부인과 자식을 집에서 떨어진 서재 등 다른 곳으로 이동시킨 사실까지 적어놓았다. 뒤에는 자신도 병에 걸려 부인과 며느리 등과 함께 고통스러워하는 내용을 실어놓았다.

이외에도 성재 자신의 몸에 대한 작은 변화나 주변인들의 질병 소식들이 『성재일기』에 지속적으로 나타난다. 특히 성재는 막내아들의 병에 대해 몇 년에 걸쳐 자세히 기록하며 다른 기록에서 보이지 않는 감정 표현을 지극히 보였다. 56세 말에 막내아들이 병이 나고 이듬해에 재발하자 의녀 수복守福을 불러서 병을 물어보았다. 그러나 막내아들의 병이 점점 심해져 58세에는 조흥趙興에게 막내아들의 배에 뜸을 뜨게도 하고, 비언棐彦을 찾아가 병을 물어보기도 했다. 하지만 막내아들의 병세는 더욱 심해졌고, 한랭하여 복통을 앓았다. 다음 해 59세 2월 막내아들이 관례를 치렀으나 3~4월에는 성재도 병이 들어 막내아들이 같이 아팠다가 나은 과정을 기록했다. 그러나 막내아들은 이후로도 병이 낫지 않고 고생하다가 끝내 병을 이기지 못하고 죽자 통석해 했다. 일기에는 막내아들이 어려서부터 재능을 보이다가 일찍 고통스럽게 죽어가는 모습을 지켜보는 아버지로서 그 애처로운 마음을 실어놓아, 다른 기록에서는 볼 수 없는 성재의 감정 표현을 세심히 읽을 수 있다. 그 외에도 59세에는 2월부터 딸의 병을 치료해주고자 애쓰며 노력했다.

임란 중에는 많은 질병과 죽음이 이어졌다. 임란이 일어난 1591년, 성재가 62세 때 난리 중에 딸이 목숨을 잃는다. 63세에도 왜적의 침입이 이어지는 가운데 당시 홍역이 돌아 그로 인해 죽은 지인의 초상이 있었고, 온 가족과 집안이 병에 시달리는 경우가 많았다. 64세에는 성재의 아들들과 며느리들, 손자 희생喜生도 병이 났고 끝내 죽었다. 월천도 병이 나 문병하다가 성재는 이질에 걸려 다시 월천의 문병을 받았다. 그의 부인도 이해 7월부터 병에 걸려 문병을 받았다. 65세에는 주변에 아픈 아들의 병에 차도가 있었다. 그러나 부인과 며느리가 병세에 시달렸고 성재도 학질에 걸려 고생한 기록이 보인다.

이처럼 일기에서 건강과 질병을 꼼꼼히 기록하며 몸에 대한 관심을 드러낸 것은 이 같은 기록을 일차적으로 성리학적 수양법, 곧 경敬의 공부 방법 중 하나인 '심상성성법心常惺惺法'의 실천을 꾀하는 방편으로 삼은 것이라 여겨진다. 이는 성재의 호와도 관계가 있는데, 성재가 퇴계의 제자가 되어 25세에 '성성재'라는 서재를 짓고 스승께 편액을 받아 그 뜻을 평생 실천한 과정을 일기에 기록하면서, 이렇듯 몸과 질병에 대한 기록도 남겼을 것으로 보인다.

비슷한 시기 미암 유희순 노한 수양을 매우 숭시하여, 그 일기에서는 몸에 난 병에 대해서까지 수양으로 다스리려 한 면모가 드러난다. 한 예로 미암은 하루 종일 글을 베껴 쓰고 책을 본 피로와 방에 불을 많이 땐 것이 원인이 되어 한밤중에 자다가 일어나 아파 소리를 지른 일이 있었는데, 이에 대해 "수양修養을 하여 병의 근원을 뽑지 않을 수 없다"라고 스스로 진단한 기록이 있다. 미암이 이처럼 자신의 몸에 난 병을 수양이 부족해서라고 해석했듯이, 성재 또한 그러한 이유를 직접 표명한 적은 없지만, 몸에 대한 관심을 일기에 꼼꼼히 기록하며 자신의 호처럼 항상 마음이 깨어 있으려고 노력했으리라 짐작할 수 있다.

이에 더하여 성재는 그 재능을 아끼던 막내아들의 병과 치료, 죽음에 이르기까지의 과정을 소상히 기록했다. 이로써 아버지로서 자신보다 먼저 이생을 떠나는 아들에 대한 아픈 마음을 여실히 드러내어, 개인의 감정 표출에도 충실한 기록을 남겼다고 할 수 있다.

『성재일기』의 일기문학사적 의의와 가치

개인 일기와 관인 일기의 성격 공유

『성재일기』의 내용을 통해 그 일기문학사적 의의를 부여하자면, 공적 활동 기록을 남긴 관인일기로서의 성격과, 사적 관심 기록에 치중한 개인일기로서의 성격을 공유하는 측면이 강한 점을 들 수 있다. 전자는 다시 성재가 자신의 관직에서 국가적 의례를 수행한 일과 임란에 대처하고 견문한 사실을 기록하고, 날씨를 선택적이나마 부기함으로써 공적 활동 기록을 남긴 점에서 그러하다. 후자는 학문과 독서, 계회나 유산을 통한 교유 활동, 아들들의 교육과 과거 준비 도모, 그리고 몸과 질병에 관한 기록 등을 남긴 점 등에서 찾아볼 수 있다.

그런데 이는 엄밀히 이분해서 나눠지는 것이 아니다. 공적 활동 속에 사적 행동이 들어 있기도 하고, 사적 관심 속에 공적 활동이 표출되기도 해서 그 둘을 엄격히 구분하기는 어렵다. 이러한 점은『성재일기』가 16세기 중후반의 일기로서, 즉 공일기와 사일기의 영역이 혼재되어 있는 시기의 일기로서 위상을 차지하기 때문이라고 파악된다.

조선 전기에 일기 형태로 기록을 남겨놓는 것은 사화士禍 체험을 담은 이자의『음애일기』, 유배 생활을 담은 이문건의『묵재일기』가 대표적이고, 경연일기 형태로 지어진 이이의「석담일기」나 김우옹의「경연강의經筵講義」등이 있다. 이처럼 당시 일기는 정치의 선상에 있거나 또는 정치를 떠나서 공적으로나 사적으로 기록을 남기는 경향이 우세해졌고, 이후 전쟁의 와중에도 체험을 담아 기록하는 현상을 보인다.

이러한 가운데『성재일기』가 임란 전 가장 큰 옥사였던 기축옥사에 대한 기록을 남기고 있는 점은, 조선 전기 사화의 기록을 담고 있는 여타 일기들과 연장선상에서 논의될 수 있는 중요한 부분이다. 또한 이는 임란 후 크게 일어난 18세기 신임옥사(1721~1722)에 대해 이정신李正臣(1660~1727)이 기록한『역옹공일록櫟翁公日錄』으로 이어진다는 점에서 16세기 후반 일기문학으로서 당대적 의의가 있다.

이처럼『성재일기』는 조선 중후반, 곧 임란 이전부터 임란을 겪으며 남긴 기록으로서, 성재 개인의 사적인 생활과 함께 공적인 활동, 특히 조정에서 일어난 옥사와 국가 간의 전쟁을 기록하고 있다는 점에서 특성적이다. 이에 조선 중후반에 쓰인 일기로서『성재일기』가 조정과 국가의 대사大事의 기록을 보완하는 기능도 하지만, 이미 일상생활 그 자체도 기록의 주요한 대상으로 삼기 시작하는 조선 후기의 사일기와 연계되는 점에서 그 의의가 발견된다.

성재는 16세기 당시 예안의 재지 사족으로서 집안의 기일과 시제 등의 제사는 물론 자식들의 관례와 혼례, 상례 등 가정의 대소사인 관혼상제례를 일기에 빠짐없이 기록했다. 뿐만 아니라 능참봉으로서 절기마다 풍속에 따라 예를 갖춘 의식들, 그리고 고향과 도성을 오가는 여정에서 보고 들은 일 등 중요한 사건을 고스란히 일기에 담아 놓았다. 그런 한편으로 자신과 주변 사람들의 건강과 병세 등에 관심을 갖고 이를 기록했고, 아들의 과거 공부를 뒷바라지하며 그 도서 목록과 과거 시험 과정도 꼼꼼히 기록했다. 특히 막내아들의 경우는 그의 학문을 위해 교육에 열성을 쏟는 모습뿐 아니라 치병 과정과 죽음의 상황에서 안타까워하는 마음을 여실히 드러내어 아버지로서 품은 개인감정 또한 충실하게 기록한 면모를 보였다.

성재는 집안에 드나든 인물들에 대해서도 하나하나 기록을 남겼다. 그와 관련한 조정의 관직 제수 사실이나 기축옥사에 연루된 일 등 직접 겪거나 보고들은 내용을 기록했다. 동학이나 동료들과 계회와 유산 등을 통해 교유를 이어간 정황을 알려주기도 했다. 이처럼 당대 일상을 기록한 데서도 그것이 단지 사적인 성격에 그치지 않고 반공반사적半公半私的인 성격을 지녔음을 발견할 수 있다.

생활 일지와 전쟁 보고로서 역할

『성재일기』는 생활 일지와 전쟁 보고로서도 역할을 한다. 성재는 임진왜란이 일어나고 있던 와중에도 일상생활을 그대로 기록하여, 여느 때와 같이 제사를 지내거나 방문한 지인들의 이름을 기록하여 남기고 그들과 교유한 기록은 물론 69세의 나이에 봉화 현감 자리에 올라 서울로 향하다가 당시 임란으로 인해 원주의 참상을 목도하고 기록하는 등 쉽게 지나칠 만한 광경이나 경험까지도 놓치지 않고 기록하여 당시의 실정을 상세히 알 수 있게 했다.

임진왜란과 병자호란 등 전쟁을 치루며 전쟁 체험뿐만 아니라 생활일기를 남긴 예로는 기존에 오희문의 『쇄미록』과 남평 조씨의 『병자일기』 등이 많이 언급되었다. 이 작품들은 앞서 전쟁의 와중에 쓰였으면서도 역사 기록의 정신에 투철한 작품들과 달리 생활일기로서의 측면이 강한 점이 특징이다. 『쇄미록』은 임진왜란이 발발한 해인 1592년 7월 1일부터 쓰기 시작하여 피난을 마치고 서울로 돌아온 1601년 2월 27일까지, 오희문이 가족들과 전라도 장수, 충청도 홍주, 임천, 아산과 강원도 평강 등지에서 피난 생활을 하며 겪었던 일과 사건을 중심으로 기록했다. 그러나 개인사에 관한 것만이 아니라 전쟁 중의 사회상까지 기록하고 있으며, 지방제도에 대해서도 서술된 자료라는 점에서 주목을 받아왔다.

『성재일기』 또한 임란 시기 피난살이와 전쟁 상황을 기록하고 있다. 성재는 고향을 멀리 벗어나면서까지 피난을 다니지는 않았지만, 집안에 있기 어려운 상황에 처한 때가 종종 있었다. 난리가 터지면서 서울에 있던 아들이 피난 내려오자, 월명담 주변의 석굴과 반구대 석굴 등으로 피난을 갔고, 그 뒤에는 용두 절벽으로도 숨었다. 이후에도 집안이 안전하지 않아 피난을 나가 살았다. 그와 함께 첫째 아들은 군량 유

사를 맡았고, 성재는 수성장직을 수행하기도 했다. 그런 가운데 기제
사를 지내고, 왜적의 침입 상황과 격파 소식 등을 접하는 대로 기록하
여 남겨놓았다.

이처럼 16세기 일기문학이 성행하는 가운데 나온 작품들은 사화와
전쟁이라는 배경을 바탕으로 활발하게 기록되었다. 시기적으로 먼저
사화를 체험한 작가가 그 역사 인식을 드러내는 작업으로서 기록문학
을 활발히 남겼던 경향이 두드러졌다. 이 기록 가운데 일기문학의 형
식을 갖추고 있는 작품으로『음애일기』와『묵재일기』, 그리고『미암일
기』가 있다. 이 작품들은 공통되게 사화를 쓰리게 체험한 사람에 의해
쓰였다는 사실에서, 작가 자신의 경험을 바탕으로 한 진실성과 곡진함
이 담겨 있다. 그 뒤로 임란 병란의 전쟁을 겪으면서 전쟁의 참상과 체
험을 담으며 일상을 기록한『쇄미록』과『병자일기』가 이어져 나왔다.
이 글에서 살핀『성재일기』또한 기축옥사와 임진왜란을 겪으며 일상
의 일과 함께 옥사와 전쟁의 참상을 기록한 점에서 이러한 조선 중후
반 일기문학으로서 위상을 차지하며 의의를 지닌다고 할 수 있다.

결론

성재의 저술이 얼마 없는 가운데『성재일기』가 남아 있어, 그 삶의
편린을 일상의 기록을 통해서나마 살펴볼 수 있었다. 성재는 일상에서
시제, 기제사 등을 챙기고 관혼상제 의례를 치르며 여러 지인들과 크
고 작은 연회를 통해 교유하는 일들을 평시뿐 아니라 임란 중에도 충

실히 행해왔다. 이를 일기에 기록하여 당대 재지 사족의 실상을 알려주는 점에서 『성재일기』의 일기문학사적 의의와 가치는 적극적으로 부여된다.

이에 먼저 성재의 수학기에 해당하는 시기에 해당하는 기록 중 많은 부분이 빠져 있어, 여러 자료들을 활용해 이를 살펴보았다. 그리고 일기의 내용을 바탕으로 『성재일기』의 일기문학으로서의 성격을 관인일기와 개인일기의 측면으로 나누어 살펴보았다. 전자는 서울과 경주 등에서 벼슬살이 하며 의례를 수행하고, 임란 때 국난에 대처하여 의병활동을 전개하고 견문을 보고한 점, 여정에 따라 날씨를 선택적으로 부기한 점 등에서 살펴보았다. 성재는 서울과 경주 등지에서 벼슬살이를 하며, 가정의 대소사로서 관혼상제뿐만 아니라 부임지 업무에서도 국가적 의례를 행했다. 또한 말년에 일어난 임란에 대처하고, 가장으로서 가족의 피난을 이끌었으며, 마을의 지도자로서 의병 활동을 주도하고, 지원하며 이와 관련해 조정으로부터 들려온 소식과 직접 목도한 사실 등 다양한 견문을 기록했다. 그리고 후자는 성재 자신의 학문과 그 자식 교육의 측면으로, 성재가 학문하고 독서하며 질병에 대해 관심을 토로하고, 네 아들의 교육과 과거 준비를 도모한 양상, 그리고 여러 계회와 유람을 통해 교유 관계를 보여준 측면에서 살펴보았다.

이상 『성재일기』의 기록 내용을 바탕으로 그 성격을 두 가지로 나누어 살펴본 결과, 『성재일기』가 일기문학사적으로 개인일기와 관인일기의 성격을 공유하는 측면에서, 그리고 생활 일지와 전쟁 보고로서 역할을 하는 점에서 그 의의와 가치를 부여할 수 있다.

참고문헌

琴蘭秀, 『惺齋日記』.

琴蘭秀, 『惺齋集』.

奇大升, 『高峯集』.

柳希春, 『眉巖日記草』.

李正臣, 『櫟翁遺稿』, 『漫錄』.

李滉, 『退溪集』.

『宣祖實錄』.

『朝鮮時代 生進試 榜目』 권3, 국학자료원, 2002.

강정화, 「智異山 遊山詩에 나타난 名勝의 文學的 形象化」, 『동방한문학』 제41집, 동방한문
    학회, 2009, 363~410쪽.

고연희, 『조선시대 산수화』, 돌베개, 2007.

기노 쓰라유키, 「土佐日記(도사일기)」, 『紀貫之 散文集(기노 쓰라유키 산문집)』, 지만지, 2010.

김길락, 『한국의 상산학과 양명학』, 청계, 2004.

김수청, 『송대 신유학의 인격수양론』, 신지서원, 2006.

김연옥, 『기후 변화』, 민음사, 1998.

박경신, 「병자일기 연구」, 『국어국문학』 제104집, 국어국문학회, 1999, 157~177쪽.

박현순, 「성재惺齋 금난수琴蘭秀의 수학과 교유」, 『역사문화논총』 제4호, 신구문화사,
    2008, 35~73쪽.

신동원, 『조선의약생활사』, 들녘, 2014.

신영원, 『사라시나 일기 연구』, 보고사, 2005.

신영주, 「15, 16세기 관료 문인들의 계회 활동과 계회도축」, 『한문학보』 제17집, 우리한
　　문학회, 2007, 71~72쪽.

심경호, 『한문산문의 내면 풍경』, 소명출판, 2003(수정 증보판).

오항녕, 「같은 인연, 다른 길: 호당수계湖堂修契 제현의 배경, 현실 그리고 기억」, 『동양한
　　문학연구』 제41집, 2015, 157~182쪽.

이복규, 「「설공찬전」·「주생전」 국문본 등 새로 발굴한 5종의 국문표기소설 연구」, 『고소
　　설연구』 제6집, 한국고소설학회, 1998.

이복규, 「『묵재일기』에 대하여: 도서목록·「농암가」·물품목록·애정가사」, 『동방학』 제
　　3집, 한서대학교 부설 동양고전연구소, 1997.

이연순, 「『미암일기』를 통해 본 16세기 중반의 날씨 기록과 표현」, 『한국고전연구』 제
　　21집, 한국고전연구학회, 2010, 145~168쪽.

이연순, 「죽애 임열의 생애와 교유 양상 고찰」, 『한국문화연구』 제32집, 이화여자대학교
　　한국문화연구소, 2016, 7~50쪽.

이연순, 「죽애 임열의 습유작 고찰」, 『동양한문학연구』 제41집, 2015, 215~242쪽.

이연순, 『미암 유희춘의 일기문학』, 혜안, 2012.

이정민, 「조선 후기 학계의 설선薛瑄(1389~1464) 평가: 그 변화와 의미」, 『한국사연구』 제
　　165집, 한국사연구학회, 2014, 137~138쪽.

이치억, 「퇴계退溪 위기지학爲己之學의 특성과 그 정신의 전승」, 『퇴계학논집』 제14집,
　　퇴계학연구원, 2014, 241~266쪽.

이혜순·정하영 외, 『조선 중기 유산기 문학』, 집문당, 1997.

장덕순, 『한국수필문학사』, 박이정, 1995.

전성욱, 「일기에 나타나는 조선시대 사내부의 일상생활: 오희문의 『쇄미록』을 중심으

로」,『정신문화연구』권19, 한국학중앙연구원, 1996.

정석태 편저,『퇴계 선생연표월일조록退溪先生年表月日條錄』권1, 퇴계학연구원, 2001.

최영성,「성재惺齋 금란수琴蘭秀의 학퇴계學退溪 정신精神과 주경함양主敬涵養 공부工

　夫」,『퇴계학과 유교문화』제29집, 경북대학교퇴계연구소, 2001, 145~169쪽.

필립 아리에스·조르주 뒤비,『사생활의 역사』권3, 새물결, 2002.

2장

16세기 경상도 예안의 사족,
성재 금난수의 삶과 교유

김종석

금난수와 『성재일기』

사회적 동물인 인간은 불가피하게 남과 더불어 살아갈 수밖에 없지만, 교유라고 하는 적극적인 인간관계를 형성함으로써 자신의 삶을 보다 의미 있는 것으로 만들어간다. 어떤 교유는 사람의 삶에 방향과 내용을 부여하고 어떤 교유는 생존을 위한 토대를 제공하기도 한다. 그리고 많은 경우 특별한 의미는 없지만 사회의 구성원으로 살아가는 데 있어 불가피한 과정으로서 교유가 이루어지기도 한다. 교유는 사람에게 있어 매우 중요한 부분이기는 하지만, 과연 사람이 살아가는 데 있어 교유의 본질은 무엇인가?

본 연구에서는 교유에 대해 특별한 의미를 부여했던 조선시대 사족들을 통해 이 문제에 대해 접근해보고자 한다. 삶의 환경은 많이 다르지만 인간관계의 본질은 변한 것이 없다고 보기 때문이다. 그러나 문집을 통해 이루어진 지금까지의 연구는 내내 노학적 교유에 편중되어 있다. 이러한 이해는 사실과 다를 뿐만 아니라 인간을 이해하는 올바른 자세도 아니다. 본 연구에서는 경상도 예안현의 유학자 금난수가 쓴 『성재일기』를 분석함으로써 16세기 사족들의 교유 양상을 객관적으로 파악해보고자 한다. 『성재일기』는 금난수가 25세인 1554년부터 사망한 1604년까지 50년간 기록한 일기로서 비록 중간에 누락된 부분이 많지만 그의 일상적 삶의 모습을 잘 보여주는 자료이다.

금난수는 대략 25세부터 75세로 사망할 때까지 50여 년 동안 일기를 썼다고 하는데 현재 남아 있는 『성재일기』는 25세인 1554년 10월 30일부터 27세인 명종 1556년 12월 17일까지, 31세인 1560년 11월 9일부터 32세인 1561년 9월 9일까지, 46세인 1575년 5월 13일부터 75세로 사망한 1604년 2월 13일까지의 기록이다. 발문에 의하면 없어진 부분은 임진·정유 양란 때 소실된 것으로 추정하고 있는데 특히 33세부터 45세까지 한창때의 기록이 누락되었다는 점은 아쉬운 부분이다. 본래 필사본 형태로 문중에 보관되어 오다가 2019년에 한국국학진흥원에서 국역 발간되었다.

지금까지의 연구에 의하면, 금난수는 조목과 이황의 충실한 제자였으며 그의 삶은 두 사람의 절대적 영향 아래서 이루어졌다는 것이다. 이러한 설명은 퇴계학파의 일원으로서 금난수를 이해할 때 상당한 설득력을 갖는다. 그러나 조선시대 사족들의 교유 양상을 이해할 때는 이와 별개의 중요한 측면이 존재한다. 그것은 교유를 통해 자신의 삶에서 무엇을 성취했는지, 객체가 아닌 주체로서 금난수를 살펴보는 것이다. 즉 금난수가 이황과 조목이라는 절대적 존재에 의해 규정 지어진 삶을 사는 것이 아니라 자신의 의지에 의해 스스로 삶을 영위해가는 모습에 주목해보자는 것이다. 그것이 어떤 의미에서 한 인간의 삶에 있어서 교유 행위가 갖는 실존적 의미를 밝히는 작업이 될 수 있다. 그 바탕에는 도학에 대한 열망도 있었지만 동시에 입신과 출세를 향한 의지도 있었으며, 한 집안의 가장으로서 가정을 유지해야 한다는 책임감도 있었을 것이다. 이점에서 조선시대 사족들의 생활상과 관련하여 금난수 연구의 의의는 특별할 것이 없는 그의 '평범함'에 있다는 점이 지적되기도 한다.[1] 이 말은 금난수 연구를 통해서 조선시대 사족들의 일반적 모습을 읽을 수 있다는 의미로도 이해할 수 있다.

실제로 일기에 나타난 금난수의 모습은 인간관계를 맺고 유지하기 위해 끊임없이 노력하고 결코 짧지 않는 관직 생활 동안 성실하게 근무했으며 자식의 과거 공부와 시험을 세세하게 챙기는 모습을 보여준다. 세속적 가치에 사로잡혀 있는 모습으로 보일 수도 있다. 그러나 이것이 사람이 살아가는 일반적인 모습이라고 하는 것이 합당할 것이다.

이 글은 금난수의 세속적 측면을 부각시키기 위한 것이 아니다. 조선시대 유학자의 일반적인 삶의 모습을 보여줌으로써 유학자에 대한 왜곡된 인식을 바로잡자는 것이 필자의 생각이다. 유학자에게 있어서 도학적 교유가 갖는 의미도 중요하게 다루어져야 하지만, 동시에 한 인간으로서 그들의 실제적 교유 양상을 그려냄으로써 조선시대 재지 사족 사회를 움직였던 관계 메커니즘을 파악해보자는 것이다. 이 문제는 문집 자료만으로는 올바른 파악이 어렵고 일기에 나타난 교유 양상과 그 내용을 채워줄 수 있는 문집 자료를 함께 활용함으로써 객관적 파악이 가능할 것이다.

도학적 동반자로서의 교유

연보에 의하면 금난수는 7세 때 조부 첨지공에게 『소학』을 배웠으나 남의 문하에서 공부를 한 것은 12세 때 김진[2]의 문하에서 수학한 것이 시초였다. 당시 김진은 고을 수재들을 모아 공부를 가르쳤는데, 그는 다섯 아들을 모두 과거에 급제시켜 '오자등과댁五子登科宅'으로 불릴 만큼 자식 교육에 열정을 쏟았던 인물로 유명하다.[3] 이때 김진의 아들인 약봉藥峯 극일克一, 구봉龜峯 수일守一 등과 함께 공부하면서 교제했다고 하지만, 또 다른 아들이자 이황의 고제인 학봉鶴峯 성일誠一과의 교유도 이 때 이루어졌을 것이다.

이후로는 고을의 유생들과 청량산 같은 곳에 모여 공부했다. 당시의 공부 방식은 특별한 스승 없이 공부에 뜻을 둔 유생들과 함께 사찰이나 서원 등에서 짧은 기간 동안 집단 학습을 하는 식이었고, 주로 어울리던 사람은 구봉령, 이국량 등 동향의 유생들이었다. 20세 무렵까지는 이런 식으로 공부했던 것으로 보인다.

금난수가 도학에 뜻을 정하고 본격적으로 공부를 시작한 것은 횡성조씨橫城趙氏와 혼인함으로써 조목의 매제가 된 21세 무렵부터로 보아야 할 것이다. 왜냐하면 조목은 실질적으로 이황 문하에서 좌장의 역할을 하고 있었을 뿐만 아니라 조목을 통해서 이황의 문하로 나아갔기 때문이다. 21세 때라면 서력 1550년으로 아직 계상서당溪上書堂이 이루어지기 전 이황이 한서암寒棲庵에 거처할 때이다. 이황 연보에 "이로부터 배우러 오는 선비가 날로 많아졌다"[4]고 했던 그 때 금난수도 문하에 입문했던 것으로 보인다.

그러나 이황 문하에 입문한 이후에도 20대의 금난수의 학문을 실질적으로 지도한 사람은 조목이었던 것으로 보는 것이 합당할 것이다. 일기를 보면 27세까지는 압도적으로 조목과의 교유가 큰 비중을 차지하고 있고 이황과의 관계는 의례적으로 찾아뵙거나 시와 편지를 주고받는 것이 전부이기 때문이다.5 이황 문하에서 차지하는 조목의 위상, 금난수가 이황 문하에 입문하기 전에 먼저 조목에게 배웠다는 점, 처남 매제 간으로 맺어진 가족적 유대감 등이 그 바탕에 깔려 있었을 것이다.

금난수는 주로 청량산淸凉山을 중심으로 산사에 머물며 독서했다. 또래의 유생들이 향시에 응시하기 위해 분주하던 때 자신은 경서를 품고 산으로 들어갔을 정도로 학문에 진지했다. 23세 되던 해 가을, 금난수는 조목, 구봉령, 김팔원, 권대기와 함께 현사사玄沙寺에 모여 독서계를 조직한 데서 당시 이황 문하의 도학적 분위기를 짐작할 수 있다. 이 모임의 운영 방향이 기본적으로 독서에 있었음은 다음의 논의에서 대략 알 수 있다.

> "무릇 우리 벗들이 헤어졌다 모였다 하니 달리 도움이 되는 바가 없다. 혹은 산사에서, 혹은 서원에서 좋은 계절을 골라 각자 경서經書와 사서史書를 가지고 와서 다 같이 모여 통독한다."6

논의의 내용이 결의에 차 있고 시부나 잡서가 아닌 경서와 사서를 읽기로 한 데서 이 모임이 학문의 성취에 목표를 두었음을 보여준다. 같은 내용이 조목의 연보에도 기록되어 있어 당시 이황 문하를 출입하던 제자들 사이에는 학문에 대한 농후한 공감대가 형성되어 있었음을 알 수 있다.7 그들은 학문이 참다운 삶의 방향을 제시해줄 것으로 믿었고 학문에 입지를 굳힌 젊은 유생들은 학문의 세계에 매료될 수밖에 없었다. 더욱이 이황은 풍기 군수 직을 끝으로 벼슬살이를 청산하고 후진양성에 뜻을 굳힌 직후라 의욕적으로 제자 교육에 매진하고 있을 때였다.

이 시기에 금난수는 『심경』을 읽고 있었는데, 『심경』은 도학의 핵심 영역인 마음 공부의 대표적 텍스트로 퇴계학단에서 특히 중시했던 책이다. 퇴계학단에서 『심경』이라고 하면 보통 진덕수陳德秀의 『심경』에 정민정程敏政이 부주한 『심경부주心經附註』를 일컫는데, 금난수가 당시 이황에게 보낸 시를 보면 진덕수의 『심경』일 가능성도 배제할 수 없다.8 어느 쪽이든 금난수는 『심경』을 통해 도학으로 가는 길을 모색하고 있으며 그것을 버리고 다른 길을 갈 생각이 전혀 없다는 의지를 보여준다. 한편 이황은 1551년에 계상서당을 열고 본격적으로 제자를 가르치고 있었는데, 당시 계상서당에서 금난수와 함께 공부했던 인물은 금응훈, 이안도, 김전 등이었다. 금응훈은 금재琴梓의 아들로 누이가 이황의 맏며느리이기도 했다. 금응훈은 후일 도산서원에서 『퇴계집』을 간행할 때 실무를 담당했으며 도산서원 원장을 역임하기도 했다. 이안도는 이황의 장손으로 금난수가 벼슬자리에 있을 때도 수시로 내왕했을 뿐만 아니라 그의 딸이 금난수의 셋째 아들 금개琴愷와 혼인함으로써 사돈 간이 되었다. 김전은 예안 사람이지만 금난수보다 연하이고 일찍 죽어 교유가 지속되지 못했다.

이황은 금난수의 의지를 확인하고 "사내로 태어나 비할 바 없이 귀한 몸인데, 이 일(도학)을 어찌 다른 사람에게 양보하랴. 사람이 못나서 이룬 것이 없다면 응당 게을러서이니, 지금부터 노력하여 시간을 다투게나"9라는 말로 격려했다. 벼슬에서 물러난 50대의 이황의 지도하에 20대의 금난수는 본격적인 학문 탐구에 들어간 것이다. 이처럼 금난수와 이황 사이에는 기본적으로 도학이라는 공감대가 자리 잡고 있었다. 금난수의 문집에 수록되어 있는 이황에게 올린 시와 편지는 학문적 의지로 충만해 있어 여타의 시문들과 뚜렷한 차이를 보인다. 자연히 이황으로부터도 많은 편지를 받았으며 금난수는 이를 소중하게 간직했다.

일기에는 이황과 금난수의 학문적 관계를 상징하는 사실을 언급하고 있다. 즉 금난수가 퇴계로부터 받은 시문을 묶어 5책짜리 첩장을 만들었다는 기록인데, 이것은 조목이 이황으로부터 받은 편지 113통을 묶은 『사문수간師門手簡』보다 먼저 금난수의 『사문수간』이 있었음을 의미한다. 조목이 『사문수간』을 엮은 시기가 1588년(선조 21)이었음을 감안하면, 조목이 그 영향을 받았을 가능성도 생각해볼 수 있다.10 이러한 공감대를 바탕으로 이황을 중심으로 문하의 동문들 간에는 학문적 동질감이 형성되어 있었고 이러한 동질감 위에서 퇴계학단이라고 하는 확고한 학문 공동체를 이룰 수 있었다.

그러나 이 시기에 금난수의 공부 양상을 한 마디로 도학으로 단정하기에는 무리가 있다. 그것은 금난수의 일기에 보이는 또 다른 측면 때문이다. 일기에는 거접居接 모임에 열심인 금난수의 모습이 그려져 있다. 거접은 일반적으로 산사나 향교, 서원 등에서 유생들이 시부詩賦를 겨루는 모임으로 알려져 있지만, 실질적으로는 과거 시험을 준비하기 위한 모임의 성격이 강하고 주로 과거를 앞두고 열리는 모임이라는 것이 연구를 통해 밝혀지고 있다.11 일기에는 금난수가 20대에서 30대 초에 주로 거접에 참석한 것으로 되어 있다.[12] 즉 금난수도 당시 유생들의 일반적인 관행대로 과거 시험을 착실히 준비하고 있었다는 얘기다.

실제 금난수는 26세 되던 해 영양에서 실시된 소과 향시에 응시하기도 했다.[13] 또 그 전 해에도 향시에 응시했으나 낙방했고 이를 위로하는 이황의 편지가 문집에서 확인되는데, 1554년에 이황이 금난수에게 보낸 이 편지는 과거 시험에 대한 조선시대 사족들의 생각을 적실하게 보여준다. 이황은 편지에서, 우리나라는 과거에 급제하지 못하면 사족으로서 구실하기가 어렵고 또한 부모의 기대를 저버리기 어려우니 과거 공부를 포기해서는 안 되며, 정자와 주자도 과거 응시를 금한 적이 없음을 지적하고 있다.[14]

금난수는 32세 되던 1561년(명종 16) 8월에 생원시에 합격했는데, 이보다 앞서 2월에는 합천에서 실시된 향시에 합격했다. 그런데 일기의 기록은 서울에서 있었던 회시보다 합천에서 있었던 향시에 관해 자세하다. 왜냐하면 향시에 응시하기 위한 합천으로의 여행은 단순한 과거 시험 여행이 아니라 산수 유람과 인적 교유가 혼재된 복합적 여행이었기 때문이다. 그가 합천 향시에 응시하기로 마음을 굳힌 데에는 몇 가지 계기가 있었다. 그는 평소 경상우도의 산림인 남명南冥 조식曺植의 명성을 듣고 한 번 만나보고 싶은 소망을 가지고 있었다. 사실 이황과 조식이 생존해 있을 당시만 하더라도 양현의 문인들 사이에는 격의가 없었다. 이황의 문인들 중에는 조목처럼 조식을 흠모하는 사람도 있었고, 정구나 김우옹처럼 실제로 양문 수학한 이들도 있었다. 금난수가 조식을 만나고자 한 데는 처남인 조목의 영향이 있었을 것이다.

마침 그 때 인척 가운데 숙항 되는 사람이 조식이 거주하고 있던 삼가三嘉 현감으로 있었고 이종형 정복시[15]가 이웃 고을인 단성丹城 현감으로 있었으며, 가는 길에 있는 성주星州에는 동문인 황준량이 목사로 있었다. 금난수는 이 기회를 남쪽 여행의 적기로 판단했다. 그러나 금난수가 남행을 결심한 데에는 또 다른 목적이 있었으니 바로 합천 향시에 응시하는 일이었다. 그는 31세 되던 해 11월 12일에 길을 나서 이듬해 5월 3일에 집에 돌아올 때까지 근 6개월 동안 성주를 거쳐 합천, 삼가 등 남쪽 지방을 여행했는데, 이 기간 동안 향시에 합격했고 조식을 만났으며 그 외 여러 강우지역 인사들과 교유했다.

금난수는 여행의 거의 막바지에 조식과 만날 수 있었다. 떠날 때부터 기대했던 만남이어서 그런지 비교적 상세하게 기록으로 남겼다. 4월 18일, 이원·권문현·정구 등 지역 인사들과 함께 삼가 뇌룡정雷龍亭을 방문하여 조식을 만난 것이다. 그가 남긴 조식에 대한 인상은 "언어가 준절하며 옆에 있는 사람을 의식하지 않는다" "초월하는 기개는 있으나 원만한 뜻이 모자란다"[16] 등으로 요약된다. 이 자리에서 조식은 이황과 기대승 간의 성리논변에 대해 비판했는데, "전현의 말을 실천할 방도를 찾지 않고 성리의 이론을 논하는 것은 옳지 않다"는 것이며 그 뜻을 이황에게 고할 것을 부탁했다. 조식과의 만남은 이렇게 한 번으로 끝났다.

당초 남행을 시작할 때는 가야산과 지리산을 유람하고 조식을 만나보리라는 일종의 남쪽에 대한 동경을 갖고 있었다. 결과적으로 가야산 유람은 날씨 때문에 실행에 옮기지 못했고 지리산 유람은 서모의 급보 때문에 포기했으며, 조식과의 만남이 이루어졌지만 그에 대한 평가를 보면 당초의 기대에는 미치지 못했던 것으로 보인다. 결국 이번 남행에서 최대의 성과는 향시에 합격한 것이라 할 수밖에 없다. 2월에 합천에서 향시가 있었는데 금난수는 진사시와 생원시에 모두 2등 12인으로 합격한 것이다.

그러나 조식의 문인들을 비롯해서 우도의 여러 선비들과 교유할 수 있었던 것도 중요한 소득이었다. 가는 길에 성주에 들러 동문 황준량과 오건을 만났고, 합천에서는 조식과 동갑으로 명성이 자자하던 이원을 만났고, 삼가에서는 권문현·권문저·권문임·권문언權文彦 형제, 정구 등 조식의 문인들과 어울렸다.

이종형, 정복시, 숙부 류씨 등으로부터의 도움도 컸다. 금난수가 남쪽에 머무는 동안 이들은 시관試官이나 수협관搜挾官 등으로 향시에 직간접적으로 관여하고 있었으며 단성과 삼가의 관아에서 머물 수 있도록 편의를 제공하기도 했다. 동문인 정탁이 교수로 있는 진주향교에 신세를 지기도 했다. 이 점은 당시로서는 하나의 관행이었지만 다른 사람이 누릴 수 없는 이점임은 분명하고 그 뿌리는 혈연과 학연이었다. 그들에게 교유가 단순한 인간적 정감의 문제를 넘어서는 중요성을 가질 수밖에 없었던 이유도 바로 여기에 있다.

향시는 성공적이었고 이해 가을 생원시 회시에 3등으로 합격했다.[17] 이후로도 꾸준히 과거에 도전했지만 더 이상의 성과는 없었다. 금난수의 과거 응시는 공부의 성격이 당초의 도학에서 과거 공부로 바뀌었다기보다는 조선시대 사족들의 일반적인 공부 형태라고 보아야 한다. 또한 유학이라는 학문 자체가 궁극적으로 치국·평천하를 목적으로 하는 만큼 유학자에게 출사는 학문적으로 전혀 모순되지 않을 뿐만 아니라 가족을 부양해야 하는 현실의 문제이기도 했다. 이황이 제자를 지도하는 기본 입장도 도학과 거업의 병행이었다. 이 점은 금난수가 23세 때 이황이 보낸 편지에 명확히 드러나 있다.[18] 이황은 가족이 있는 사람이 도학에만 뜻을 두고 과거 공부를 소홀히 하는 경우에는 그 또한 옳지 않다고 했고, 반대로 가난 때문에 과거 공부에 몰두하여 도학을 소홀히 한다고 느끼면 도학을 강조했다. 즉 가난한 선비가 과거시험에서 벗어날 수는 없지만 가난을 이유로 도학을 폐하는 것은 곧 자포자기라는 것이다.[19]

이렇게 볼 때, 수학기의 금난수는 도학과 거업을 병행하고 있었으며 교유 관계에 있어서 중심을 이루는 것은 이황 문하의 동문들이었고, 도학을 바탕으로 하는 학문적 공감대와 동문 의식이 이들 간에 각별한 유대를 형성하고 있었다. 이러한 유대는 이황에 대한 조야의 평판과 더불어 금난수의 거업과 출사 전반에 걸쳐 든든한 배경으로 작용했다.

출사 시기의 교유

금난수는 32세에 생원시에 합격한 이후, 50세 되던 1579년에 유일遺逸로 천거받아 제릉 참봉에 임명되었고, 52세 때 1581년에 집경전 참봉에 임명되었고, 54세 때 1583년에 경릉 참봉에 임명되었으며, 58세 때 1587년에 장흥고 직장으로 승진했다. 60세 때 1589년에 장예원 사평에 임명되었으나 이듬해 4월에 해직되었다. 이후 성수 판관, 익위사 익위에 제수되었으나 부임하지 않다가 70세 되던 1598년에 봉화 현감으로 부임하여 이듬해 8월까지 근무했다. 대략 11년 남짓 기간 동안 성실히 벼슬살이를 했으므로 많은 사람을 만날 수 있었다.

'교유'라는 말을 이상적으로 해석하면 출사 시기의 교유는 단지 출세를 위한 방편적 인간관계의 의미에 그치지만, 16세기 조선 사회에서 출사 시기의 교유는 지연·학연·혈연을 크게 확장시키면서 그 사람의 성공 여부를 결정하는 요인으로 작용했다는 견해[20]도 있는 만큼 이 부분이 그동안 과소평가되어 온 것은 분명해 보인다.

금난수의 첫 번째 임소任所인 제릉은 태조 이성계의 정비인 신의왕후의 능으로 황해도 개풍군(現 개성)에 소재하고 있다. 능참봉의 주된 임무는 능을 수호하고 제사를 모시는 것으로, 당시 참봉 2인이 1조가되어 한 달에 보름씩 교대로 근무하는 것이 원칙이었다.[21] 자연히 제릉 참봉 재직 시에 금난수가 가장 많이 만났던 상대는 주로 헌관과 집사의 임무를 띠고 방문하는 인근 고을 수령들이었다. 일기에는 수많은 인사들의 면면이 등장하는데, 이들과의 만남은 직무상의 만남일 수밖에 없었으나 이 경우도 넓은 의미의 교유라고 할 수 있다. 그들과의 사귐은 직무상 불가피한 것이기도 하지만 벼슬살이에 일정한 도움이 되기도 했을 것이고, 경우에 따라서 단순한 직무상의 관계를 넘어서 계회를 조직할 정도로 발전하는 경우도 있었다. 그가 장흥고 봉사로 있을 때 직속 상사들과 함께 계회를 열고 계회도와 시를 남긴 사례를 확인할 수 있다.[22]

출사 기간의 일기는 공적 기록으로서의 특징이 뚜렷한데, 그는 제사에 참여한 전사관, 향사, 집사의 인적 사항을 빠짐없이 기록했고, 장흥고 봉사로 근무할 때 일기에는 입직 사실이나 가령 번고反庫라고 해서 창고를 점검할 때 감독자가 누구였는지까지 일기에 남겼다. 이렇게 한 것은, 후일 기억하기 쉽도록 하기 위함이거나 문제가 발생했을 경우 공적 기록을 보완하기 위한 보조 자료로 생각했기 때문일 것이다.

흥미로운 사실은, 능참봉의 근무 방식은 보름씩 교대 근무하는 방식이었기 때문에 근무가 없는 출번出番 때 금난수는 주로 도성(서울)에 들어와 사람을 만났다. 같은 능참봉이라 해도 집이 가까운 지방에 있는 사람은 본가에 가서 집안일을 돌보기도 했는데[23], 금난수의 경우는 주로 도성에서 시간을 보내는 편이었다. 그런데 이 시간이 그에게는 오히려 중요한 인사들과 교유할 수 있는 기회가 되었던 것으로 보인다. 교유의 상대는 대개 관직에 있거나 관직을 바라보고 도성을 출입하던 인사들이었고 그 중심에는 지연, 혈연으로 맺어진 지인들과 특히 이황 문하의 동문들이 있었다. 그들은 요긴한 정보를 주고받았고 필요한 편의와 도움을 제공했다. 일기를 보면 각종 정보의 원활한 유통에 놀라지 않을 수 없는데, 놀라울 정도로 많은 사람을 만났고 정보는 혈맥처럼 끊임없이 움직이고 있었으며 그것을 기반으로 교유가 이루어지고 있었던 것이다. 이런 점들이 출사시기에 이루어진 교유의 특징이라 할 수 있다.

중앙의 여러 요인들을 만났다는 점도 출사기 교유의 특징인데, 대표적인 예가 이이 같은 사람이다. 그는 여러 차례 경릉 참봉으로 있던 금난수의 처소를 방문했으며 금난수도 이를 인연으로 찾아가서 업무를 의논하기도 했다. 이이에 대한 금난수의 평가는 매우 우호적이었다. 그는 조목에게 보낸 편지에서 "말하는 것이 성성스러우면서 간곡하고 시사에 대한 말도 모두 평탄하고 담박하여"[24] 나무랄 데 없는 인물임에도 사간원과 사헌부에서 임금께 아뢴 글이 지나치게 준엄하고 격렬하다고 비판했다. 당시 대사간 송응개宋應漑가 말馬을 바치면 북변 방어의 임무를 면제해준 전 병조판서 이이의 조치를 두고 국병國柄을 멋대로 휘두른 것이라 하여 상소한 것을 두고 한 말이다.[25] 금난수는 오히려 동인인 송응개의 상소를 지나치다고 한 것이다. 인간적인 교유는 당파까지도 초월할 수 있다는 가능성을 보여주는 사례인데, 한 가지 의문이 드는 것은 판서를 지낸 이이가 과연 어떤 동기에서 말단 관료에 불과한 금난수를 찾아왔을까 하는 것이다. 이에 대해 금난수는 "도산과의 인연 때문"[26]이라고 설명한 바 있다. 이이가 20대 초반에 도산으로 이황을 방문하여 3일 동안 머무르며 가르침을 받았던 사실을 말한다. 이이가 이황과의 짧은 만남을 어떻게 생각하고 있었는지, 그리고 학문적 교유의 결과가 현실에 있어서 어떤 식으로 나타나는지를 잘 보여주는 사례라 할 수 있다.

출사시기에 만났던 인물 가운데 눈에 띄는 또 한 사람은 허봉이다. 허봉은 본관이 양천陽川으로 허엽許曄의 아들이자 허난설헌許蘭雪軒의 오빠이며 허균許筠의 형이다. 금난수는 넷째 아들 각을 허봉에게 보내 배우게 했는데, 각은 18세에 요절했지만 매우 총명하여 16세 때 지은 「일동산수기日洞山水記」는 지금까지도 명문장으로 알려져 있다. 금난수는 벼슬살이를 하면서 아직 수학기에 있던 막내아들 각을 허봉에게 배우게 했던 것이다. 허봉의 아버지 허엽은 서경덕의 문인으로 서울에 살았는데 이황과도 교유가 있었다. 금난수는 서경덕의 학문에 대해서 "한 마디도 병통 없는 말이 없고, 한 곳도 통하는 곳이 없다"[27]고 했지만, 자신의 아들은 허봉에게 배우게 한 것이다. 그 배경에 대해서는 허봉이 일찍이 이황에게 배웠다는 언급에서 짐작할 수 있다.[28] 허봉은 일반적으로 유희춘柳希春의 문인으로 분류되지만, 형 허성許筬과 함께 이황의 문하에 출입했으며 이황의 만시와 이황의 손자 이안도의 제문을 쓰기도 했다.[29] 그들의 인간관계를 모두 학문적 교유라고 말할 수 없을지 몰라도 그들의 관계에는 도학적 공감대가 깔려 있었다고 해야 할 것이다.

금난수는 서울에서 활동하는 인사들과의 교유를 통해서 중앙 정계의 동향을 파악했을 뿐만 아니라 재지 사족으로서 향리에서의 지위를 공고히 할 수 있었다. 가령 1584년(선조 17)에 김부륜의 서울 집에서 향리인 예안의 좌수를 임명하는 논의가 이루어졌는데 이 자리에 참석한 것이다.[30] 16세기 당시 좌수는 향촌의 지배질서에 큰 축을 담당하고 있어서 좌수를 결정하는 일은 지역 사회로서는 중대사에 속했다. 금난수는 이외에도 유향소의 임원을 선임하기 위한 자리에도 참석하고 있음을 일기는 보여준다.[31] 이런 자리에 참석할 수 있었던 것은 그가 미관말직이나마 참봉의 벼슬에 있었기 때문이다.

그는 이황의 문집 간행을 논의하는 자리에 참석하기도 했다. 『퇴계집』 발간을 위한 논의는 이황이 사망한 직후부터 시작되었는데 준비와 발간 원칙을 둘러싼 이견으로 결말을 보지 못하고 있었다. 이 모임은 류성룡의 주재로 서울에서 이루어졌는데, 금난수 외에 김부륜·이교·이덕홍·박려朴欐·김해·김취려金就礪 등이 참여했다.[32] 『퇴계집』은 1600년에 초간본이 발간되는데, 그 준비를 위한 논의가 서울에서도 진행되고 있었음을 보여준다.

금난수가 제릉 참봉을 하던 시기에 이루어진 또 다른 형태의 중요한 교유의 기회는 각종 전별연, 축하연이었다. 전별연은 일기에 비교적 자주 등장하는데, 특히 예안이나 안동으로 벼슬을 받아 떠나는 자리에 는 판서에서부터 일반 유생에 이르기까지 지위 고하를 막론하고 출향 인사들이 거의 참석하여 친분을 쌓았다. 금난수는 전별연에 참석한 날 은 참석자들의 명단을 빠짐없이 일기에 기록했다. 참석자들의 면면을 보면, 예조판서 정탁, 학관 김진, 민응기閔應祺, 이교, 박려, 이덕홍, 이 정회李庭檜, 이영도李詠道, 안몽열安夢說, 정사성鄭士誠 등으로 이황의 문 인들이 주축을 이루고 있다.[33] 이 사례는 출사 시기의 교유에도 퇴계 학단의 동문들이 그중심을 이루고 있음을 보여준다. 학문과 출사가 현 실에 있어서는 결코 무관한 관계가 아니었음을 의미하는 것이다. 경재 소京在所에서는 이런 경우에 대비하여 전별품을 따로 준비해둘 만큼 그들에게는 중요한 행사였고, 어떤 날은 하루에 전별연 두 군데를 참 석하는 경우도 있었다.[34]

출사 기간에 빈번하게 이루어진 또 다른 교유의 기회는 경축연이었 다. 출사를 위해서는 우선 그 진입 관문이 되는 과거에 급제해야 했으 므로, 급제 관련 사실은 매우 중요하게 기록되었다. 지인들 가운데 새 로 급제자가 나오면 어김없이 이를 축하하는 경축연이 열렸다. 이 자 리에는 '선생先生'이라고 하는 독특한 역할이 등장했다. 가령 1591년 (선조 24) 10월 4일에 김강金堈 등의 사마시 합격을 축하하는 경축연에 는 좌랑, 봉화 현감, 예안 현감이 선생이 되었고,[35] 동년 11월 12일에 김경건金景建의 사마시 합격을 축하하는 경축연과 11월 24일 권태일 權泰一의 사마시 합격을 축하하는 경축연에는 모두 예안 현감 신지제申

之悌가 선생의 역할을 맡았다.[36] 또한 1601년(선조 34) 7월 30일 금난수의 두 아들의 문과 급제 축하연에는 제독 이봉춘李逢春, 예안 현감 김취의金就義, 전임 장기 군수 금응하琴應夏가 선생을 맡았다.[37] 주로 중앙의 벼슬아치나 고을 수령이 선생의 역할을 맡았는데, 선생에게는 신참 급제자가 앞으로 헤쳐 나갈 출사 과정 전반에 걸쳐 후견인의 역할을 부탁했던 것으로 보인다. 즉 여기서 선생은 학문을 지도하는 선생이 아니라 과거와 벼슬살이를 지도하는 선생이었던 것이다. 경축연에는 잔치를 주관하는 주인 측 인사들과 신참 합격자와 선생 그리고 주변 지인들이 자리를 함께 했는데, 지인이라고 해도 단순한 일가친척보다는 지역 사회에서 일정한 위치를 차지하고 있는 인사들이 초청되었다. 이들은 경축연을 통해 동질감을 확인하고 결속을 다졌던 것으로 보인다.

출사 기간의 일기에서 관찰되는 또 하나의 특징은, 자제들의 교육에 관한 기사가 자주 등장한다는 점이다. 금난수는 벼슬살이가 길어지면서 가족을 임지에 데리고 가서 함께 살았던 것으로 보인다. 이런 상황에서 자주 언급되는 것이 자식들의 공부 문제였다. 그는 네 아들이 무슨 책을 읽는지, 학교에서 어떤 성적을 받았는지, 과거 응시 사실과 그 결과를 모두 빠짐없이 기록했다. 넷째 아들 각을 허봉에게 배우게 한 것도, 결과적으로 자식의 교육 환경을 온전히 수도권으로 옮겨 효과적인 과거 공부 환경을 만들어 준 것이 되었다. 금난수가 허봉을 만났다는 기사가 일기에 자주 등장하는 것은 주로 자식의 교육 때문이었을 것으로 보인다. 그는 자식 교육에 무척 정성을 쏟았고 여기에 벼슬살이는 큰 도움이 되었다.

사실 금난수는 32세에 소과에 급제한 이후 나이가 들면서 참봉으로 도성 근처에 근무하기 전에는 과거에 대한 꿈을 거의 접고 살았다. 그러나 도성 근처에 근무하면서 과거와 관련된 많은 정보를 접하면서 좀더 당당한 벼슬자리를 위해서는 문과에 급제해야 한다는 생각을 갖게된 것으로 보인다. 주변에서 그런 사례도 보았을 것이다. 이러한 경향은 매우 자연스러운 현상으로 도성 주변의 능참봉으로 재직했던 인물에게 일반적으로 발견할 수 있는 일이다.[38] 일기에는 금난수가 54세가되던 1583년(선조 16) 4월에 알성별시를 보았고, 같은 해 7월에는 부자가 함께 시험장에 들어갔으며, 같은 해 12월에는 정시를 보았다는 기록이 있지만, 실제 응시 횟수는 더 많았을 것이다. 이렇게 노력한 결과자신은 끝내 꿈을 이루지 못했지만 대신 두 아들 업懌과 개愷가 문과에급제하는 결실을 거두게 된다.[39]

교육과 관련하여 등장하는 교유 형태 가운데 빼놓을 수 없는 것이바로 동년同年이다. 동년은 과거에 함께 합격한 동방급제자를 이르는말로서 과거급제가 무엇보다 중요했던 조선시대에는 동년을 중요한관계로 여겼다. 금난수 역시 동년을 중시하여 객지에서 만나면 반가워했고 지나는 길이 있으면 일부러 찾아가서라도 만났다.[40] 심지어 자식의 동년을 매개로 해서 교유가 이루어지기도 했다. 한번은 도성에 들렀다가 부사 이민각李民覺을 방문했는데 그의 아들이 금난수의 아들과 사마시 동년이기 때문이었다.[41] 이처럼 동년이야말로 출사 시기 교유 관계의 성격을 전형적으로 보여주고 있다. 금난수는 조정의 동향에대해서도 늘 귀를 열어두고 있었다. "정사政事가 있었다"라는 말이 일기에 자주 언급되는데, 조정에 인사가 있었다는 말로서 관직의 향배에대한 관심을 읽을 수 있다.

금난수는 70세 되던 1598년(선조 31)에 마지막 벼슬인 봉화 현감에 제수되었으나 이듬해 나이가 많다는 이유로 파직되고 고향으로 돌아왔다. 결코 짧지 않는 벼슬살이 끝에 그가 최종적으로 성취한 벼슬은 종6품의 봉화 현감 자리였다. 피상적으로 보면, 노력의 결과가 보잘 것 없어 이것을 위해 10년이 넘는 세월을 객지에서 보냈나 싶은 생각이 들 정도이다. 그러나 그는 차남과 삼남을 문과에 급제시키고, 장남은 사마시에 합격시킬 정도로 자식 농사에 성공했다. 또한 미관말직이지만 꾸준히 벼슬을 유지함으로써 중앙과 지방의 관료조직과 연결될 수 있었고 향리에서도 명문 가문으로서의 가격家格을 유지할 수 있었다.

일상생활 속에서의 교유

금난수는 봉제사 접빈객 및 관혼상제 등 사족으로서 마땅히 행해야 하는 일상적 행위를 통해 많은 사람과 관계를 맺었는데, 사실상 가장 많은 비중을 차지하는 교유 형태라고 할 수 있다. 일상적 교유는 앞에서 거론한 두 가지 형태의 교유와 밀접한 관계가 있다. 일기를 검토해보면, 전통 사회에서 사족들의 접빈객은 단순히 찾아오는 손님을 정성껏 대접해야 한다는 도덕적 차원의 문제를 넘어서 생존 자체가 걸린 문제였음을 알 수 있다. 그들이 오늘날 전화 통화하는 만큼이나 남의 집으로 찾아가서 사람을 만났던 것도 이 때문이다.

금난수의 경우, 특히 눈여겨보아야 할 부분은 고산정孤山亭[42]을 중심으로 이루어진 교유이다. 금난수가 35세 때 독서와 수양을 위해 지은 고산정은 금난수 자신보다 더 널리 알려져 있다고 할 정도로 그의 삶을 대표하는 건축물이다. 인근 고을 수령들이 청량산을 유람하고 나면 이곳에 유숙하기도 했으며 이황도 고산정을 특별히 애호하여 많은 시를 남겼고 원근의 여러 공경대부들이 시를 남길 정도로 당시에도 고산정은 명소였다.

청량산 축융봉 아래 마을은 속칭 '날골'로 불렸는데 이황이 '일동日洞'이라는 이름을 붙인 곳으로, 금난수의 요절한 넷째 아들 금각은 명문으로 알려진 「일동산수기」에서 "하늘이 만들고 땅이 감추어 둔[天作地藏]"곳으로 찬탄했을 만큼 주변 풍광이 아름다운 곳이다. 금난수는 이곳에 정자를 짓고 일동정사라는 이름을 붙였는데 후에 고산정으로 바꾸어 부르게 되었다. 그는 고산정을 지은 후 가지 않은 달이 없고 가기만 하면 며칠을 있으면서 돌아오는 것을 잊었다[43]고 할 정도로 이곳에서 많은 시간을 보냈다. 그가 관료보다는 은사隱士의 이미지로 각인된 데는 고산정의 영향이 컸다. 본래 금난수에게는 20대 중반에 이미 부포 본가 인근에 지은 정자가 있었고, 이황이 성성재라는 편액을 써줌으로써 그의 호가 되었다. 그러나 고산정이 주변의 빼어난 풍광과 더불어 훨씬 많이 알려짐으로써 지역의 명소가 된 후로는 고산정이 금난수를 대표하는 상징물처럼 되었다.

고산정이 교유의 장소로 빈번하게 등장하는 것은 대략 40대 중반 이후부터이다. 금난수는 이제 나이로 보나 학식으로 보나 예안지역의 원로가 된 것으로 보인다. 많은 인사들이 그를 만나러 집으로 방문했고 자식을 데리고 와 가르침을 청하는 사람도 있었다. 일기에는 과거 관련 기사가 줄어들고 관직 관련 기사가 나타나기 시작한다.

일기에는 고산정과 관련된 기록이 곳곳에 등장하지만 고산정에서 어떠한 교유가 이루어졌는지 정확히 파악하기 어렵다. 다행히 문집에는 사우들이 고산정을 읊은 시를 모아 '고산정제영孤山亭諸詠'이란 제목하에 정리해두었으므로 이를 분석해보면 고산정을 중심으로 이루어진 교유의 대략적 윤곽을 짐작해볼 수 있다.[44]

〈표1〉 고산정제영에 수록된 시와 작자

제목	작자	비고
題孤山絶壁	李滉	禮安, 琴蘭秀의 스승
再遊孤山	李滉	〃
書贈聞遠	李滉	〃
仙鶴臺	李滉	〃
次聞遠孤山亭韻	李滉	〃
寄問孤山琴聞遠	李滉	〃
琴聞遠自孤山寄詩一絶 言小舟……	李滉	〃
獨遊孤山至月明潭 因並水循山……	李滉	〃
次韻題孤山亭	李文樑	禮安, 李賢輔의 次子, 평릉 찰방
寄孤山	趙穆	禮安, 李滉 문인, 사마시, 봉화 현감
孤山亭贈琴聞遠	權東輔	安東, 李滉 문인, 사마시, 초계 군수
寄聞遠孤山書齋	琴輔	禮安, 李滉 문인, 사마시
奉題孤山	吳守盈	禮安, 李滉 문인, 李堣의 외손자, 사마시
孤山訪琴聞遠別業	金克一	安東, 李滉 문인, 金誠一의 兄, 문과, 사헌부장령
次孤山亭韻	金富儀	禮安, 李滉 문인, 金富弼의 弟, 사마시
奉次孤山亭韻 呈琴司評	金就礪	安山, 李滉 문인, 사복시정
答琴聞遠書 兼寄一絶	具鳳齡	安東, 李滉 문인, 문과, 형조참판
寄題琴聞遠孤山亭	鄭琢	醴泉, 李滉 문인, 문과, 좌의정
孤山敬次退溪先生韻	琴應夾	禮安, 李滉 문인, 琴應壎의 兄, 사마시, 의양현감

次呈孤山亭韻	金富倫	禮安, 李滉 문인, 사마시, 동복현감
用東坡勝日訪孤山韻 贈琴聞遠	權好文	安東, 李滉 문인, 사마시
琴聞遠孤山別業留題一律	鄭惟一	安東, 李滉 문인, 문과, 대사간
琴聞遠孤山亭 次退陶先生韻	裵三益	安東, 李滉 문인, 문과, 대사간
敬次老先生韻 贈主人兄聞遠	權文海	醴泉, 李滉 문인, 문과, 대제학
敬次孤山亭韻 贈琴聞遠道契	金命元	서울, 李滉 문인, 문과, 좌의정
拚和舍弟月汀韻 奉寄琴聞遠雅契	尹斗壽	서울, 李滉 문인, 문과, 영의정
宿琴聞遠孤山亭 次壁上韻	尹根壽	서울, 李滉 문인, 尹斗壽의 弟, 문과, 예조판서
訪琴聞遠孤山別業	金誠一	安東, 李滉 문인, 문과, 경상우도 관찰사
報月川書 伴送一詩牋 寄琴聞遠孤山	鄭逑壽	서울, 李滉 문인, 문과, 예조판서
奉呈琴聞遠道契	李陽元	서울, 李仲虎 및 이황 문인, 문과, 우의정
敬次孤山亭韻	琴應壎	禮安, 李滉 문인, 琴應夾의 弟, 사마시, 의흥현감
奉次琴丈孤山亭韻	柳成龍	安東, 李滉 문인, 문과, 영의정
琴丈孤山亭 敬次老先生韻	金玏	榮州, 李滉 문인, 문과, 형조참판
奉次孤山亭韻 寄呈琴司評	禹性傳	서울, 李滉 문인, 문과, 대사성
敬次老先生韻 奉呈琴司評	宋言愼	廣州, 柳希春·盧守愼·李滉 문인, 문과, 이조판서
次孤山亭韻 贈別琴聞遠道契	李啓	龍仁, 李廷龜의 父, 삼등 현령
次孤山亭韻 贈琴聞遠年兄	洪聖民	서울, 李滉 문인, 문과, 대제학
次孤山亭韻 寄僚兄琴聞遠	兪泓	서울, 문과, 한성판윤·이조판서·우의정
敬次退溪先生韻 題琴丈孤山亭	鄭逑	星州, 吳健·曹植·李滉 문인, 문과, 대사헌
奉次孤山亭韻 寄呈琴司評	沈喜壽	서울, 盧守愼·李滉 문인, 문과, 좌의정
奉寄孤山亭琴司評案下	柳根	서울, 李滉 문인, 문과, 좌찬성
敬次孤山亭韻 奉別琴丈南還	李恒福	서울, 李珥 문인, 문과, 영의정
琴丈孤山亭 次壁上韻	洪履祥	高陽, 閔純 문인, 문과, 대사성
琴丈孤山亭 次壁上韻	韓浚謙	漆谷, 문과, 지중추부사
奉次琴司評孤山亭韻	鄭磏	楊州, 鄭順朋의 子, 사마시, 사평
敬次孤山韻 錄呈惺惺齋	金聃壽	星州, 曹植 문인, 사마시
奉呈孤山琴丈案下	申之悌	義城, 金誠一·金彦璣 문인, 문과, 창원부사
次孤山亭韻 奉贐琴丈南歸	吳億齡	九里, 吳百齡의 兄, 문과, 대사성
留宿琴公孤山精舍	楊士奇	서울, 楊士彦의 弟, 문과, 부평수령

이렇게 정리해볼 때 몇 가지 주목할 만한 점이 드러난다. 우선 스승 이황과 고산정을 매개로 두터운 교감이 형성되고 있었다는 점이다. 학술적 업적이나 위상만 가지고 본다면 금난수가 이황 학단에서 차지하는 비중이 그리 크지 않은 것이 사실이다. 그러나 현실을 떠나 선경에서 유유자적하고자 하는 공감대가 두 사람을 이어주고 있음을 고산정 시를 통해 알 수 있다. 시는 도학 그 자체는 아니지만 학문 외적 영역이라기보다는 넓은 의미에서 도학을 형성하고 있는 일부라고 해야 할 것이다. 위 〈표1〉에 나타난 이황의 시들은 대개 이런 내용을 담고 있다. 가령 64세 때 지었다고 하는 다섯 번째 시 가운데 "일동과 월명담의 아름다운 이름 나 또한 사랑하니, 그대를 다시 찾을 때 넉넉한 경치 즐기리"[45] 등에서 두 사람 간에 형성된 미학적 교감이 확고함을 읽을 수 있다.

다음으로 이황의 문인들 가운데 서울 및 수도권에서 활동하고 있는 인물들이 적지 않으며 이들과 금난수가 긴밀하게 소통하고 있었다는 점도 주목할 만하다. 김명원金命元, 윤두수尹斗壽, 윤근수尹根壽, 정곤수鄭崐壽, 이양원, 우성전禹性傳, 홍성민洪聖民, 심희수沈喜壽, 류근柳根이 고산정 시를 지었는데, 그 가운데 김명원, 윤근수, 정곤수, 홍성민은 금난수가 벼슬살이를 할 때 빈번하게 접촉하고 있었음을 일기를 통해 확인할 수 있다. 이들은 활동 무대가 수도권이며 일정한 정치적 기반을 갖고 있는 인물들이었다. 이 점은 고산정이 갖고 있는 의미가 지역적 내지 문학적 범주를 넘어서 정치적 영역으로 확장될 수 있는 여지를 남긴다.

김명원(1534~1602)은 서울 출신으로 젊은 시절 이황의 문하에 들어가 농운정사에서 『주역』을 읽었는데[46] 문과에 급제하여 벼슬이 좌의정에 이르렀던 인물이다. 금난수는 상릉고 봉사로 재식할 때 당시 형조판서로 있던 김명원을 찾아가 만났으며 정초가 되면 김명원이 금난수를 찾아오기도 했다.[47] 금난수는 제관에 차임되어 경기도 지역으로 갈 때면 관찰사로 있던 김명원을 일부러 찾아가기도 했다. 또 금난수가 늦은 나이에 봉화 현감에 제수되어 사은숙배하러 상경했을 때 김명원은 그를 따로 불러 만났다.

윤근수(1537~1616)는 윤두수의 아우로 역시 서울 사람이다. 이황에게 수업했는데『심경』을 가지고 질문했으며[48] 문과에 급제하여 벼슬이 좌찬성에 이르렀던 인물이다. 윤근수는 금난수가 벼슬에 나아가기 전부터 일기에 등장한다. 금난수가 부친상을 당했던 46세 때 윤근수는 이미 경상도 관찰사가 되어 상가에 넉넉하게 부의하고 인근 고을에도 관문關文을 보내어 상례를 지원하도록 했다.[49] 금난수가 제릉 참봉이 되었을 때 윤근수는 개성 유수로 부임하여 찾아가 만나기도 했는데, 제릉이 개성 인근에 소재하고 있었으므로 아마 자주 접촉했을 것으로 보인다. 이후로도 금난수가 경릉 참봉, 장흥고 봉사, 장예원 사평으로 서울에서 생활하는 동안 윤근수는 대사성, 한성부 우윤, 공조 참판, 예조 판서 등으로 도성을 벗어나지 않았으므로 이들의 접촉 기록은 일기에서 자주 나타나고 있다.

정곤수(1538~1602)는 정구의 형으로 성주에서 태어났으나 6세 때 서울로 이사 갔고 문과에 급제한 이후 중앙의 요직을 거치는 동안 주로 서울을 근거지로 했다. 이황의 문하에서는『심경』을 읽었으며 기질을 변화시키는 방법에 관해 물었다.[50] 금난수가 제릉 참봉으로 있을 때는 관례상 인근 고을 수령들이 향사香使 등 제관을 맡았으므로 당시 파주 목사로 있던 정곤수는 제릉으로 찾아와 만나기도 했다.[51] 정곤수가 강원도 및 황해도 관찰사로 떠날 때는 금난수가 찾아가 축하하고 전별했다. 이후 장흥고 직장, 장예원 사평을 거쳐 61세 때 해직되어 고향으로 내려올 때까지 도움을 청하거나 축하할 일이 있으면 꾸준히 정곤수를 만났던 것으로 일기는 기록하고 있다.

홍성민(1536~1594)은 서울 사람으로 어려서는 백형인 홍천민洪天民에게 수업했고 관직에 나아가서는 율곡 이이 및 우계 성혼과 가깝게 지냈지만, 이황을 위해 만시를 지었을 정도로 존모했던 인물로서 문과에 급제하여 벼슬이 대제학에 이르렀다.[52] 금난수는 제릉 참봉으로 있을 때 경상도 관찰사에 제수된 홍성민을 찾아가 만났고 장흥고에 근무할 때는 형조 판서 신분의 홍성민을 찾아가 만났다. 홍성민은 1561년(명종 16) 진사시에 장원으로 입격했는데, 금난수는 그를 지칭할 때 장원 출신이라는 점을 일기에 쓸 정도로 그의 재능을 인정했다.[53] 금난수가 고향에 돌아온 후 다시 경상도 관찰사가 된 홍성민은 특별히 예안현을 방문했고 두 사람은 다시 만났다.

금난수와 이들과의 교유를 살펴보면 몇 가지 공통점이 눈에 띈다. 나이를 보면 금난수가 오히려 연상이지만 벼슬의 품계는 그들이 크게 높다는 점과 그들의 주된 생활 근거지가 서울이었다는 점, 그리고 그들과 교유하던 시기는 주로 금난수가 벼슬살이를 하고 있을 때였다는 점이다. 금난수와 이들 간의 교유가 다른 이들보다 빈번했던 것을 어떻게 설명할 수 있을까? 금난수의 입장에서 보면, 그들은 자신의 입신에 도움을 줄 수 있는 위치에 있었던 것은 분명하다. 미관말직이었던 자신보다 훨씬 더 품계가 높았기 때문이다. 이러한 행동 양상은 이왕 버슬길에 나아간 사람으로서 관직이 샐내식 넝양을 끼셨던 낭시로서는 일면 자연스러운 모습이라 할 수 있다. 그렇다면 그들은 어떤 동기에서 금난수와 교유하고자 했을까?

그들이 지은 고산정 시를 분석해보면 몇 가지 단서를 얻을 수 있다. 먼저 김명원은 자신과 금난수의 관계에 대해 "도道로 맺어진 벗"[54]으로 표현한 부분이 눈에 띈다. 그렇다면 그 도의 정체는 무엇인가? 윤근수의 형 윤두수의 시를 보면, 고산정을 두고 "이곳에 퇴계 심학의 비결이 있어"[55]라고 읊었다. 그들은 고산정을 단순히 아름다운 정자라고 생각지 않고 퇴계의 도학이 전승된 현장으로 본 것이고, 금난수를 퇴계 도학의 전수자로 여겼던 것이다. 마지막으로 홍성민의 시 가운데, "고산은 또한 빛나는 가르침이 남아 있는 곳이니, 참된 비결을 다른 데 전하지 마소"[56]라는 구절에서 그들의 생각이 결정적으로 드러난다. 결국 퇴계학에 대한 공감대가 그들과 금난수를 이어주는 끈이 되었다는 말이다. 선비들의 세계에 있어서 도학적 이상과 현실적 인간관계는 동전의 양면과 같이 분리할 수 없는 그들의 정체성의 일부를 구성하고 있었던 것이다. 금난수도 연하의 고관대작들과 교유하면서 자신도 대과에 급제해야겠다는 생각도 굳혀 갔을 것이다.

마지막으로 금난수에게 시를 보낸 인물들의 면면을 보면 뜻밖의 인물이 등장하기도 하는데, 그는 이황 학맥이 아닌 인물들과도 폭넓게 교유하고 있었다는 점이다. 이계李啓, 유홍兪泓, 이항복李恒福, 홍이상洪履祥, 한준겸韓浚謙, 정작, 김담수金聃壽, 오억령吳億齡, 양사기 등이 그들인데, 이이 혹은 조식 학맥에 속하는 인물이나 정치적으로 서인으로 분류되는 인물도 있다. 이점은 금난수는 교유에 있어서 이황 학맥에 머무르지 않았고 상당히 폭넓은 인간관계를 형성했음을 의미한다. 또한 고산정이 안식과 독서를 위한 장수藏修의 장소로 인식되어 있지만, 원근의 사족들의 만남의 장소로 기능하고 있었고 그들의 교유가 단순히 시를 읊고 풍류를 즐기는 데 그치지 않았음을 의미한다. 그가 유일로 천거를 받아 관직 진출을 할 수 있었던 것도 이러한 일상적 교유 행위를 통해서 그 토대가 형성되었다고 할 수 있다. 이러한 교유는 사족 사회의 관행과 환경 속에서 형성된 것이므로 도덕적 가치로 판단 할 문제도 아니다. 다행히 금난수는 이러한 교유를 유지할 수 있는 재력을 갖춘 집안에서 태어났고, 이러한 교유를 즐길 줄 아는 품성의 소유자였기 때문에 가능한 일이었다.

다음으로 일상 속에서 인적 교유가 이루어지는 중요한 통로는 관혼상제였다. 관혼상제는 조선시대 사족 사회에서 무엇보다 중시하는 소위 인륜지대사로 일상적 교유와는 구별되는 측면이 있지만 이를 통해 다른 문중과 연결되었으므로 넓은 의미의 교유라고 할 수 있다. 특히 혼사는 동향 출신의 인사들 간에 가족과 같은 결속을 다지는 데 좋은 기회였기 때문에 최대한 성의를 다해 지인과 인척의 혼사를 챙겼다. 혼사는 한편으로 가문과 가문 그리고 개인과 학파가 연결되는 소통의 기회이기도 했다.

사실 혼인을 통한 교유라는 측면에서 본다면, 가장 먼저 언급하지 않을 수 없는 것이 금난수 자신과 조목 가문과의 관계이다. 금난수는 21세에 참판 대춘大春의 딸이자 조목의 누이인 횡성 조씨에게 장가들면서 조목과는 처남 매제의 관계가 되었다. 금난수는 혼인을 하기 전에도 관례를 치를 무렵부터 조목에게 배웠던 것으로 보이지만, 두 사람이 친형제 이상의 시기시우가 된 계기는 혼인이었나. 금난수는 소목을 단순한 손위처남으로 생각하지 않고 스승으로 모셨으며, 조목도 금난수를 단순한 매제로 여기지 않고 도학의 동반자로 대우하여 이황의 문하로 인도했던 것이다. 결과적으로 금난수가 퇴계학단이라고 하는 거대한 도학 집단의 핵심적 일원이 된 것은 조목과의 교유 및 횡성 조씨와의 혼인이 있었기 때문이다.

그러나 조목이 금난수를 이황의 문하로 인도했다고 해도, 금난수에게 있어서 조목과 이황은 분명한 차이가 있다. 이 점은 금난수가 두 사람에게 보낸 편지에 잘 나타나 있다. 이황에게 보낸 편지에는 주로 자신의 공부 상황이나 학문적인 질의를 내용으로 하고 있는데 비해, 조목에게 보낸 편지에서는 일상적이고 천근한 내용이 주를 이루고 있다. 가령 자식이 과거에 합격했다는 소식, 조정의 인사 발령 동향이나 심지어 수령으로서 아전들을 다루는 문제 등 이황에게는 차마 하기 어려웠던 말을 조목에게는 하고 있는 것이다.[57] 그것은 두 사람의 관계가 기본적으로 혼인이라고 하는 전면적 결합의 결과인 인척 관계였기 때문이다. 조목이 금난수에게 작은 선생으로서 역할을 했다고 하지만, 선생이기 이전에 집안 어른으로 인식했다고 보는 것이 보다 현실적이다. 전통 사회에서 혼인은 학파와는 또 다른 차원의 강한 응집력을 가진 교유의 통로였던 것이다.

혼인을 통한 문중 간의 교유 시스템은 자식 세대로 이어졌다. 금난수는 횡성 조씨와 사이에 4남 1녀를 두었다. 그들의 혼인 관계를 보면, 장남 경형慶憼의 선취先娶는 사인 곤재坤齋 이명홍李命弘의 딸 영천 이씨이고 후취後娶는 이진적李進迪의 딸 진성 이씨였다. 차남 업은 안각安恪의 딸 순흥 안씨에게 장가들었다. 삼남 개의 초취는 이안도의 딸 진성 이씨로서 이황의 증손녀이고 후취는 고상안高尙顔의 딸 개성 고씨이다. 사남 각은 요절했고 딸은 영천 이씨 사인 이광욱李光郁에게 시집갔다.

일기에는 장남 경의 초취 혼사와 관련해서, 1578년(선조 11) 4월 15일 이명홍의 아우인 이덕홍이 질녀와 경의 혼인을 위해 금난수를 찾아왔음을 기록하고 있다. 그리고 불과 한 달이 되지 않은 5월 6일에 경은 신부 집으로 장가들러 감으로써 혼인은 마무리되었다.[58] 이렇게 빠른 속도로 혼담이 진행된 것은, 아무래도 앞에서 언급한 바 금난수와 이덕홍 간의 학문적 관계가 있었기 때문일 것이다. 금난수의 사돈인 이명홍과 아우 노운蘆雲 이복홍李福弘, 이덕홍은 모두 이황의 제자들이며, 그 가운데 이덕홍은 금난수의 제자이기도 했다. 후일 『퇴계집』 발간이나 도산서원에 월천을 종향하는 문제 등에서 이덕홍의 자제들이 금난수의 자제들과 입장을 함께 한 것은 바로 이러한 중첩적 혼인 관계에서 보면 자연스러운 일이다.

일기에는 차남 업의 혼인과 관련하여, 업의 아내 순흥 안씨가 혼인후 시가에 와서 처음 시부모를 뵙는 현구고례를 행한 사실을 기록하고 있다. 안씨는 영주榮川에서 시집 왔는데, 현구고례 때 신부 측 손님으로 참석한 사람은 오수영, 지간芝澗 이종도李宗道, 금응훈이었다.[59] 오수영은 고창 오씨로 이황의 숙부 송재松齋 이우李堣의 외손자이면서 16세에 이황의 문하에 입문한 제자이다. 이종도 역시 이황의 문인으로 진성 이씨이며 이황이 사망했을 때 동문들과 함께 역동서원에서 그의 유문을 수습했다. 금응훈 역시 일찍 이황의 문하에 입문하여 한서암 옆에 집을 짓고 공부에 열중하여 이황이 면진勉進이라는 호를 주었으며 누이가 이황의 맏며느리 봉화 금씨이다.

삼남 개는 1586년(선조 19) 11월 20일 초취 부인으로 이안도의 딸 진성 이씨와 혼인했다. 이안도가 이황의 장손이니까 개의 부인 이씨는 이황의 증손녀가 되는 셈이다. 5년이 지난 후 며느리가 시집으로 올 때 이황의 다섯 째 형 징澄의 아들인 이건李騫(思峯)이 이씨를 데리고 왔는데, 일기에는 이씨를 '퇴계 며느리退溪婦'로 칭하며 인근에 사는 이황의 문인들과 일족들이 모여 함께 맞이했다.[60]

일기에는 혼인과 관련하여 '위요圍繞'라고 하는 독특한 역할이 눈길을 끈다. 위요는 혼인을 할 때 신랑, 신부를 데리고 가는 역할을 맡은 사람을 가리키는 말인데, 가문의 위세를 위요를 통해 드러내게 되므로 주로 전현직 벼슬아치에게 이 역할이 맡겨졌다. '퇴계 며느리'가 시집 올 때 이황의 조카인 이건이 데리고 왔던 것처럼, 1585년(선조 18) 금난수의 딸을 시집보낼 때는 예조 판서 류성룡이 위요를 맡았을 정도였다. 금난수가 특별히 류성룡에게 위요를 부탁한 것이다.[61] 반대로 금난수 자신이 위요를 맡기도 했는데, 이덕홍의 아들 시蒔가 장가 갈 때는 직접 위요를 맡았다.[62] 혼인의 당사자인 양가뿐만 아니라 위요를 맡은 사람과도 연결되는 중요한 이벤트였다. 류성룡의 경우, 금난수의 가장 가까운 지기인 조목과는 정치적 입장을 달리하는 동문이지만, 자식의 혼사를 매개로 교유 관계가 형성되고 있음을 알 수 있다.

교유의 측면에서 혼인이 갖는 의미는 다양하게 나타날 수 있는데, 가장 중요한 것은 비교할 수 없을 만큼 강한 결속력을 가지고 다른 가문과 연결된다는 점이다. 금난수의 경우에는 특히 차남 업의 처가인 오록梧麓[63]의 순흥 안씨 집안과 딸의 시가인 서촌西村[64]의 영천 이씨 집안과의 교류가 빈번했다. 일기에는 "사돈집에서 술과 꿩을 보내주었다" "사돈집에서 술 한 동이를 보내주었다" "사돈집에서 꿩 두 마리와 쌀 두 말을 보내주었다" 등 수시로 술과 음식, 양식 등을 주고받았음을 기록하고 있다.[65] 사돈 간에 이렇게 밀접한 교류가 이루어진 것은 아무래도 당시 여전히 통용되고 있던 남귀여가혼男歸女家婚의 풍습으로 인하여 딸이 혼인을 해도 친정과 단절되지 않는 사회 구조 때문이라고 해야겠지만, 조선시대 사족들의 사돈가에 대한 배려와 빈번한 교류는 놀라울 정도였다. 교유의 개념을 사람과 사람 간의 관계의 형성으로 넓게 정의한다면, 사돈 간의 관계도 교유의 일종이라 할 수 있고 혼인을 통한 교유야말로 16세기 사족 사회의 기저를 이루는 토대가 되었다.

혼인에 바탕을 둔 인척 간의 결속력을 보여주는 또 다른 사례는 각종 계모임인데, 금난수 일기에서는 대표적으로 등장하는 친족 간의 모임은 육촌회이다. 육촌회는 세종 대 좌의정을 지낸 이원을 증조로 하는 내외손 및 그 후손들의 모임으로 알려져 있는데, 금난수는 외조모인 고성 이씨가 이원의 증손녀여서 이 모임에 참여하게 된 것이다.[66] 일기에는 모임은 세 차례 도성 안에서 열린 것으로 기록되어 있으며 참석자는 다양한 지위와 성씨들로 구성되어 있다.[67] 이 모임이 기본적으로 혼인을 바탕으로 형성된 인척 관계인데 학맥과 지역을 초월하는 이러한 형태의 교유 관계가 당시에는 일반적으로 존재했을 것으로 보인다. 학맥 위주로 생각하기 쉬운 유학자의 교유에 또 다른 차원의 관계가 있었음을 보여주는 대표적 사례라 할 수 있다. 육촌회 같은 계회는 인척 간의 친목을 돈독히 한다는 명목으로 이루어졌지만, 그것이 현실에서 발휘하는 힘은 단지 진복 도모를 훨씬 뛰어넘었을 것이라는 점은 쉽게 짐작할 수 있다.

대표적인 사례가 이종사촌 정복시 같은 경우인데, 육촌회의 멤버였던 그는 금난수의 출사 과정에 중요한 조력자의 역할을 했음을 알 수 있다. 정복시는 자가 이건以健이어서 일기에는 '정이건', '이건형' 등으로 친근하게 등장한다. 서경덕의 문인으로 학맥은 다르지만, 금난수가 과거 시험을 치를 때부터 출사 기간 내내 누구보다 가깝게 의지했고 힘이 되어 준 인물이 정복시였다. 일기에서 고향 친척 가운데 가장 밀접한 관계로 등장하는 인물이 처남 조목이라면, 고향 사람이 아닌 사람으로서 가장 밀접한 인물은 바로 정복시였다. 중요한 점은 금난수의 입장에서 볼 때 조목과 정복시는 공통적으로 혼인에 의해 형성된 교유 관계라는 것이다. 이처럼 혼인은 16세기 조선 사회에서 개인과 개인, 가문과 가문 간의 교유를 위한 중요한 통로로서 역할을 했으며, 혼인으로 맺어진 혈연관계는 학연 및 지연과 상호작용하면서 가장 강력한 결속력을 보여주었다.

교유는 생존 기반이자 삶 자체

16세기의 사족 사회는 한 마디로 사람과 사람 간에 교유라는 방식으로 '연결'된 사회라고 할 수 있다. 조선 사회는 엄격한 법제도와 관료 조직에 의해 움직이는 사회였지만, 개인의 입장에서 보면 자신의 안전을 보장해주는 제도적 장치가 미비했기 때문에 자신과 가족의 생존을 위한 연결망을 개인과 개인의 관계를 통해 스스로 확보해나가지 않을 수 없었기 때문이다. 즉 어떤 시대에도 사람은 서로 연결되어 있었지만, 조선시대 사족 사회에서는 타인과의 관계가 개인의 성공에 미치는 영향력이 훨씬 컸음을 의미한다.

그들은 학문을 함께 하고 시문을 주고받음으로써 도학적 이상을 공유하고 정서적 공감대를 확보해나갔지만, 한편으로 과거 시험이나 벼슬살이 등 현실적인 도움을 주고받는 것도 중요한 교유의 방편이었다. 그 밖에 봉제사와 접빈객 등 일상생활 속에서도 끊임없이 교유는 이루어졌으며, 어떤 면에서 교유는 그들의 생존 기반이자 삶 자체였다고 할 수 있다.

이렇게 볼 때, 역사 속에서 특별히 두드러진 업적을 남기지도 않았고 주로 하급 관료로서 평생을 살았던 금난수의 삶은 조선시대 사족들의 일반적인 교유 관계의 특징을 잘 보여주는 사례이다. 그러나 문집을 중심으로 한 지금까지의 연구 결과는 "거업을 포기하고 위기지학爲己之學을 위해 노력하는 도학자였으며, 스승 이황은 그의 학자적 자세를 높이 평가하고 격려했다"는 것으로 요약된다. 이런 정의는 조선시대 사족들의 교유의 본질을 파악하기 어렵게 하는데, 그동안의 연구가 문집에 나타난 편집된 자료를 중심으로 이루어졌기 때문이다.

본 연구의 결과, 금난수의 교유 관계에서 있어서 중심을 이루고 있는 것은 역시 퇴계학단의 인맥이었음을 재확인할 수 있었다. 퇴계학의 공감대 위에서 대부분의 교유가 이루어졌고 교유의 중심을 이루는 인물들도 이황 문하의 동문들이었다. 그러나 11년이 넘는 결코 짧지 않은 시간을 벼슬길에서 보냈고 끝내 실패했지만 대과 급제의 희망을 머리서 않았던 금난수에게는 그 뫼에노 나양한 형태의 교유가 있었다. 그들 가운데는 퇴계학단의 동문들도 있었지만 전혀 학맥이 다른 인물들도 있었고 심지어 당색이 다른 인물들도 있었으며 품계가 전혀 다른 인물들도 있었다. 그들과의 관계가 반드시 학문적 동기에서 나온 것이라고 하기는 어렵다. 사족으로서 출사와 입신에 대한 자연스러운 욕망과 가문을 유지하고 가족을 부양해야 하는 책무도 교유의 중요한 동기로 작용했을 것이다. 금난수는 그들과의 교유를 터고 그 관계를 유지하기 위해 알뜰하게 애썼으며 그 결과는 예안 지역에서 그의 가문이 사족으로서의 위상을 유지하는 데 큰 기여를 했다고 볼 수 있다. 한 가지 유의할 것은, 그럼에도 불구하고 교유의 상대가 금난수를 바라보는 시각에는 여전히 퇴계학의 계승자라는 인식이 바탕에 깔려 있었다는 점이다. 미관말직의 금난수가 중앙에서 활발한 교유를 할 수 있었던 배경에는 이황의 제자라는 사실이 있었기 때문이다.

이 점은 전통 사회에서 학문과 인간관계의 상호 관련성을 잘 보여주는 사례라 할 것이다. 그들은 성리학자로서 도학적 이상을 추구했지만 현실을 살아가는 존재인 이상 모든 인간관계가 학문적 동기에서 나온 것은 아니기 때문이다. 반대로 그들의 인간관계는 기본적으로 현실적 삶의 필요에 의해 이루어졌지만 교유의 범주와 방향은 크게 보면 학파의 영향권 안에서 결정되고 있었음을 알 수 있다. 우리가 흔히 선비라고 일컫는 조선시대 도학자 역시 이 점에서 예외일 수 없고, 이러한 특징을 잘 보여주는 것이 바로 금난수의 『성재일기』이다. 『성재일기』는 대개 소략하고 단편적인 내용을 기록하고 있지만 문집을 통해서는 파악할 수 없는 인간 금난수의 자연스러운 삶의 모습을 잘 보여주는 자료이다.

참고문헌

琴蘭秀, 『惺齋日記』.

琴蘭秀, 『惺齋集』.

趙穆, 『月川集』.

李滉, 『退溪集』.

『陶山及門諸賢錄』.

『朝鮮王朝實錄』.

김경숙, 「18세기 능참봉 김두벽의 관직 생활과 왕릉수호」, 『규장각』 28호, 서울대 한국학
　　연구원, 2005.

김경용, 「용산서원의 거접 활동 기록과 그 의미」, 『교육사학연구』 권16, 교육사학회,
　　2006.

김효경, 「조선 후기 능참봉에 관한 연구; 『이재난고』 장릉참봉 자료를 중심으로」, 『고문
　　서연구』 권20, 한국고문서학회, 2002.

박현순, 「성재 금난수의 수학과 교유」, 『역사문화논총』 권4, 역사문화연구소, 2008.

전경목, 「『미암일기』를 통해 본 16세기 양반관료의 사회관계망 연구」, 『조선시대사학
　　보』 권73, 조선시대사학회, 2015.

주

1 박현순, 「성재 금난수의 수학과 교유」, 『역사문화논총』 4집, 역사문화연구소, 2008, 37쪽.
2 金璡(1500~1580), 자는 瑩仲, 호는 靑溪, 본관은 義城이며 안동에 거주하는 청계공파의 파조.
3 김진의 다섯 아들 가운데 藥峯 金克一, 鶴峯 金誠一, 南嶽 金復一은 대과에 급제하고, 龜峯 金
   守一, 雲巖 金明一은 소과에 합격했다.
4 『퇴계 선생연보』 권1, 29년 경술(1550), 2월.
5 『성재일기』(이하 『일기』로 줄임), 1554년(명종 9)~1556년(명종 11) 참조.
6 『성재문집』(이하 『문집』으로 줄임), 연보, 1552년(23세).
7 『월천집(元)』 연보, 1552년(29세). "每以四節或山寺或村社, 逐開近處聚會, 除開雜書, 經史中
   一冊持來, 通讀云云."
8 『문집』, 연보, 1552년(24세). "西山一部倡斯文, 敬義相須養本源, 四子遺書共終始, 何須別路
   更求門."
9 『문집』, 연보, 1557년(28세). 生爲男子不貰身, 此事何須讓別人, 齷齪無成應坐懦, 從今努力競
   時辰.
10 『일기』, 1582년(선조 15) 11월 14일.
11 김경용, 「용산서원의 거접 활동 기록과 그 의미」, 『교육사학연구』 권16, 교육사학회, 2006;
   전경목, 「조선 후기 지방유생들의 수학과 과거 응시: 권상일의 청대일기를 중심으로」, 『사학
   연구』 88집, 한국사학회, 2007.
12 『일기』, 1554년(명종 9) 11월 2일.
13 『일기』, 1555년(명종 10) 10월 9일.
14 『퇴계집』 권36, 「答琴聞遠(甲寅)」. 但於此有一焉, 國俗, 草澤無名之人, 往往有不能庇身之虞.
   況親心所望於子弟者, 專在立揚, 末世科名, 安可廢哉. 是故, 程朱門下, 鮮不應擧, 而師席亦不
   禁斷, 此意亦不可不熟慮而兼有攻業也.
15 鄭復始(1522~1595), 자는 以健, 호는 桂潭 · 桂軒, 본관은 東萊. 아버지는 천문교관 鄭華이
   고 어머니는 英陽南氏로 아우 鄭復元과 함께 송도에서 徐敬德에게 수업했다.
16 『일기』, 1561(명종 16) 4월 18일. 言語峻絶, 傍若無人……有超越之氣而少渾然之意.
17 『문집』, 연보, 1560년(31세), 1561년(32세).
18 『退溪續集』, 卷6, 「與琴聞遠(壬子)」. 然賢居今世, 且有老親, 何可不務擧業. 二者幷進, 要著百
   之千之之功, 可也.
19 『退溪集』, 卷23, 「與趙士敬」. 但公窘襄太甚, 憂貧之累, 決科之業, 誠難擺脫, 然緣此而欲遂輟
   學問之工, 此則大誤矣. 猶曰非敢爲自暴自棄, 獨不見伊川之言曰, 懈意一生, 便是自暴自棄耶.
   僕廢倦尤極, 而爲此言者, 欲議人病以得己病之藥耳. 如見聞遠, 亦告如右.
20 전경목, 『『미암일기』를 통해 본 16세기 양반 관료의 사회관계망 연구」, 『조선시대사학보』 73
   집, 조선시대사학회, 2015, 110쪽.
21 김효경, 「조선 후기 능참봉에 관한 연구: 『이재난고』 장릉 참봉 자료를 중심으로」, 『고문서연
   구』 20집, 한국고문서학회, 2002 참조.

22 『문집』권3, 연보 57세조. 장흥고 영 趙舜賓, 주부 金禔, 직장 白守琼이 참여했다. 金禔가 계회도를 그리고 李陽元이 시를 지었다.

23 김경숙, 「18세기 능참봉 김두벽의 관직 생활과 왕릉 수호」, 『규장각』28호, 서울대 한국학연구원, 2005, 121쪽.

24 『문집』권2, 시, 「與趙士敬」. 觥籌觥曲, 時論亦皆平淡.

25 『왕조실록』, 선조 16년 7월 16일조.

26 『문집』권2, 서, 「與趙士敬」. 李叔獻以陶山契分, 屢次委訪於直廬.

27 『문집』권2, 잡저, 「讀花潭集辨」. 無一語無病, 無一處可通.

28 『문집』권4, 「日洞山水記」. 又嘗親承警欬於退陶, 則遂退陶未遂之志者, 捨荷谷伊誰也.

29 『陶山及門諸賢錄』, 卷4, 「許篈」, 「李安道」.

30 『일기』, 1584년(선조 17) 8월 29일.

31 『일기』, 1589년(선조 22) 8월 5일.

32 『일기』, 1584년(선조 17) 8월 17일.

33 『일기』, 1588년(선조 21) 1월 26일; 동년 6월 23일.

34 『일기』, 1588년(선조 21) 2월 6일.

35 『일기』, 1591년(선조 24) 10월 4일.

36 『일기』, 1591년(선조 24) 11월 12일; 11월 24일.

37 『일기』, 1601년(선조 34) 7월 30일.

38 김경숙, 앞의 논문, 122쪽.

39 『일기』, 1601년(선조 34) 5월 16일.

40 『일기』, 1580년(선조 13) 윤4월 24일; 1582년(선조 15), 2월 25일.

41 『일기』, 1589년(선조 22) 4월 1일.

42 현재 안동시 도산면 가송리 고산 맞은편에 소재하며 일기에는 孤山精舍 혹은 日洞精舍라는 이름으로 등장한다.

43 『문집』권4, 부록, 「日洞山水記」.

44 『문집』권4, 부록, 「孤山亭題詠」.

45 『문집』권4, 부록, 「次聞遠孤山亭韻」. "日月佳名吾亦愛, 尋君時復玩餘輝".

46 『도산급문제현록』, 권3, 金命元.

47 『일기』, 1588년(선조 21) 1월 3일.

48 『도산급문제현록』, 권2, 尹根壽.

49 『일기』, 1575년(선조 8) 5월 13일.

50 『도산급문제현록』, 권3, 鄭崑壽.

51 『일기』, 1581년(선조 14) 7월 7일.

52 『도산급문제현록』, 권5, 洪聖民.

53 『일기』, 1580년(선조 13) 7월 24일.

54 『문집』권4, 부록, 「敬次孤山亭韻 贈琴聞遠道契」.

55 上同, 「拚和舍弟月汀韻 奉寄琴聞遠雅契」. "這裏退陶心訣在".

56 上同, 「次孤山亭韻 贈琴聞遠年兄」. "孤山又是留輝地, 莫把眞詮別處傳".

57 『문집』권2, 「與趙士敬(癸未)」, 「與趙士敬(戊子)」, 「答趙士敬(庚寅)」등.

58 『일기』, 1578년(선조 11) 4월 15일; 동년 5월 6일.

59 『일기』, 1592년(선조 15) 12월 21일.

97

60 『일기』, 1591년(선조 24) 5월 21일.

61 『일기』, 1585년(선조 18) 12월 7일.

62 『일기』, 1592년(선조 25) 1월 21일.

63 梧麓, 현재 경북 봉화군 물야면 오록리. 업의 처가인 순흥 안씨 安恪의 집이 있었다.

64 西村, 현재 안동시 녹전면 사신리 지역. 예안의 서쪽이어서 西村이라 불렀는데 퇴계 제자 가운데 訥齋 金生溟, 默齋 朴士熹가 살았던 마을이다.

65 『일기』, 1591년(선조 24) 윤3월 4일; 윤3월 7일; 윤3월 12일; 윤3월 14일; 윤3월 18일.

66 박현순, 앞의 논문, 55쪽.

67 『일기』, 1580년(선조 13)년 3월 6일; 1583년(선조 16)년 4월 18일; 1587년(선조 20)년 9월 20일.

3장

금난수는 왜 남은 아들들을
과거 시험장으로 보냈을까?

박청미

서론

선조 21년(무자, 1588) 『성재일기』

8월 24일: 청대가 끝나기 전에 각의 병 때문에 대간에게 고하고 중간에 먼저 나와 집으로 돌아왔다. 각이 미음도 끊고 몹시 고통스러워했다. 애처로워서 차마 보지 못할 지경이었다.

25일: 각이 머리에 식은땀이 나고 열이 멎었으며 미음을 마시고 익위승양탕을 복용했다. 밤에 이리저리 뒹굴며 몹시 고통스러워하더니 새벽에 날이 밝을 무렵에 기가 끊어졌다.

26일: 소렴했다.

27일: 입관했다.

28일: 성복했다.

29일: 경·개 등이 시험장에 들어갔다.

…(중략)…

9월 8일: 발인했다. 두모포로 가서 배에 싣고 마장 머리맡에 이르러 송별하고 돌아왔다. 가슴이 저미는 듯 애통하고 정신이 멍하여 어찌할 줄을 몰랐다.

위의 기록은 16세기 예안 지역의 한 사족, 성재 금난수의 일기 중 매우 인상적이었던 부분을 인용한 것이다. 그는 21세 때에 결혼하여 본처와의 사이에서 아들 넷, 딸 하나를 두었다.[1] 네 아들은 이름이 각각 경, 업, 개, 각인데 금난수는 그중에서도 막내 각을 무척 사랑했던 것으로 보인다. 곧 손자를 볼 나이 마흔을 넘어 본 귀여운 늦둥이 아들인데다가, 총명하기도 했기 때문일 것이다. 각은 『소학』을 읽고 생활 습관을 들일 일곱 살 나이에 이미 유교의 대의를 품고 있는 『논어』를 읽기 시작했다. 열 살이 되어서는 『사략』을 곧잘 외웠고, 그럴 때면 금난수가 아들이 강경과 제술을 위해 읽을 『대학』이나 『고문진보』 전집을 구해다 주었다. 열네 살 때 『맹자』를 읽었고, 숙윤이 열다섯 살이 되던 해 금난수가 『강목』을 베껴 쓰기 시작했는데, 각은 그것을 곧잘 소리 내어 읽고 외웠다.[2]

각은 분명 공부에 흥미를 보이는 아이였다. 그리하여 금난수는 관직 생활을 할 때, 서울 도성을 오가며 각의 선생을 찾아다녔다. 평소에도 어린 각을 자주 데리고 다녔지만, 관직 생활을 하면서 교류하게 되는 문인들과 자연스레 인연을 맺고 좋은 스승을 만나게 할 참이었다. 그러던 중 금난수는 하곡 허봉(1551~1588)을 만나 그에게 숙윤을 맡기게 된다.[3] 2년 전 동인의 선봉에 서서 당시 병조판서 이이(1536~1584)를 탄핵했다가 유배된 이후 관직에 물러나 있는 상황이었는데, 허봉은 류성룡 문하에서 공부하여 21세에 문과에 급제하고 종3품 전한에까지 올랐던 우수한 관료 출신의 학자였고, 허균(1569~1618)과 허난설헌(1563~1589)의 형제이자 남매로 허봉 역시 당대에 시문에 매우 능통한 사람이었다. 총명한 자식에게는 더없이 좋은 선생이었다. 허봉도 각이 16살에 지은 '일동산수기'를 보고 "이 문장을 기記로 삼기에 충분하니 어찌 나의 글을 반드시 구하겠는가?"[4]라고 할 만큼 제자인 각의 재능을 아꼈다. 금난수로서는 더 없이 각이 대견스러웠을 것이다.

하지만 각은 어려서부터 병치레가 잦았다. 여덟 살 때에 각이 병석에 앓아누웠을 때, 금난수는 어린 아들에 대한 걱정으로 가득했다. 16세 때에도 병이 들어 보살폈는데, 17세 때 병이 재발하여 각이 한참 동안 고생했다. 이듬해에는 전염병이 크게 돌았다. 금난수가 심하게 앓아누웠는데, 각이 곁에서 시중을 들었다. 금난수는 자신의 병이 아들에게 전염될까봐 크게 꾸짖어 곁에 오지 못하도록 했다. 그런데도 아버지의 병세가 한참이나 가시질 않자 걱정이 되었던 각은 아버지 병문안을 오가던 중 결국 병에 걸리고 말았다. 며칠이 지나 병세가 호전되어 낫는 듯 했는데 각의 병세는 한 달이 못 되어 다시 악화되었고, 다시 나은 듯 했다가 호전될 기미가 보이지 않았다. 그러다가 이질 증상이 심해져 두 다리가 부으면서 각의 몸 상태가 더욱 위중하여졌다. 금난수는 아들을 의원에게 보이며 약을 짓고, 또 다른 좋은 약재가 있다고 하면 그것을 구하러 돌아다니면서 갖은 보살핌으로 아들을 돌보았다.[5]

그러나 각은 끝내 숨을 거두고 만다. 그 해는 각이 관례를 치른 18살 되던 해이다. 상례에 따라 각이 죽은 지 둘째 날 소렴을 하고, 셋째 날 입관을 하고 나흘째 되는 날 성복을 했나. 그런네 발인노 하시 않은 낫

103

샛날, 경과 개 등이 과거 시험장으로 들어갔다.[6] 효제의 인륜이 강조되던 당시 형제의 죽음을 애도해 마지않을 시기임에도 금난수는 아들들을 시험장에 보낸 것이다. 가족 모두가 슬픔의 감정이 채 가시지 않았을 상황에 금난수는 어째서 아들들을 시험장에 보냈을까.

16세기 중후반 예안현의 사족 금난수

이야기에 앞서 16세기 중후반 예안에서 성장해 간 금난수에 대해 먼저 알아보자. 금난수는 1530년 예안현에 있는 한 사족 집안에서 태어났다. 선대는 대대로 봉화현에 거주했는데 고려말 안찰사를 지낸 고조부 금숙이 아내의 고향인 예안으로 이주해온 후 줄곧 예안에 정착하며 살게 되었다. 예안은 토성들의 세력이 미약하고, 전국에서 손꼽힐 정도로 번성하지 못한 작은 고을에 불과했지만, 여말선초 진성 이씨, 영천 이씨, 광산 김씨, 봉화 금씨, 영양 남씨, 안동 김씨와 권씨 등 타읍의 사족이 유입해와 취락을 형성해간 지역이다.[7] 낙동강 상류에 위치하여 하천이나 계곡의 물을 관개할 수 있어 가뭄으로 인한 피해가 적었고, 하천 바닥이 낮아 홍수와 같은 수해가 적어 농지를 개간하기 좋았고, 배산임수하여 각종 농산물과 땔감 및 담수어를 쉽게 조달할 수도 있었으며, 교통이 불편하고 관청과의 거리가 멀었지만, 관권의 외곽에서 독자적으로 질서를 구축하여 지내기에는 오히려 장점이 되었다.

금숙에게는 일곱 아들이 있었고 그중 다섯이 문과에 급제했는데, 금난수는 무반직을 지낸 여섯 째 아들 금증의 자손이다. 금난수의 증조부뿐 아니라 조부, 부친 또한 무반직을 지냈는데, 무과 출신자는 아니었던 것으로 보인다.[8] 다만 어머니가 영양남씨 교수 식의 딸이자 도승지(정3품) 이평李泙(?~?, 세조대)의 외손녀[9]라고 하는 것으로 보아, 금난수는 외가쪽에 현관縣官이 있는 사족[10]이었다. 그는 21세에 횡성 조씨 집안에 장가들었는데 그의 아내는 다름 아닌 조목의 누이동생이었다. 처가의 손위처남이기도 했지만, 조목은 금난수의 생애 전반에 걸쳐 교유가 가장 깊었던 인물이다. 조목은 금난수를 벗이라 불렀으나 금난수가 조목을 많이 따르는 입장이었다. 조목은 금난수를 이황의 문하에 들게 권유했다.[11] 이황이 을사사화를 계기로 물러나기를 반복하면서 예안에 한서암을 짓고 학문과 강학을 시작하던 때였다. 예안의 사족 층은 처음 중앙의 관료 출신이 낙향해오자 과거 응시 준비를 위해 이황을 찾았다. 그러나 이황은 과거 시험 공부를 위해 자신을 찾아오는 자들을 만류하고, 도학에 뜻을 두는 이들과 교유하면서 예안의 젊은 사족 층에게 영향을 끼쳤다. 도학은 성리학의 별칭으로 성즉리 공부의 근본이 도의 전승과 실현에 있다는 맥락에서 사용된 것인데, 이를 추구한다는 것은 도의 전승 계보, 즉 학맥을 잇는다는 것을 뜻했다. 금난수는 선생의 문하에서 성현이 가르치는 도를 본받아 체득하고 실천하고자 하는 '위기지학'에 힘썼다. 그는 문하에 든지 2년 만에 이황이 홍문관 교리로 상경(명종 7, 1552년 4월)하여 3년간 서울에 머물렀을 때에도, 스승과 편지를 주고받으며 아래와 같이 지도를 받았다.

"정작 과거 시험 위해 다투어 달리는 요즘, 앉아 서책을 깊이 음미하는 그대를 아끼노라(22세)."

"사람들은 모두 과거 시험에 마음을 쓰면서 이 학문이 있는 줄을 모르는데. 그대는 이 학문에 뜻을 두면서 과거 공부를 개의치 않으니 그대의 뜻이 매우 아름답습니다(23세)."

"서울 밖으로 방이 나오자 급제하고 못 한 것이 사람을 놀라게 하여 파도가 일고 구름이 솟구치듯 하건만 편지가 왔는데 한마디의 언급도 없고, 산간에 초가를 지어 사람들이 맛보지 못하는 것을 맛보니, 이는 바로 남들이 괴이하게 여기고 욕하는 것이지만, 내 마음에 더욱 아끼고 가상히 여기는 바입니다."(23세)『성재집』권3, 연보

이황은 과거 공부를 부정하지 않고 도학 공부와 병행할 것을 강조했지만 기본 입장은 과거가 도학에 방해가 된다는 것이었다. 그런 가운데 이황이 금난수에게 '서책을 깊이 음미'한다고 한 것, '이 학문'에 뜻을 둔다고 한 것, '산간에 초가를 지어 사람들이 맛보지 못하는 것을 맛'본다고 한 것은 모두 경전의 본의를 체득하며 도학에 충실을 기하고자 한 '위기지학'을 가리킨다. 즉 금난수는 초심자로서 선생의 뜻을 성실히 따랐고 이러한 선생의 칭찬에 힘입어 도학의 교육과정에 더욱 성실히 임했으리라 볼 수 있다.

이후 금난수는 32세에 생원시에 합격했고, 주자서, 계몽, 심경 등을 수업하고 서원건립에 참여하는 등 이황의 문하에서 향촌 활동에도 참여했다. 선조 대 사림이 집권하면서 이황이 사림의 영수로 추앙되자, 그는 비교적 늦은 시기에 관직에 진출하여 10년 간 관직 생활을 하기도 했고, 낙향 이후에는 동문들과 함께 향촌 운영에 주도적인 역할을 한 것으로 보인다. 그리고 사후 1709년(숙종 36)에는 동계서원에 제향

되었다.[12] 서원배향은 서원에 가면 엄연히 그 사람을 보는 듯하여 후세대들로 하여금 그들처럼 되도록 감발흥기케 하는 교육적 동기로 이루어졌다.[13] 따라서 서원에 제향되었다는 것은 그가 도학자로서 사족 사회의 인정을 받은 인물이었음을 보여준다고 할 수 있다. 하지만 이러한 모습은 앞서 제시한 금난수의 모습과 일정한 간극이 있다. 16세기 기묘사림의 등장 이후 부각된 도학자의 모습은 벼슬길이나 과거 시험에 큰 신경을 기울이지 않는 모습으로 그려져 왔기 때문이다.[14]

문집과 일기를 통해 읽는 인물

조선은 주로 과거 시험을 통해 관리를 선발하고 관품과 관직에 따라 특혜를 부여한 관료 중심의 신분 사회[15]였다. 이를 염두에 둘 때, 도학자라 할지라도 과거 시험에 대해 크게 신경 쓰지 않고 살았다고 하는 것은 그의 실제적 삶에 대한 이해가 편향된 것이라 생각한다. 이러한 데에는 여러 가지 요인이 배경에 있을 수 있는데[16] 그 가운데 하나는 연구자료의 선정이다. 인물 연구는 주로 '문집'에 의존하여 이루어져 왔다. 금난수에 관한 선행연구가 몇 편 안 되지만 주로 문집을 중심으로 이루어졌다. 그리하여 금난수를 "한평생 '퇴계학'의 정신으로 일관된 삶을 산"(최영성, 2001: 252) 인물, "이른 시기부터 입신양명의 길은 접어두고 자연과의 일체됨 속에서 스스로의 만족을 추구하며 위기지학에 힘썼던 학자"(이치억, 2014: 257)로 서술하기도 한다.

그런데 문집의 간행 과정을 살펴보면, 인물의 삶의 전모를 이해하기에 문집이 상당히 제한적이라는 사실을 깨닫게 된다. 문집은 대개 망자를 가장 가까이에서 지켜본 자손이나 제자가 행록·연보의 초고를 작성하여 믿을 만한 가까운 지인에게 행장을 부탁해 행장이 완성되면, 이것을 가지고 다시 또 다른 인사를 찾아가 묘갈명과 묘지명을 부탁하여 종합하고 연보를 작성하여 망자가 남긴 '시문 작품'과 이를 합쳐 간행한다.[17] 그런데 정출헌(2017:75~90)에 따르면 이 과정에 후손이 편집하면서 가공, 윤색하는 사례가 적지 않았다고 한다. 행장이나 연보를 편찬하는 이들은 이것이 묘갈명·묘지명의 기초자료가 된다는 사실 뿐 아니라 이것 자체도 문집에 실려 뒷사람에게 영원히 전해지게 된다는 사실을 잘 알고 있었기 때문에 사실 그대로를 기록하기보다 서사 전략을 정밀하게 사용할 수밖에 없었다는 것이다

이는 서원 철폐령(고종 8, 1871)이 내려진 이후 사가私家를 중심으로 문집을 간행하는 현상이 폭증했던 시기와 일치한다. 손계영(2013:16)은 이러한 현상이 사족 사회가 여전히 서원 중심이었고, 문집 간행은 서원 유림의 동의를 통해 가능한 특권층 문화로 여겨져 왔는데, 서원 철폐를 계기로 문화의 독점적 경계가 무너진 것으로 인식되면서 발생한 것으로 보았다. 『성재집』은 이러한 현상을 배경으로 간행된 것이라 볼 수 있다. 간행 주체인 10대손 금정기가 지은 '발문'을 살펴보자.

생각건대, 우리 선조 성재 선생의 유집에서 시는 모두 114편이고 서간은 23편이며 잡저와 지, 변이 13편, 잠·명·제문이 각각 두 편으로 모두 몇 편 뿐이니 그 수량이 극히 적은 것이 아쉽다. 선조가 퇴계를 모시면서 훈도받은 것이 가장 오래되었고…(중략)…보관하던 상자가 불타고 전쟁에서 잃

어버렸고…(중략)…가학을 전수받은 분으로는 봉사공(금난수의 맏아들 금경)과 낙포공(금개의 아들 금휘)이 있으나 유집은 수습할 겨를이 없었다. 이어서 돌아가신 나의 할아버지 매촌 부군 형제가…(중략)…본집을 간행하는 일에 대해서는 완전하지 못한 글을 수습한 것으로는 편제를 이룰 수 없다며 그때마다 매우 삼가는 뜻이 있었다.…(중략)…모자라고 불초한 나는 마땅히 겸손하고 삼가 몸을 단속하라는 가법을 따라야 할 것이다. 하지만 세대가 멀어질수록 선조의 한 글자 한 마디 말이 더욱 귀하고 소중하니 덮어두고 버려둘 수 없는 것이 분명하다.…(중략)… '이기를 변별하고 분석하여 도에 들어가는 관건을 보인 것이며, 향약을 강마하고 닦아서 시속을 교화하는 규범과 법도를 남긴 것이며, 독서하여 번잡하고 고요함에 대한 경계를 둔 것이며 상론하여 출처의 뜻을 밝힌 것들'은 모두 스승이 전한 것을 발휘하기에 충분하다.…(중략)…종조제 대기가 더욱 수집하여 연보와 묘갈과 유사와 만뢰, 동계서원 향사 사실, 사우간에 남겨준 글들을 붙여 4권 2책을 만들고 활자에 붙여 추모하는 마음을 붙여 후세에 살펴보는 자가 있기를 바란다.

기유년(1909) 2월 초하루에 10대손 정기가 삼가 쓴다.

금정기는 위의 발문을 통해 그간 조부께서 선조의 남은 글들이 편제를 이룰 만큼 완전하지 못하고 수량이 부족하여 문집 간행을 삼가는 뜻이 있었지만 '퇴계의 학에 뿌리를 둔 가학家學이 손자에까지 이어졌고, 겸손하고 삼가 몸을 단속하라는 가법家法은 10대손 자신에게까지 이어졌는데 세대가 멀어질수록 귀하고 소중한 뜻을 전하지 못할 것을 염려'하여 문집을 간행하게 되었다고 간행 농기를 밝혔다. 그리고 남아서 전하는 글에는 이황 선생이 전한 도학의 내용이 잘 드러나 있음을 상술하고 있다.

그런데 그의 문집 간행 시기는 서원 철폐령(1871, 고종 8)이 내려진 이후 사가에서 문집을 간행하는 현상이 폭증했던 시기와 일치한다. 손계영(2013: 16)은 이러한 현상이 사족 사회가 여전히 서원 중심이었고, 문집 간행은 서원 유림의 동의를 통해 가능한 특권층 문화로 여겨져 왔는데, 서원 철폐를 계기로 문화의 독점적 경계가 무너진 것으로 인식되면서 발생한 것으로 보았다. 금난수의 후손들은 그간 본집을 묶어내기에 부족하다고 판단하여 간행하지 않아 온 일을 더이상 미룰 수 없는 처지에 이르렀으리라고 볼 수 있다. 그리하여 이로써 수많은 문집들과 구분짓고 자신이 금난수라는 퇴계 고제高弟의 후손임을 분명히 하고자 했을 수 있다. 그리고 어쩌면 이러한 욕망이 연보의 서사를 이끌어 금난수의 도학자적 풍모를 부각시켰을 수 있다. 이러한 점을 염두에 둘 때 한 인물의 삶의 전모를 이해하기에 문집은 제한적이라고 봐야 한다.

한편 박현순(2011)은 금난수의 문집 뿐 아니라 일기, 퇴계집 등을 통해 금난수의 수학과 교유에 대해 검토했는데, 그 스스로 "성재집은 내용이 매우 소략하고 성재일기는 일상에 대한 간단한 기록으로 구체적인 내용을 파악하기 힘든 면이 있으나 성재의 수학 과정은 퇴계집을 통해 그 면모를 자세히 파악할 수 있다"라고 했듯이, 그는 도학자의 모습에 편중되지 않고, 보다 실제적인 모습을 재구성했다고 판단된다. 하지만 그는 서론에서 금난수의 수학과 교유 관계에 대한 고찰의 의미가 "이황의 학문이 평범한 사대부들의 삶에 어떤 영향을 미쳤는가"(박현순, 2011: 37)하는 것을 밝히는 데 있다고 했고, 결론에서도 금난수를 "이황의 학문이 당대 사대부의 삶에 어떤 영향을 미쳤는가 하는 문제를 검토함에 있어 특히 주목되는 인물"로 규정했다. 그의 말처럼 "일부"라 할지라도 그는 금난수의 삶의 일부를 그 자체로, 금난수를 주인공으로 삼아 다루기보다 궁극적으로는 이황 연구의 연장선에서 다룬 것이라 볼 수 있다.

기실 역사학에서 인물 연구는 주로 커다란 사건이나 위인, 엘리트 중심으로 이루어져 온 것이 사실이다. '사실이 스스로 말하도록 하라'는 랑케Leopold von Ranke(1795~1886)의 주문은 문헌을 객관적 사실의 기록물로 간주하고, 기록이 많은 사건, 많은 문헌을 남길 수 있었던 인물을 역사의 주인공으로 삼게 했다. 자신들의 입장에서 문헌을 남기지 못하거나 문헌자료가 부족한 인물들은 역사에서 소외되거나 엘리트의 입장에서 기록되었다. 금난수가 비록 하층민이나 여성에 비할 바는 아니지만, 위인의 주변 인물로 그려지거나 위인들을 향했던 관점으로 평가하여 삶의 의미를 축소해왔다는 점에 있어, 이들에 대한 인식과 공통되는 점이 없지 않다. 비교적 최근에 등장한 미시사의 관점은 개인들을 물론 그간 소외되어온 하층민이나 여성에 초점을 맞추고 있지만 '저마다의 삶의 방법들을 모색해간' 역사의 주인공으로 이해하고 이야기하려 한다. 금난수라는 인물에 대해서도 이러한 관점에서 그 자체로 이야기할 가치가 있다고 본다. 즉, 금난수를 주인공으로 하여 그에게 주어진 사회적 조건 속에서 그가 선택하고 행위하며 이루어낸 삶의 실상을 다루어야 한다는 것이다.

이 글은 이러한 맥락에서 16세기 예안현의 한 사족이었던 금난수가 그에게 주어진 사회적 조건 속에서 어떠한 욕망으로 삶의 방법들을 어떻게 모색하며 살았는지를 그의 '일기'를 중심으로 살펴보고자 한다. 염정섭(1997: 222~223)은 일기의 주체가 분명하고 즉시성이 있어 여러 사람의 손을 거쳐 가공 출판된 문집과 달리 1차 자료로서의 실제성이 있다고 했다. 그래서 주관성이 문제가 되기도 하지만, 일기는 개인적인 기록물임과 동시에 시대적 조건 아래에서 살아간 인물이 남긴 기록이라는 측면에서 '사회적 산물'이라고도 밝힌 바 있다. 『성재일기』는 이러한 맥락에서 적합한 연구자료라고 본다. 다만, 일기의 즉시성, 현장성에 대한 재고의 여지가 있다는 연구 결과가 있어 이를 염두에 두고자 한다. 이성임(2014: 199~200)은 현재 전하는 일기의 상당수가 필자의 친필본이 아니라 후대의 전사본이고, 친필본이 거의 남아 있지 않은 가운데 둘 다 전하는 『계암일록』(1603~1641)이 있어 친필본과 전사본을 비교해본 결과, 친필본의 상당한 양이 삭제되거나 축약되어, 후손들에 의한 추후 편집이 이루어졌음을 밝힌 바 있다. 『성재일기』 또한 친필본이 아니라 경, 업, 개 중 한 명이 베껴쓴 전사본이고 고손자가 간행한 것으로[18] 원본은 따로 전하지 않는다. 그리고 한국국학진흥원(2019: 25~26)에서는 『성재일기』가 원본에서 전사본으로 배접하는 과정이 여러 단계를 거쳐 이루어졌으리라 밝힌 바 있어, 『성재일기』도 전사본으로서 갖는 한계가 있다고 봐야 한다. 가령, 전하는 일기가 세 시기로 나뉘고 시기마다 상당한 기간의 간극이 있는데, 이에 대해 선택적 기록이나 전사, 삭제 및 축약과 같은 추후 편집 가능성을 배제할 수도 없거니와 전하는 것과 전하지 않는 것 사이, 행간의 의미를 염두에 두어 살펴볼 필요가 있다고 본다.

요컨대 이 글은 앞서 제시한 '금난수는 왜 남은 아들들을 과거 시험 장으로 보냈을까'하는 구체적인 질문으로 그가 16세기 중후반 예안현의 한 사족으로서 과거 시험에 대해 어떻게 대응하며 살았는지를 살펴보려는 것이다. 일기 전반에 나타난 과거 응시 및 결과, 진로와 관련한 객관적 사실의 기록들을 통해 그러한 그의 행위의 동인을 미루어 짐작해볼 것이다. 이로써 16세기 중후반 사회적 조건 아래 과거 시험이 금난수에게 어떤 것이었는지 그 의미를 그의 일관된 관심 속에서 발견해볼 것이다.

『성재일기』에 나타난 과거 관련 기록

『성재일기』는 세 부분으로 나뉘어 전한다. 〈표1〉에서 보듯, 25세 되던 명종 9년(갑인, 1554) 10월 30일부터 27세 되던 명종 11년(병진, 1556) 12월 17일까지 2년 정도 시기의 일기, 31세 되던 명종 15년(경신, 1560) 11월 9일부터 32세 되던 명종 16년(신유, 1561) 9월 3일까지 1년 정도 시기의 일기, 46세 되던 선조 8년(을해, 1575) 5월 13일부터 75세 망자가 된 선조 37년(갑진, 1604) 2월 13일까지 30년가량 되는 시기의 일기이다. 27세이던 명종 11년(병진, 1556) 12월 18일부터 31세 되던 명종 15년(경신, 1560) 11월 8일까지 4년 정도의 일기와 32세이던 명종 16년(신유, 1561) 9월 4일부터 46세이던 선조 8년(을해, 1575) 5월 12일까지 15년 정도의 일기는 전하지 않는다.

〈표1〉 성재일기 기록 범위 및 주요 내용

기간	나이	주요내용
명종9년(갑인,1554) 10월 30일 ~명종11년(병진,1556) 12월 17일	25세~27세	조목과의 관계, 자신의 과거 공부와 시험 응시, 조목의 합격
명종11년(병진,1556) 12월 18일 ~명종15년(경신,1560) 11월 8일	27세~31세	일기 없음
명종15년(경신,1560) 11월 9일 ~명종16년(신유,1561) 9월 3일	31세~32세	가야산 여정, 도학자들과의 교유, 사마시 합격과 의례
명종16년(신유,1561) 9월 4일 ~선조8년(을해,1575) 5월 12일	32세~46세	일기 없음
선조8년(을해,1575) 5월 13일 ~선조37년(갑진,1604) 2월 13일	46세~60세	관직 생활, 중앙관료들과의 교유, 아들들의 과거 공부 및 적극적인 응시
	61세~75세	아들들의 시험 응시 결과 및 관직 제수

남아서 전하는 세 부분 가운데 25세부터 27세까지의 일기는 대부
분 조목과의 교유, 과거 시험 준비와 관련된다. 첫날 기록은 조목과
함께 과거 공부를 하는 것으로 시작하여 조목이 시험에 합격한 것을
기록하고 있다. 31세부터 32세까지의 일기는 1년이 채 못 되는 기간
의 일기로 남쪽으로의 유람 길이자, 합천 향시를 보기 위한 과거 길
에 있었던 도학자들과의 호탕한 만남들, 그 과정에 있었던 사마시
초시 합격과 예안으로 돌아와 준비한 한성시 회시에 최종 합격하여
합격 의례를 치르는 것으로 마무리된다. 46세부터 75세까지의 일기
는 30년이라는 기간을 기록한 것이어서 여러 가지 생활사를 드러내
는데, 두 일기의 연장선에서 보자면, 45세에 부친상을 당하고, 3년
간 시묘살이 후 10년간 관직 생활을 하면서 자신과 아들들의 과거
시험과 관련하여 신경을 기울인 것, 낙향 이후 아들 3명 중 2명이 문

과에 급제하고 세 아들 모두 출사하는 것을 보고 생을 마감한 사실에 대한 기록들이다. 세 부분의 일기를 통해 과거 시험과 관련하여 금난수가 어떻게 반응하며 살았는지를 네 부분으로 나누어 살펴보기로 한다.

25세부터 27세까지의 일기: 사회적 과업으로서의 과거 공부

이 시기의 일기는 금난수가 21세에 조목의 누이동생과 결혼하고 24세에 첫 자식을 낳은 후의 일기이다. 기간은 25세 되던 1554년 10월 30일부터 27세 되던 1556년 12월 17일까지이다. 이 시기의 기록은 매우 간략하다. '월천을 만났다, 이야기를 나누었다, 월천이 찾아왔다, 월천서재에 가서 잤다, 월천과 함께'라는 기록들이 가장 많다. 조목은 처가의 식구로서 장모 산소의 성묘, 기일에 참석하거나 장인어른의 문병 등의 이유로 찾기도 했고, 학업과 관련하여서는 조목이 그를 벗이라 부르라고는 했지만, 금난수는 늘 조목을 잘 따르는 편이었다. 이때 학업이란 과거 시험을 위한 공부, 주자서 등의 도학 공부를 포함한다.

A 시기의 일기가 시작되는 25세의 일기는 아래가 전부이다.

10월 30일 월천과 함께 풍성으로 향하여 고감에서 잤다.

11월 1일 영주 향교에서 잤는데, 교관은 이대림이었다.

11월 2일 비 때문에 서정에서 막혔다가 저녁이 되어 조금 개기에 마침내 길을 나서 곧장 백운으로 향했다. 그러나 4일이나 거접하러 들어가지 못하고 돌아왔다.

25세 되던 해 10월 30일 그는 조목과 함께 풍성으로 향하여 고감에서 자고, 11월 1일에는 영주 향교에서 자고 2일에 백운으로 향했다. 그런데 그는 4일이나 거접居接하러 들어가지 못하고 돌아왔다. 백운은 1543년 풍기군수 주세붕에 의해 창건되고 1550년 이황에 의해 조선 최초의 사액서원이 된 백운동 서원을 가리킨다. 백운동 서원은 본래 주자의 백록동서원을 모델로 하여 도학을 위주로 교육하기 위한 기관으로 설립한 것이지만, 설립된 지 3년 만에 '이 서원에서 공부하면 5년도 안 되어 모두 과거에 급제한다'고 회자될 만큼, 과거 공부를 가장 효율적으로 시키는 과거 시험 준비의 명소로 급부상했다.[19] 그리하여 금난수는 25세 되던 해 10월 30일 조목과 함께 거접에 참여하기 위해 백운동 서원에 갔다. 그런데 이날 사람들에게 밀려서 들어갈 수 없었던 것이다. 한편 같은 해 연보에는 과거 시험 준비와는 별개로 봄에 동계에 '성성재'를 짓고 존성 공부에 힘썼다는 사실이 기록되어 있다. '성재, 성성재'는 이황 선생이 늘 강조하던 경의 술어 중 항상 깨어있는 마음 상태를 뜻하는 '상성성常惺惺'에서 나온 것으로 선생이 손수 지어주신 편액명이며[20] 금난수가 '호'로 삼은 것이기도 하다. 그가 이를 호로 삼은 것은 스승의 뜻을 본받아 위기지학에 힘쓰고자 했던 그의 의지가 반영된 것이라 하지 않을 수 없다.

26세 때에도 금난수는 '월천서재로 가서 머물렀다'는 등 조목과의 왕래에 대한 기록을 가장 많이 남기고 있다. 이 해는 특히 정기적으로 자오묘유 년에 열리는 식년시式年試가 있는 해로 조목과의 교유에서 과거 시험은 중요한 화제였다. 일기에는 '10월 1일 식년시 과거 시험을 보기 위해 영양으로 길을 나서 조목을 만나 안동 향교에서 자고,

9일에 시험장에 들어갔고, 이 시험에서 조목이 시험에 합격했다'는 기록이 있다. 이후 금난수는 조목과 함께 용수사龍壽寺[21]에 머물렀는데, 조목이 12월에 강경을 보러 서울에 올라가기까지 그곳에 머문 것을 보면, 조목과 금난수는 그곳에서 과거 시험 준비를 했던 것으로 보인다.

27세이던 4월 20일에는 금난수가 조목과 함께 '월란사'에 머물렀다. 같은 시기 연보에는 '월란사'에서 "퇴계 선생이 제자들에게 주자의 편지글을 간추려 뽑아 7책으로 만들고 베껴 쓰도록 명했다"는 기록을 남기고 있는 것으로 보아, 금난수가 여기에 참여했던 것으로 보인다. 단순히 문자를 베껴 쓴다기보다 필사는 공부의 한 방법이기도 했다. 따라서 금난수는 월란사에서 『주자서절요』를 베껴 쓰며 도학 공부를 했다고 볼 수 있다. 그리고 7월에는 조목과 함께 '봉선암'에 머물렀다는 기록, 12월 17일에 "월천과 함께 도곡으로 향했다"는 것을 끝으로 기록이 끝난다. "도곡으로 향했다"는 것은 과거 시험을 보러 간 것이 아닐까 예측할 수 있다.

요컨대 이 시기 금난수는 이황의 문하에서 조목의 도움을 받으며 과거 시험 공부와 도학 공부를 병행했던 것으로 볼 수 있다. 그는 비교적 문약한 무반의 집안에서 태어났다. 고조부가 고려 말 안찰사[22]여서 문과 출신이었을 수 있지만, 증조부, 조부, 부친은 모두 참군(정7품), 부사정(종7품) 등 무반직을 지냈고, 무과 출신자는 아니었던 것으로 보이며, 어머니가 영양 남씨 교수 식의 딸이자 도승지(정3품) 이평의 외손녀라고 하는 것으로 보아,[23] 금난수는 외가쪽으로 사조四祖 내 현관縣官이 있는 사속四屬으로 어려서부터 사마시 및 문과시험을 강조하는 분위기에서 자랐을 것이다. 이러한 집안 배경에 이황 선생은 평소 제자들에게 도학 공부와 병행해야 한다고 누누이 말했던 바,[25] 금난수는 자신의 사정과 선생의 말을 충분히 이해하고 도학 공부와 함께 과거 응시를 준비했을 것으로 볼 수 있다.

게다가 사족은 본래 법적 양인으로 군역을 져야 했다. 하지만 향교 교생과 충순위, 충찬위에 입속된 자, 향교에 입속되지 않은 업유業儒층은 군역을 면제받을 수 있었다. 다만 향교 교생과 업유의 경우 국가에서 실시하는 고강考講을 통과해야 했다.[26] 관직에 진출하여 공공의 업무에 복무, 종사하기 위한 준비를 성실히 하고 있다는 명분이 성립되었기 때문일 것이다. 그래서 금난수는 이 시기 과거 시험 공부를 중요한 화제로 삼아 기록한 것으로 볼 수 있다. 말하자면 당시 과거 시험 공부는 사족에게 부여된 사회적 과업, 즉 직역職役과도 같았기 때문에 금난수가 과거 응시를 위해 공부하는 것은 매우 당연한 일이었다고 할 수 있다.

31세부터 32세까지의 일기: 도학적 이상과 과업 성취

이 시기의 일기는 31세이던 11월 9일부터 32세 되던 9월 3일까지로 비교적 짧은 기간을 기록한 것이다. 6개월가량 소요된 긴 여정의 출발로 일기가 시작되고, 집에 돌아와 2개월가량 머물다 다시 1개월 이상의 여정을 가지는 것으로 마무리된다. 특징적인 것은 다른 날, 다른 해의 기록에서는 찾아볼 수 없는 (가)와 같은 도입부로 일기가 시작된다는 것이다.

(가) 11월

나는 어렸을 적부터 두류산의 웅장하고 빼어남과 가야산의 기묘한 절경을 듣고 이전 사람이 유람한 기록과 등산한 뒤의 기억을 읊은 시를 보았다. 또 조남명의 사람됨을 듣고는 항상 남쪽 지방으로 유람을 하면서 가야산과 두류산을 올라보고 남명을 만나 마음과 눈을 넓게 틔어 볼 생각이었다. 그러나 길이 막히고 멀며 티끌 세상에 골몰하느라 남쪽 하늘로 고개를 돌려 바라만 볼 뿐 실행할 수 없었던 지가 십여 년이었다. 기미면 봄에 정형이 단성 현감이 되고, 다음 해에 류씨 아재도 삼가 현감이 되었다.…(중략)…이해 가을에 황금계가 성주 목사가 되었다. 이는 내가 남쪽을 유람하는 데 있어서 큰 행운이기에 이때 마침내 마음을 먹고 길을 나섰다.

(나) 11월 9일

퇴계 선생께 나아가 하직 인사하기를 "사람의 어질고 어리석음과 존귀하고 비천함은 비록 다르나 각자가 처신을 합니다. 수는 재주가 옅어서 과거 공부로 이름을 이룰 수 없습니다. 곧 산림에 자취를 감추고 거친 밭이나 가꾸는 일이 합당하니, 이것이 저의 분수입니다. 그러나 위로 부형이 계셔서 스스로 뜻을 이룰 수 없고, 시속을 따라 골몰하느라 본성을 잃어버릴 것 같은 한탄스러움이 있습니다"라고 하니 선생께서 말씀하셨다. "나는 그대에게 이렇게 말해주겠네. 그대가 세상의 실정을 알고 행했으면 하네. 그대는 유독 마음으로만 알고 삼갈 뿐이네"라고 하시고…(중략)…마침내 뜰에서 하직 인사를 올렸다.

(나) 두류산의 붉은 신선 어르신　　頭流老仙伯

우러러 사모하는 마음 일으키고 　　　　令人起景慕

뜻이 맞는 몇몇의 군자들도 　　　　同聲數君子

이번 참에 거의 다 만나보리라 　　　　今行庶幾遇[27]

　(가)는 6개월가량 소요된 긴 여정을 알리며 여정의 목적을 밝히고 있는 일기의 도입부이다. 이는 마치 양반들이 산수 유람을 하고 남겼던 '유산기遊山記'의 도입부와도 같다. 내용에 따르면 금난수는 지금의 지리산인 두류산과 합천 가야산 유람과 삼가현에 거주하는 조식 선생과의 만남에 여정의 목적을 두고 있다. 조식 선생은 단성 현감에 제수되었을 때 관직에 나아가지 않고 대신 척신정치의 폐단과 비리를 비판하는 사직소(1555)를 올린 것이 계기가 되어, 많은 문인들이 도학자의 귀감으로 여겨 그를 찾았는데, 금난수도 이번 기회에 그를 찾아보리라 마음먹었다는 것이다. 그리고 마침 가는 길에는 이종사촌 형 정복시가 지난해부터 단성 현감으로 가 있고, 류씨 아재도 삼가의 현감으로 부임해 있으며, 동문 황준량이 당해 가을 성주 목사가 되어 있어 그는 남쪽을 유람하기에 더없이 좋은 기회로 판단했다.

　그런데 이어지는 일기 (나)에 따르면 그는 '과거 길'을 나서는 참이었던 것으로 보인다. 같은 시기 연보에도 "11월에 합천 향시에 응시하다"라고 기록되어 있다. (가)에서 밝히고 있지는 않지만, 여정을 앞두고 지은 것으로 보이는 문집 소재의 시 일부인 (다)를 보면, 그는 이 여정이 과거 시험에서 비롯된 것이기는 하지만, 여정을 과거 길로 인식하기보다 당시 양반문화였던 산수 유람길로 사태를 전환시킴으로써 여정에 적극적으로 임한 것으로 보인다. (나)에서 보듯 이황 선생께는 자신의 재주를 알아 분수에 합당하게 살고자 하지만 '부형의 뜻'을 거스를 수 없어 '하는 수 없이' 시험을 보러 가는 것이라고 말씀드리고 있다. 비교적 문약한 무반의 집안에서 태어나[28] 자신이 문과시험을 매우 강조하는 분위기에서 자라온 것을 염두에 두고 말한 것이라 볼 수 있다. 하지만 그는 어째서인지 (가)와 같은 생각으로 길을 나선다는 소기의 목적을 선생께 굳이 밝히고 있지는 않다. 그것은 거듭된 실패로 마음을 비운 상태였기 때문일 수 있다.[29] 그리고 금난수는 점차 도학에 대한 뜻을 드높이며 도학자로서의 정체성을 확고히 하려는 태도를 지녔을 것으로 볼 수 있다.

　이러한 마음과 태도는 금난수가 여정을 앞두고 지은 (다) 시에 잘 나타난다. (다) 시에서 그는 관직에 제수되었음에도 나아가지 않고 산림에서 도학자로 살아가는 조식 선생을 흠모하며 선생을 '두류산의 늙은 신선'에, 선생과 뜻을 함께하는 제자들을 '몇몇의 군자들'에 비유했다. 이로써 그는 도학에 대한 자신의 원대한 뜻을 '신선'과 같은 조식 선생이 훤히 꿰뚫어 알아봐주고, 선생의 문인들 또한 뜻이 통하는 '군자'로서 자신을 알아보고 반겨 주리라 여기며 설레어하고 있음을 알 수 있다. 금난수는 스승에게 표현할 수 없는 도학자로서의 포부를 이같이 드러내며 자신의 정체성을 확고히 하고자 했었던 것으로 보인다.

　이렇게 시작된 여정 길에 금난수는 만나고자 했던 지인들과 만나 어울렸다. 지역의 수령이 된 친척과 동문들의 도움으로 지역 내 향교와 율사栗寺라는 절에 장기간 머물 수 있었던 것으로 보이고, 그 사이 권문현과 그의 형제들, 정구 등 조식의 문인들과 어울리며 흥겹고 여유가 넘치는 시간을 보냈다. 그는 이들과 술에 취해 이야기를 나누고, 호탕하게 때로는 장난 섞인 시도 주고받으며 풍류를 즐겼다. 율사에서는 이들과 함께 공부도 했던 것으로 보인다. 해가 바뀌어 1월이 되어서는 동문인 정탁이 진주교수로 부임해와 진주향교에 머물며 함께 풍류를 즐기기도 했다.

한편 2월이 되어 과거 시험 일이 가까워지면서는 사촌 남치리南致利 (1543-1580) 및 동료 응시생들이 합천으로 모여들었고, 이들과 함께 거접에 임하며 시험 준비를 했다. 그리고 다음 날 녹명錄名[30]을 하고 난 뒤에는 응시생들과 함께 시험 관련 정보도 나눈 것으로 보인다. 시험 하루 전날, 사촌 남치형南致亨 (1540-?)과 남치리가 며칠 전 함께 있다가 청도로 간 정복시가 시험 감독관으로 정해졌다는 소식을 듣고, 정복시를 만나 함께 자고 금난수가 있는 곳으로 말을 달려왔다는 기록[31]이 있다. 그리고 금난수의 숙부가 과거 시험장에서 시험 부정을 관리하는 수협관으로 당도했다는 소식에 금난수가 외사촌 남중수 무리와 함께 가서 뵙고, 그 길로 정구, 이안도 등을 찾아보고 돌아왔다는 기록도 있다. 어떤 정보를 나누었는지 자세한 기록은 없으나 금난수를 비롯해 응시생들이 시험 정보에 매우 기민하게 대응했음을 알 수 있다.

금난수는 다음 날 진사시를 보고, 이틀 뒤 생원시를 보았다. 그리고 며칠 뒤 두 시험의 합격소식을 들었다. 3월에도 현풍에 과거 시험(문과별시)이 있어 그는 동료들과 함께 녹명을 하고 시험장에 들어 논, 부, 책문을 지었다. 시험이 끝나고서는 지역의 수령, 조식의 문인들, 정복시형, 사촌 매제 배삼익, 정탁 등과 만나 여유롭게 지냈다. 특히 배삼익과는 장난스레 시를 주고받으며 허물이 없었다. 4월에는 드디어 조식 선생과 술자리를 하게 된다. 그러나 조식과의 만남에서 그는 상당히 불편한 마음을 가졌던 것으로 보인다. 금난수는 일기에 "성품이 높고 뛰어나 곁에 있는 사람들을 의식하지 않았으니 과연 이전에 들은 대로였다. 기개는 보통 이상이나 원만한 뜻이 모자랐다. 항상 이훈도를 조롱하지만 놀리는 가운데 진실이 있었다"[32]라고 평했고, 이황 선생에 대한 조식 선생의 언급이 나오자 답을 회피하고 자리에서 일찍 일어났다고 그날을 기록하고 있다. 조식 선생과의 만남이 기대에 미치지 못한 것이 아쉬워 보이지만 6개월 동안의 기록을 통해 금난수는 외지에서 친척, 동문들을 비롯하여 그야말로 많은 문인들과 만나 회포를 풀며 정을 쌓았다는 것을 알 수 있다. 하지만 애초에 가졌었던 도학자로서의 만남이 어떻게 이루어졌는지는 일기를 통해 파악하기는 어렵다. 귀한 대접이 오가고 즐거운 술자리가 이어진 것으로 볼 수 있는 기록들은 많지만, 이들과 나눈 세세한 이야기를 기록하고 있지 않고, 술자리에서 차운하여 주고받은 시도 친교에 그칠 따름이다.

집에 당도한 5월 이후부터 금난수는 백운동 서원에 일곱여덟 명의 문인들과 함께 기거하며 회시[33]를 준비하기 위해 거접에 임한다. 그리고 7월에 서울로 길을 나서 8월에 녹명을 하고 생원시 회시를 보았다. 며칠 뒤 그는 3등(46위, 즉 100명 중 76위)으로 합격하게 된다. 이 시기의 일기는 아래와 같이 마무리된다.

8월 4일 서학에서 녹명을 했다. 제2소에서 시험을 보기 때문이다. 이날 류미숙도 왔다.

11일 제2소에 입장했다. 제2소는 장악원이었다. "선을 좋아하면 천하를 나스려노 닉닉하냐"가 부제이고, "늙고 병늘어 뇌보운 배 한 척 뿐이다 가

시제였다.

13일 입장하여 생원시를 치렀다.

19일 방목이 나왔다. 생원시에 3등으로 참방한 사실을 알았다.

20일 아침에 두 시험의 장원을 뵈었다. 한낮에 안동 경저에서 방회榜會[34]를 했다.

21일 삼청동에서 방회를 열었다.

29일 응방應榜[35]을 했다.

그믐 사은숙배謝恩肅拜[36]를 했다.

9월 1일 문묘에 참배를 하고 돌아왔다. 조가 제마수齊馬首[37]였다.

2일 상읍례를 행했다.

3일 접례를 행했다.

초시 합격 때와 마찬가지로 그는 회시를 보고 생원시에 최종 합격했음에도 그에 대한 감정을 남기고 있지는 않다. 대신 사마시 합격자로서 임하게 되는 일련의 절차들을 위와 같이 단명單明하게 기록했다. 도학자답게 시험 결과를 담담히 받아들인 모습이다. 그러나 사마시 입격은 금난수의 생애에 있어 분명 매우 중요한 사건이었다고 할 수 있다. 때문에 이 시기의 일기는 앞서 살펴본 도입부와 마무리가 대응구조를 이루고 있어 주제가 분명한 일기로 볼 수 있게 하거니와 그렇다고 했을 때, 이 일기에는 금난수를 위기지학을 추구한 도학자로 견인하면서 사족의 신분을 유지하기 위해 반드시 수행해야 했던 과업까지 성취해낸 당당한 모습을 기억하고 기억시키고자 했던 기록 주체, 혹은 전사자의 욕망이 반영된 것이 아닌가 한다.

46세부터 60세까지의 일기: 관직 생활과 네 부자의 과거 시험

이 시기의 일기는 금난수가 46세 되던 1575년(선조 8) 5월 13일 부친상을 당하여 3년간 여묘살이를 하는 것부터 시작하여 50세 나이에 처음 관직에 진출하여 서울 도성을 오가며 관직 생활을 하고 61세 4월 낙향하기까지의 일기이다.

선조 대는 사림의 집권기였다. 사림은 조광조의 개혁 정신을 계승하고 이황과 조식을 사림의 영수로 추앙하며 중종 대에 다하지 못했던 개혁을 도모했다. 그의 일환으로 과거제를 보완하는 의미에서 천거제를 본격적으로 실시했는데, 이로 인해 이황의 문인들이 사마시 출신임에도 대거 관직에 진출하게 된다. 이황 문하에서 가장 먼저 천거된 이는 조목이었다. 이어 김부륜, 이덕홍, 이안도를 비롯한 몇몇이 관직에 제수되었던 차,[38] 비교적 늦은 시기였지만 금난수에게도 기회가 왔다. 여묘살이 직후 48세에 처음 관직에 추천되었는데 낙점되지 않았고, 나이 50세에 관직에 제수되었다. 하지만 고향을 떠나 있어야 하는 서울 근교의 종9품직, 제릉 참봉이었다. 그는 조목과는 달리[39] 어떤 이유에서인지 관로로 나아가는 선택을 했다.

관직 생활을 하는 동안 그는 대과에 도전했다. 당시 음관이나 천거로 관직에 진출한 자들의 경우, 승진을 해도 약 40년의 세월을 거쳐 대부분 종4품 이하의 종품직까지가 상한선이었다. 하지만 과거에 급제하면 품계를 올려 받을 수 있었다.[40] 금난수는 50세에 종9품이었으니 좀 더 빨리 높은 관직에 오르기 위해 시험에 응시했던 것으로 볼 수 있다. 서울에서는 정기적으로 실시하는 식년시 이외에 별례別例로 실시하는 과거 시험[41]이 자주 실시되었다. 선조 내 18년(1585)까지의 성후,

식년시 이외에 별례로 시행된 문과는 증광시(1회), 별시(10회), 알성시(5회), 정시(1회), 춘당대시(1회), 중시(2회), 친시(1회)가 있었는데, 알성시와 정시는 단 한 번의 전시만으로 시행되었고, 결과도 당일 발표되었다. 그래서 알성시와 정시는 문신들이 응시하기에 매우 용이했다. 금난수가 관직 생활을 하는 동안 본 네다섯 차례의 시험도 선조 16년 아들들과 시험장을 달리하여 본 별시 초시를 제외하고 알성시가 3회로 보이고 정시[42]가 1회였다.[43]

59세 이후에는 금난수의 과거 응시 기록이 보이지 않는다. 자신의 과거에 더이상 관심을 갖지 않게 된 데에는 복합적인 이유가 있었던 것으로 보인다. 59세 되던 해(선조 21, 1588)에 돌림병이 돌아 한참을 앓아 몸이 쇠약해졌을 것이고, 돌림병으로 오랜 벗이었던 배삼익이 죽고 사랑하는 막내아들 각이 요절했을 뿐 아니라, 이듬해 10월에는 막내딸까지 잃게 되면서 마음이 매우 상했을 것이다. 그러다가 그해 6월 금난수는 정6품 사평으로 승진했다가 다음 해 기축옥사의 여파로 파직되면서 낙향했다. 말하자면 59세 이후 과거 응시 기록이 없는 것은 심신이 쇠하여지고 예안현으로 복귀하게 되면서 금난수가 과거 시험에 응시할 만한 더 이상의 조건이 되지 않았기 때문이라고 볼 수 있다.

한편 금난수는 관직 생활을 하는 동안에 아들들의 학교 시험課試[44] 및 과거 시험科試과 관련하여 꾸준히 기록을 남겼다. 〈표2〉는 경, 업, 개의 시험과 관련하여 금난수가 기록한 내용을 살펴보기 위해 좌측에 이 기간에 방출된 『문과방목』과 『사마방목』의 날짜를 기입하여 정리한 것이다.[45]

〈표2〉 아들들의 학교 시험 및 과거 시험 관련 기록(46~60세 일기)

연도 / 방목	금난수		경		업		개
선조 13년(1580) -알성시(2.25) × -별시(3.18) △	알성별시 (2.25) 장악원 시험장 입장(2.29)	51	성균관 시험장 입장(2.29)	28	성균관 시험장 입장(2.29)	25	19
선조 14년(1581)		52	동당시 응시 못함 (9.3)	29	동당시 응시케 함 (9.3)	26	동당시 응시케 함 (9.3) 20
선조 15년 (임오, 1582) -식년생진시 (2.28)△ -식년문과 (3.20) ×		53		30		27	21
선조 16년(1583) -알성시(4.4) × -별시(8.28) ○ -정시(12.12) ×	알성별시 (4.4) 성균관 시험장 (7.6) 정시-책문 (12.12)	54	한성부 시험장 입장(7.6)	31	한성부 시험 장 입장(7.6) 입격(7.15) 창덕궁 전시- 책문(8.24) 출방(8.28)	28	한성부 시험장 입장(7.6) 서울에 들어감 (9.10) 22
선조 17년(1584) -친시(3.13) × -별시(8.17) ×	성균관 시험장 동반(7.12)	55	정시에 응시 케 함(2.29) 성균관 시험장 입장(7.12) (7.14)	32	정시에 응시케 함 (2.29) 성균관 시험장 입장(7.12) (7.14)	29	남학 제술 (4.17) 윤차제술 시 이중(二中) 입격(12.6) 23

연도 / 방목	금난수		경		업		개
선조 18년 (1585,을유) -식년생진시 (8.24)△ -식년문과 (9.28)× -별시 (10.16) ○	56	장흥고봉사 (종8품) 제수(12.26)	33	승보시 제술 입격(1.6) 장악원 감시 초장(2.10) 종장(2.12) 입격(2.17) 시험장 입장(4.9) (4.11)	30	승보시 제술 입격(1.6) 동학 백일장 제술(1.21) 장악원 감시 초장(2.10) 종장(2.12) 시험장 입장 (4.9) (4.11)	24	승보시 제술 입격(1.6) 동학 윤차제 술(1.17) 장악원 감시 초장(2.10) 종장(2.12) 시험장 입장(4.9) (4.11) 남학 윤차제술 부 삼상(三上) 입격(7.21) 별시 2등 (10.6) 전시(10.24)
선조 19년(1586) -알성시(9.9)× -별시(9.19)△ -중시(9.29)×	57		34	성균관 칠석 제술(7.7) 장악원 시험 장 입장(8.13) 출방(8.21)	31	장악원 시험 장 입장(8.13) 출방(8.21)	25	성균관 칠석 제술(7.7) 승보시 (제술) 삼중(三中) 입격(7.24) 장악원 시험장 입장(8.13) 출방(8.21) 승보시 제술 삼상(三上) 입격(11.22) 승보시 입격 (12.24)
선조 20년 (1587,정해)	58	정시(8.24) 직장(종7품) 낙점(12.26)	35	유생정시 -인정전 (3.26) 논어 강 -순통(7.26) 장악원 시험 장-부(8.17)	32	유생정시 -인정전(3.26) 논어 강 -순통(7.26)	26	유생정시 -인정전 (3.26)

연도 / 방목		금난수		경		업		개
선조 21년 (1588,무자) -식년생진(2.24) ○ -식년문과(3.16) × -알성시(5.29) ×	59	알성시 입격자 인원기록 (5.29) 각 죽음(8.25)	36	서학에서 소학 강(2.16) 장악원시험 장입장(2.19) 출방(2.24) -낙방 장악원시험 장 입장(8.8) 생원시(8.10) 각 죽음(8.25) 시험장 입장 (8.29) 시험장 입장 (9.2) 파방(9.17)	33	중학에서 소학 강(2.15) 성균관시험 장입장(2.19) 출방(2.24) -낙방 각 죽음(8.25)	27	서학에서 소 학 강(2.16) 장악원시험 장입장(2.19) 출방(2.24) -낙방 장악원시험 장 입장(8.8) 생원시(8.10) 각 죽음(8.25) 시험장 입장 (8.29) 시험장 입장 (9.2) 파방(9.17)
선조 22년 (1589,기축) -증광생진 (3.17) ○ -증광문과(5.-) ×	60	사평(정6품) 승진(6.21)	37	종장(3.19) 출방-생원시 입격(3.22) 정시(3.27)	34	1소 초장 입장(3.17) 출방-진사시 입격(3.22) 정시(3.27)	28	1소 초장 입장(3.17) 정시(3.27)
선조 23년(1590) -증광생진(10.6) × -증광문과(10.-) △	61	파직(4월) 후 향촌 생활	38		35	서울에 들어 옴(3.18) 성균관 원점 (3.21) 정시(4.2) 관시 합격 (9.12)	29	서울에 들어옴(3.18) 정시(4.2)

〈표2〉에서 보는 바와 같이 금난수가 관직 생활을 하는 동안 경, 업, 개가 치른 시험이 많다. 먼저 선조 13년(1580)에 알성시와 별시[방목, 3.18]가 있었는데, 알성시는 금난수가 보았고, 경과 업은 2월 29일 별시 초시로 추정되는 시험을 성균관 시험장에서 지른 것으로 보인다.[46]

선조 14년(1581) 9월 3일에는 금난수가 예안에 내려와 있을 때 세 아들을 보내어 동당시[47]에 응시케 했다는 기록이 있는데, 이것은 이듬해(임오, 1582)가 식년시 해인 바, 대개 직전 해 가을에 실시되는[48] 문과 초시에 아들들을 응시케 한 것으로 추정된다.[49] 선조 16년(1583)에는 알성시, 별시, 정시가 있었다. 알성시와 정시는 금난수가 본 시험으로 경, 업, 개가 응시하지 않은 것 같은데, 7월 6일 시험은 금난수와 아들들이 시험장을 달리하여 별시[방목, 8.28] 초시를 보았다. 그리고 이때 업이 입격하여 8월 전시까지 간 것으로 파악된다.[50] 선조 17년(1584)에는 3월 친시와 8월 별시가 있었다. 그리고 7월에 경과 업이 성균관 시험장에서 격일로 본 시험이 있다. 금난수가 휴가까지 내어 지켜본 시험으로, 이는 이듬해(선조 18, 을유, 1585)가 식년시임을 염두에 둘 때, 생원진사시 초시로 추정할 수 있다. 가을에 보아야 할 것을 7월로 앞당겨 시행한 것으로 볼 수 있기 때문이다.

그런데 보통이라면 다음 해 2월에 나왔어야 할 회시 방목이 8월 24일로 기록된다. 모종의 사정이 있어 초시와 회시 일이 1년 이상 차이가 난다는 것인데, 그렇다면 2월과 4월에 삼형제가 격일로 본 두 시험도 시행되지 않았어야 한다. 그러므로 7월 시험을 생진사시 초시로 추정하기는 어려워 보인다. 그렇다면 2월과 4월에 본 두 시험 중 하나를 초시로 추정할 수 있는데,[51] 먼저 2월 시험을 감시監試라 칭하는 것으로 보아 이를 초시로 볼 수 있다.[52] 하지만 삼형제가 응시하여 경이 초시에 입격한 것이라면 8월 경이 회시에 응시한 사실과 관련하여 금난수가 기록했을 법한데 그렇지는 않다. 따라서 4월 시험을 초시로 볼 수 있지 않을까 한다. 따라서 2월 시험은 초시를 보지 않고 회시에 직부直赴하거나 성적을 가산할 수 있는 급분給分할 수 있었던 학교 시험을 가리키는 것이 아니었을까 조심스레 추측해본다.[53] 그리고 여기서 경이 입격했다고 하는 것은 성적이 직부회시 순위에는 미치지 못하여 급분의 대상이 되었던 것이고, 그리하여 업, 개와 함께 4월 초시에 응시했을 것으로 볼 수 있다. 같은 해 10월에는 별시[방목, 10.16]가 있었는데 개가 10월에 별시를 보고 2등을 하여 전시까지 보았다고 하는 시험이 이 시험이 아니었나 한다. 그리고 개는 여기서 낙방한 것으로 볼 수 있다.

선조 19년(1586)에는 9월 한 달 안에 세 종류의 문과 시험, 즉 알성시, 별시, 중시重試가 실시되었다. 삼형제는 이 중 별시[방목, 9.19] 초시로 추정되는 시험을 장악원 시험장에서 치른 것으로 파악된다. 중시는 문신 대상의 시험이라 해당 사항이 없지만, 알성시에는 응시하기 좋았을 텐데 별시만 본 것은 사정이 있었을 것이고, 둘 중 별시를 선택한 것이라면 단번에 합격자를 선발하는 알성시의 인원보다 별시 초시의 인원이 많아[54] 합격 가능성이 높다고 생각했기 때문일 것이다.

선조 21년(무자, 1588)은 식년시로 어느 해보다 시험을 많이 보았다. 경, 업, 개는 2월 장악원과 성균관 시험장에서 시험을 보고 낙방했는데, 방방 날짜가 사마방목 일자(2월 24일)와 일치하는 것으로 보아 이 시험은 식년 생원진사시 회시로 파악된다.[55] 그리고 직전 해에 초시 응시 관련 기록이 보이지 않는 것은 경, 업이 『논어』 강경 시험에서 최고의 성적純通을 내어 회시에 직부되고, 개는 승보시 제술에서 꾸준한 성적을 올려 회시에 직부된 것[56]으로 볼 수 있다. 서학과 중학에서 본 『소학』 강경 시험은 회시에 임하기 전 응해야 했던 학례강[57] 시험으로 볼 수 있다. 그런데 같은 해 8월 격일로 본 시험이 누 차례가 더 있다. 누

시험은 모두 경과 개 등이 본 시험이라 기록하고 있어 업이 빠지고 경과 개만 본 동일한 시험으로 추정된다. 8일과 10일 시험은 10일을 생원시로 기록하고 있는 것으로 보아 생원진사시가 틀림이 없고, 이듬해인 선조 22년(1589) 3월 증광시가 시행되었으므로 이는 증광시 초시로 볼 수 있다. 그런데 경과 개가 본 29일과 9월 2일 시험을 규정하기가 어렵다. 가령, 각의 상례가 끝나지 않은 상황에서까지 본 시험이라 과거 시험이 아니라고 볼 수 없어 이를 생원진사시 회시로 볼 수 있는데 이 시험이 파방罷榜되었던 바, 애초 증광시는 선조 21년에 계획되었던 것이고 파방되어 선조 22년에 재시행된 것으로 봐야한다. 그러나 『실록』에 이와 관련한 기록을 찾아볼 수는 없다. 그리고 초시가 8월 8일과 10일이고, 회시가 8월 29일과 9월 2일이라면 20일 정도밖에 여유가 없어, 향시 입격자의 응시를 고려했을 때 회시 시행이 어려울 수 있었다 볼 수도 있다. 그렇다면 이 시험을 회시에 앞서 보아야 했던 학례강이나, 직부할 수 있었던 학교 시험으로 볼 수 있는데, 이틀에 걸쳐 보아야 했던 시험이며 방목까지 나왔는지 파악하지는 못했다. 어쨌든 경업, 개는 이듬해인 선조 22년(1589) 3월에 실시된 증광시 회시에 응하여 경과 업이 각기 생원시와 진사시에 최종합격하게 된다. 그런데 여기서 의문이 생기는 것은 업의 경우이다. 업은 초시를 보지 않고 회시에 합격한 셈이 되기 때문이다. 기록되지는 않았지만 학교 시험을 통해 직부되었거나 급분이 있었던 것이 아닌가 한다. 이전 기록에서 볼 수 있듯이 경, 업, 개는 정시, 남학제술, 승보시 제술, 윤차제술, 동학 백일장 제술, 동학 윤차제술, 성균관 칠석제술, 강경 등의 학교 시험58을 꾸준히 치러왔으리라 볼 수 있기 때문이다. 선조 23년(1590)에는 업이 진사로 성균관에 입학하여 원점을 채우고 문과 초시에 해당하는 관시에 응시하여 합격한 사실도 볼 수 있어 업이 공부를 상당히 열심히 했던 것으로 볼 수 있다.

한편 아들들이 사마시에 합격할 수 있었던 것은 개인의 노력과 능력에 따른 것이었지만, 그에 못지않게 서울이라는 지역적 요인, 아버지의 인맥과 정보력이 크게 작용한 것이라 볼 수 있다. 금난수는 서울 근교에서 도성을 오가며 많은 사람들과 교유하고 있었다. 이종 사촌형 정복시, 사촌 매제 배삼익, 정탁을 비롯한 류성룡, 윤근수, 정곤수 등 여러 동문들이 있었고, 육촌계에서 만난 이양원과도 활발히 교유하고 있었다. 이들은 중앙의 고급관료들이었고 윤근수, 이양원, 류성룡은 때로 시험관이 되기도 했다. 이들과의 교유로 금난수는 시험에 대한 정보력도 자연히 갖추게 되었을 것으로 볼 수 있다. 가령, 선조 21년(무자, 1588) 각의 사망 이후 응시했으나 파방되었던 8월 29일과 9월 22일 사이에 금난수가 윤근수를 찾아가 만났는데,[59] 윤근수는 당해 2월 식년생원진사시의 시험관[60]을 지냈던 터라 시험에 관한 정보력을 갖춘 처지였다. 그리고 경과 업이 최종합격했던 선조 21년(기축, 1589) 증광생원진사시는 류성룡이 1소 한성부 시험관[61]이었는데, 업과 개가 1소에서 시험을 보았다. 금난수는 시험일 20일 전쯤 류성룡을 찾아가 만나기도 했는데,[62] 시험관 임명이 당시 언제 이루어졌는지 알 수 없지만, 시험관이 될 수 있었던 동문이 도움이 되었으리라는 것을 배제할 수 없다.

이상과 같은 내용으로 보자면, 앞서 금난수가 50세에 고향을 떠나 있어야 할 미관말직에 나아가는 선택을 한 것은 본인의 출사도 있지만, 주로 아들들의 교육과 과거 시험 때문이었다고 볼 수 있다. 성, 업,

개는 서울의 학교에 적을 두어 공부하면서 학교에서 실시하는 강경, 제술 시험에 수차례 응시해가며 실력도 쌓고, 때로는 시험 성적을 통해 생진사시 초시를 보지 않고 회시에 바로 응할 수 있는 혜택을 누렸다. 그리고 아들들은 주로 서울에서 열리는 문과 별시에도 쉽게 응할 수 있었으며 중앙의 고급관리로 있던 동문들로부터 과거제의 운영과 관련한 정보를 어렵지 않게 구할 수도 있었다. 향촌 사회에서는 갖추기 쉽지 않은 조건들이었다. 그리하여 아버지의 낙향을 전후로 세 아들이 모두 사마시에 합격했던 것이다.

또 한편 금난수의 선택에는 향촌 사회의 변화도 중요한 요인이 되었던 것으로 보인다. 16세기 중후반 예안은 새로운 질서가 수립되고 있었다. 중종 때 국가 주도로 시행되던 향약이 기묘사화 이후 중단되었지만, 족계나 동계, 동약 등으로 향약의 기능이 지속되고 있던 차, 재지 사족들은 향약을 계기로 자신들이 모일 수 있는 향사당을 건립하고 사족의 명단인 향안을 작성해 결속하면서 상인常人에 대한 교화와 징벌권을 중앙정부나 수령으로부터 공인받아 자율성을 확보해갔다. 사족 사회가 향촌 사회 내 자치 질서를 확립해간 것이다.[63]

그런데 당시 향안에 이름을 올리는 것은 쉬운 일이 아니었다. 이른바 '세족世族'이어야 입록할 수 있었고 입록이 되면 신분적 권위를 인정받았다.[64] 예안도 일찍부터 향안이 작성되었는데, 전하는 것은 1572년 이후의 것이며, 1572년 향안에 금난수는 입록되어 있지 않다. 당시 43세이던 금난수는 생원이었다. 그런데 1582년 향안에는 금난수가 참봉출신[前參奉]으로 입록되어 있다.[65] 말하자면, 그 사이에 금난수가 세족으로 신분적 권위를 인정받을 수 있는 일이 있었다고 볼 수 있는데, 이와 관련하여 박현순(2006: 144-149)의 향안 분석은 의미 있는 정보를 제공해준다. 그는 1572년 향안에 50세 이상의 관료 출신의 비율이 높고 1582년 향안부터 점차 연령이 낮아지지만 역시 관료 출신의 비율이 높으며, 이후에는 유학으로 입록되는 경우가 증가하는데, 가계를 분석해본 바, 유학으로 입록된 경우도 문무과 급제자가 많은 가계, 관료 출신의 자제가 명단의 중심이었음을 밝혔다. 즉, 1572년 당시 50세 이상의 관료 출신자를 중심으로 향안이 작성되었기 때문에 금난수는 서울 근교의 미관말직이지만 출사하여 승진할 수도 있고, 문과에 응시하여 급제할 수도 있는 바, 관직 생활을 마치고 돌아왔을 때에는 관료 출신자로서 예안현 사족 사회 내 자신의 입지를 공고히 하기 위해 관직에 진출했을 가능성을 배제할 수 없다.[66]

61세부터 75세까지의 일기: 아들들의 과업 성취

이 시기 일기는 금난수가 낙향한 이후 사족 사회의 주요한 구성원으로 활동하며 지내다가 1604년(선조 37) 2월 13일, 75세 나이로 운명한 날까지의 일기이다. 금난수가 관로로 나아간 시기는 사림이 동인과 서인으로 분열되기 시작하던 때였지만 그는 동인이 집권한 시기에 순조롭게 지내면서 60세 되던 해 정6품 사평으로까지 승진했다가 이듬해 서인과의 갈등으로 인한 기축옥사(1589)의 여파로 파직되어 10여 년의 관직 생활을 정리하고 낙향한 것이었다. 61세에 고향으로 돌아간 금난수는 서원과 향교, 유향소, 동회, 강신회, 향사당, 향약 모임 등에 참여한 많은 내용들을 기록하고 있다. 16세기 후반 향교를 중수하고, 서원을 건립함과 동시에 향안을 새로이 중수하는 과정에 이왕의 논란들이 있었던 바, 금난수는 관료 출신으로 사족 사회의 주요한 구성원이 되어 동문들과 함께 향촌 활동에 적극적으로 참여했던 것으로 보인다. 임진년 전란 후 70세(선조 32)에는 금난수 봉화 현감에 제수되었는데, 이때 서울로 임명을 받으러 가기도 전에 가장 먼저 한 일이 향약을 시행하는 일이었다.[67] 전란 후 동요된 향촌 사회의 질서를 확립함에 있어 더욱 책임감을 갖게 되었던 것으로 볼 수 있다.

그리고 그는 봉화 현감에 있으면서 아들들의 문과에도 관심을 보이기 시작했다. 임진년 전란 중에는 과거 응시 기록이 없다가[68] 전란 후 금난수가 봉화 현감에 제수되고 난 이듬해 1600년(선조 33) 1월 1일부터 기록이 다시 보이기 시작한다.

1월 1일 과거 시험에 대하여 알아볼 일로 서울로 사람을 올려보냈다.

1월 13일 서울에 갔던 사람이 돌아왔다. 아이 경이 현릉 참봉에 임명되었다고 한다.

1월 23일 아이 경이 서울로 길을 나섰다.

2월 17일 서울에서 온 편지를 받아보고, 파방되었다는 기별을 들었다.

3월 6일 정인걸이 서울로 가기에 아이 개에게 서책을 부쳐 보냈다.

금난수는 과거 시험에 대해 알아볼 일로 1월 1일 서울로 사람을 올려보냈다. 봉화 현감에 제수되어 임명을 받으러 상경했을 때, 그를 극진히 반겨주었던 오랜 인연들[69] 가운데의 한 사람에게 정보를 구하러 보냈을 것이다. 그런데 다녀온 사람이 시험 소식은 전하지 않고, 경이 현릉 참봉직에 천거되었다는 소식을 전해 온다. 경은 임명을 받기 위해 곧 상경하고 한 달 뒤 서울의 지인으로부터 파방이 되었다는 소식의 편지를 받고, 금난수는 서울로 올라가는 사람 편으로 개에게 서책을 부쳐 보낸다. 이러한 사실을 미뤄보면 금난수가 서울로 사람을 보내어 알아보게 한 것은 개가 본 시험 결과였을 수 있다. 그런데 그 시험에 부정이 있어 발표가 연기되었던 것이고, 개에게 보낼 서책을 부쳐 서울로 보냈던 사람은 개의 소식 대신, 경이 현릉 참봉직에 천거되었다는 소식을 갖고 왔던 것이다.

그리고 이듬해에는 서울을 오가며 관직 생활을 하던 경을 비롯해 업, 개가 모두 문과에 응시했다.[70] 여기서 업과 개가 급제했다. 경이 49세, 업이 46세, 개가 40세, 금난수가 72세 되던 해의 일이다. 이 일은 매우 경사스럽고 영광스러운 일로 기록된다. 금난수는 잔치를 벌였고, 많은 사람들로부터 축하를 받았다. 그리고 비교적 이른 시기인 2년 뒤에 업이 '정언'에, 개는 '상주서'에 임명된다.[71] 금난수는 이듬해 2월 13일 숨을 거둔다. 금난수로서는 살아생전 두 아들이 문과에 급제하고 세 아들 모두가 출사하는 것을 보고 생을 마감했던 셈이다.

결론: 성공적으로 치러낸 사족으로서의 통과의례

지금까지 세 부분으로 남아 있는 『성재일기』의 연속성을 염두에 두어 금난수가 과거 시험에 대해 어떻게 대응하며 살았는지를 네 시기로 구분하여 살펴보았다. 외가쪽으로 사조 내 현관이 있으나 문무과 출신자가 없는 무반 집안에서 태어나, 사마시 및 문과시험을 강조하는 분

위기에서 자랐을 금난수는 20대 중후반에 이황 선생의 문하에서 과거 공부와 도학 공부를 꾸준히 병행했고, 기록이 남아 있지 않은 4년 동안에도 같은 패턴으로 과거 시험을 준비했으리라 볼 수 있었다. 당시 사족에게 과거 시험 공부는 사회적 과업이기 때문이었다. 하지만 당시 유생층이 증가하면서 경쟁이 극심해지고 있던 터라 금난수는 시험에 거듭 실패하며 자신감을 잃었을 것이고 점차 시험에 대해 마음을 비우게 되었을 것으로 보았다. 그러다가 31세에 도학자로서의 포부를 안고 떠났던 유람 길이자 과거 길에 생원진사시 초시에 합격하게 되면서, 그는 예안으로 돌아와 회시를 열심히 준비하고 시험에 응시하여, 생원시에 최종 합격했다. 32세의 나이였다. 일기에는 큰 감정을 드러내지 않고 합격자로서만 경험할 수 있는 의례 절차를 단명하게 기록하고 있는데, 이로써 그는 위기지학을 추구한 도학자로서의 모습을 견인하면서 사족 신분을 유지하기 위해 반드시 수행해야 했던 과업까지 성취해 낸 모습을 보여주고 있었다.

사마시 입격 후 문과 시험 준비를 했을 것으로 추측되는 15년 간의 기록은 남아 있지 않았다. 1575년(선조 8) 46세에 부친상으로 여묘살이를 하던 때부터 기록이 다시 이어지는데, 금난수는 여묘살이 후 48세에 처음 참봉에 추천되었으나 낙점되지 않았고, 50세에 서울 근교의 능참봉직에 추천되어 벼슬길에 나아갔다. 그가 많은 나이에 고향을 떠나 있어야 하는 미관관직의 자리를 사양하고 향촌 사회의 생원으로 살 수도 있었지만 나아가는 선택을 한 것은, 자신의 출사가 본인과 아들들 모두에게 좋은 기회가 된다는 것을 염두에 둔 때문인 것으로 볼 수 있었다. 즉 자신은 관료 출신자로서 사족 사회의 인정을 받고, 아들들 또한 좋은 교육환경 및 과거 응시 환경에서 사마시 혹은 문과에 급제하여 출사할 수 있으리라는 것을 염두에 둔 선택으로 볼 수 있었던 것이다. 그리고 결국 낙향을 전후로 금난수는 세 아들들 모두가 사마시에 합격하고, 자신은 향안에 입록되고, 이황의 문인으로서 사족 사회의 주요한 구성원이 되어 동문들과 함께 향촌 활동에 적극적으로 참여한 것을 볼 수 있었다. 임란 후 70세에는 봉화 현감에 제수되었는데, 이때 그는 아들들의 대과에 신경을 기울였고, 나이가 많다는 이유로 파직되기 전 1월에는 경이 현릉 참봉에 임명되고, 이듬해에는 업과 개가 문과에 급제하여 2년 뒤 출사하는 것까지 보고 생을 마감했다.

『성재일기』는 이와 같이 16세기 중후반 사림파의 세력이 강화되어 성리학의 이념에 더욱 충실한 질서를 편성해가던 시기, 과거와 관직 제수를 통해 자신과 자식들의 신분을 공고히 하고자 했던 예안현 한 사족의 적극적인 삶의 방식을 잘 보여주고 있다. 16세기 재지 사족은 관료가 아니어도 사마시 입격만으로 사족으로서 인정받고, 중앙의 관료처럼 교화의 책임을 나누어진다는 명분으로 향촌 사회에서 어느 정도 사회적 신분의식과 특권을 누리며 살 수 있었다. 향촌 사회의 질서가 사족 사회를 중심으로 재편되고 있었기 때문이다. 하지만 조선은 주로 과거 시험을 통해 관리를 선발하고 관직 및 관품에 따라 특혜가 달라지는 관료 중심의 신분 사회였다. 때문에 궁극적으로는 문과에 급제하여 고위직에 올라야 했다. 금난수는 자신에게 주어진 사회의 조건들을 충분히 이해하면서 또 그 조건들과 적극적으로 상호작용하면서 삶을 향상시켜 살았던 것으로 볼 수 있나. 사랑하는 박내아들을 잃고 애도해 마지않을 시기, 그 슬픔과는 별개로 아들들을 시험장에 보낸 것은 과거 급제가 사족에게 있어 상례에 버금가는 중요한 통과의례로 여겨졌기 때문인 것이 아닌가 한다.

참고문헌

『明宗實錄』,『宣祖實錄』,『惺齋日記』,『經國大典』,『續大典』,『銀臺便攷』,『栗谷集』,『愚伏集』.

『惺齋集』(한국국학진흥원 소장 필사본),『惺齋日記』(한국국학진흥원 소장 필사본).

『禮安鄕錄』(『경북향교자료집성 Ⅱ』영남대학교 출판부, 1992. 영인 수록).

금난수(박미경 역),『성재집』, 한국국학진흥원, 2019 .

금난수(신상목, 장재석, 조천래 역),『성재일기』, 한국국학진흥원, 2019.

김경용,「역주『과거사목』(신과거사목) 연구」,『교육사학연구』권23⑴, 한국교육사학회, 2013.

김경용,「조선조 과거제도 시행 과정의 탐색: 식년시 문과와 생진과를 중심으로」,『교육 사학연구』권25⑴, 한국교육사학회, 2015.

김자운,「퇴계의 서원관과 조선 후기 소수서원 강학의 변화」,『퇴계학논집』18, 퇴계학연 구원, 2016.

박청미,「16세기 예안현 사족, 금난수와 과거 시험: 성재일기를 중심으로」,『한국교육사 학』권42⑵, 한국교육사학회, 2020.

박현순,「15,16세기 예안현 사족층의 성장과 향촌 사회의 재편」,『조선시대사학보』권 26, 조선시대사학회, 2003.

박현순,「16세기 예안현 사족층과 사족 사회의 구성」,『진단학보』권102, 진단학회, 2006.

박현순,「16세기 예안현 사족층의 수학과 관직 진출」,『교육사학연구』권17⑴, 교육사학 회, 2007.

박현순,「성재 금난수의 수학과 교유」,『역사문화논총』권4, 역사문화연구소, 2011.

송만오,「조선시대 신시세노에 관안 몇 가시 검토」,『국학연구』제33호, 한국국학신흥원,

2017.

손계영, 「조선 후기 영남 문집 목판본 간행의 확산 양상에 관한 연구: 한국국학진흥원 소장 책판을 중심으로」, 『한국도서관·정보학회지』 권44(3), 한국도서관정보학회 2013.

송준호, 『이조 생원진사시 연구』, 대한민국국회도서관, 1970.

양진건, 「동계 정온 서원배향의 제주교육사적 의미」, 『교육사상연구』 권24(2), 한국교육사상학회, 2010.

염정섭, 「조선시대 일기류 자료의 성격과 분류」, 『역사와현실』 권24, 한국역사연구회, 1997.

원창애, 「조선시대 문과직부제운영 실태와 그 의미」, 『조선시대사학보』 권63, 조선시대사학회, 2012.

유승원, 「조선시대 양반계급 탄생에 대한 시론」, 『역사비평』 권79, 역사비평사, 2007.

이성무, 『한국의 과거제도』, 『한국학술정보』, 2004.

이성임, 「『계암일록(1603~1641)』에 대한 자료적 검토」, 『한국사학보』 권57, 조선시대사학회, 2014.

이수건, 「17, 18세기 안동지방 유림의 정치사회적 기능」, 『대구사학』 권30, 대구사학회, 1986.

이장우, 「퇴계 부자와 과거 시험」, 『대동한문학회지』 권28, 대동한문학회, 2013.

이장우, 전일주 역, 이황 저, 『퇴계 이황, 아들에게 편지를 쓰다』, 연암서가, 2014.

이치억, 「퇴계 위기지학의 특성과 그 정신의 전승」, 『퇴계학논집』 권14, 퇴계학연구원, 2014.

정출헌, 「연보와 평전:사실의 기록 또는 기억의 서사」, 『한국한문학연구』 권67, 한국한문학회, 2017.

최광만, 「조선 전기 과시의 신설과정」, 『교육사학연구』 권23(2), 한국교육사학회, 2013.

최영성, 「성재 금난수의 학퇴계 정신과 주경함양 공부」, 『퇴계학과 유교문화』 권29, 경북

　　대학교퇴계연구소, 2001.

최이돈, 「조선초기 호등제의 구조와 신분: 대,중,소호를 중심으로」, 『진단학보』 권131,

　　진단학회, 2018.

조선왕조실록 홈페이지: http://sillok.history.go.kr

한국역대인물 종합정보시스템 홈페이지: http://people.aks.ac.kr

한국고전종합DB 홈페이지: http://db.itkc.or.kr

1 금난수(박미경 옮김), 『성재집』(한국국학진흥원, 2019) 권4, 묘갈명. 이하의 『성재집』은 모두 이를 가리킨다. 원문 확인이 필요한 경우 필사본을 참고했다.

2 금난수(신상목, 장재석, 조천래 옮김), 『성재일기』(한국국학진흥원, 2019) 1585년 6월 4일부터의 일기, 이하의 『성재일기』는 모두 이를 가리킨다. 원문 확인이 필요한 경우 필사본을 참고했다.

3 같은 책, 1585년 11월 6일 기록.

4 『성재집』권4 부록 일동산수기.

5 『성재일기』1588년 병세가 시작된 4월 5일부터 6, 7, 8월에까지의 일이다.

6 『격몽요결』(1577) 상제喪制장에는 빈소를 차리기 전부터 발인 때까지의 남녀 위치, 조문객에 대한 예, 성복할 때 지켜야 할 상복제도, 장사 지낸 뒤의 반혼返魂, 스승이나 벗에 대한 상례 등이 제시되고 있다. 이것으로 보아 발인이 상례에 포함되었던 것으로 보인다. 다만 상례가 부모상을 기준으로 한 것이어서 막내아들, 형제의 경우 예를 어떻게 적용했는지 파악하기 어렵다. 그리고 선조 21년(1588) 당시 형제의 상이 진시陳試의 대상이 되었는지 정확히 알 수 없다. 『경국대전』에는 관련 규정이 없고, 초시 합격 후 상을 당한 자에 대한 진시 적용은 『속대전』(1746), 『대전통편』(1785), 『대전회통』(1865)에 규정되고 있기 때문이다. 송만오, 「조선시대 진시제도에 관한 몇 가지 검토」, 『국학연구』 제33호, 한국국학진흥원, 2017, 268~273쪽 참고. 비록 상례의 형식적 절차나 진시제도의 적용을 정확히 알 수 없지만, 이 연구에서는 각이 생을 마감한 지 닷새되는 날 아버지가 남은 아들들을 시험장에 보내고, 형제들은 갔어야 했던 사회문화적 심리 상황에 초점을 맞추고 있다.

7 박현순, 「15, 16세기 예안현 사족층의 성장과 향촌 사회의 재편」, 『조선시대사학보』 권26, 조선시대사학회, 2003, 26쪽 참고.

8 『성재집』권4 부록, 묘갈명, 유사 참고. 증조 고증에 대해 묘갈명에는 경진년(1460, 세조 6) 무과에 급제했다고 기록되어 있으나 세조 6년에 4회 실시된 무과방목에 보이지 않고, 유사에는 참군을 지냈다고 기록되어 있다. 조부 금치소에 대해서는 묘갈명에 부사정을 지냈다고 되어 있으나, 유사에는 첨지중추부사를 지냈다고 기록되어 있고, 부친 금헌에 대해 묘갈명에는 지낸 관직에 대한 기록이 없고, 유사에는 첨지중추부사를 지냈다고 기록되어 있다. 첨지중추부사는 정삼품 당상관으로 명확한 기록이 남아 있을 수 있는데, 이에 대한 기록을 찾을 수 없다.

9 같은 곳, 유사 참고.

10 『중종실록』, 1525년(중종 20) 8월 16일, 21일 기사를 보면, 문무과 출신과 그 자손, 양편의 사조 내 한 편에라도 현관이 있는 자, 생원, 진사를 사족의 기준으로 삼고 있음을 알 수 있다.

11 같은 곳 권3 부록, 성재선생연보 참고.

12 『성재집』권4 부록, 유사.

13 양진건, 「동계 정온 서원배향의 제주교육사적 의미」, 『교육사상연구』 권24(2), 한국교육사상학회, 2010, 139쪽 참고.

14 이장우, 「퇴계 부자와 과거 시험」, 『대동한문학회지』 38집, 대동한문학회, 2013, 72쪽에서는 이와 관련하여 이황의 생애를 "벼슬할 뜻이 없어 과거 시험도 보지 않으려 하다가, 스무 살이 넘은 뒤에 겨우 응시를 몇 차례 시도하다 실패를 했지만 별로 괘념하지 않다가, 서른 살이 넘어서야 어쩌다가 대과에 붙어 벼슬길로 나아가게 되었다"라는 식으로 서술해왔음을 지적한 바 있다.

15 이 글에서는 조선을 주로 과거 시험을 통해 관리를 선발하고 특혜를 부여한 관료 중심의 신분 사회로 파악한다. 조선사회의 '신분'에 대해서는 여러 논의가 진행되었는데, 대표적으로 1980년대 전후부터 '법적으로' 양천제 사회여서 신분을 논할 수 없다는 한영우의 주장과 '사회적으로' 네 신분이 존재했다는 이성무의 주장이 크게 대립해왔다. 유승원(2007)은 신분을 '법제적 차등 지표'로 규정하고 조선 초기 사회를 분석하여 한영우와 같이 양천제 사회로 보았고, 그 대신 '현실적 자연적 집단 체계'라는 '계급' 개념을 도입하여 신분의 이면에 있는 계급의 구성에 관심을 갖고 16세기 사족 사회의 변화를 계급 형성의 과정으로 고찰한 바 있다. 최이돈(2018)은 유승원의 논의를 수용하고 계급 형성 과정 논의에서 필수적이어야 할 경제적 접근이 부족하다고 보고 호등제의 구조를 통해 백성들의 경제적 지위를 검토해 유승원의 설을 뒷받침한 바 있다. 필자는 최이돈의 비판을 수용하는 가운데 유승원의 관점에 충분한 타당성이 있다고 본다. 다만 신분 사회라는 용어를 배제할 필요는 없다고 본다. 법제적 신분 뿐 아니라 사회적 신분 의식—유승원은 대타적 계급의식이라고 칭하지만—이란 것이 있기 때문이다. 가령, 『경국대전』만 해도 예전 잡령조에 사족과 서인庶人의 의복을 달리 규제하고 있고, 예전 봉사조에 "문·무관 6품 이상은 부모·조부모·증조부모의 3대를 제사하고 7품 이하는 2대를 제사하며 서인은 단지 죽은 부모만을 제사한다"고 되어 있고, 형전 수금조에는 "의친議親과 공신 및 당상관, 사족의 부녀가 사죄死罪를 범하면 항쇄項鎖를 채우고, 당하관, 서인의 부녀는 항쇄와 족쇄를 채운다"고 하여 사족과 서인뿐 아니라 관계官階에 따라 제사나 형법이 달리 적용됨을 볼 수 있는 바, 법적 신분과 별도의 사회적 신분에 따른 특권이 있었음을 알 수 있고, 그에 따른 신분의식이 발생할 수 있었던 것으로 볼 수 있다. 이 글에서 사용하는 '신분' 및 '신분 사회'라는 표현은 이와 같은 신분 의식과 신분의식이 존재했던 사회를 뜻한다.

16 인물에 대한 이해가 편향되는 여러 가지 요인 가운데 분과학문의 접근이 다르다는 것도 중요한 요인일 수 있다. 문학, 역사학, 철학에서 조명하는 관심이 다르고 그에 따라 특정한 모습이 부각되다 보면, 각 분과에서 재구성되는 모습이 일정한 간극을 지닐 수밖에 없다.

17 정출헌, 「연보와 평전: 사실의 기록 또는 기억의 서사」, 『한국한문학연구』 권67, 한국한문학회, 2017, 75~90쪽 참고.

18 『성재일기』 권4 부록, 발문 참고.

19 김자운, 「퇴계의 서원관과 조선 후기 소수서원 강학의 변화」, 『퇴계학논집』 권18, 퇴계학연구원, 2016, 293~295쪽 참고.

20 『성재집』 권3 부록, 연보 참고.

21 필사본에는 용두사로 기록되어 있으나 이는 용수사龍壽寺로 파악된다. 용수사는 용두산龍頭山 아래에 있는 사찰로, 용수사라고도 불렸을 가능성이 높다. 물론 용수사 이외에 용두사라는 사찰이 있었으리라 볼 수도 있으나, 일기에 용두사와 용수사가 나란히 경우가 없고—명종 10년(1555.11.3., 윤11.17, 23)에만 용두사가 기록되고, 선조 12년(1579. 9.12) 이후부터는 용수사가 기록된다—, 같은 해 연보에 "여름에 조월천과 성재에서 지내다. 겨울에 용수사에 가서 머무르다"는 기록이 있어 용두사는 용수사의 별칭이었을 것으로 보인다.

22 『성재집』권4 부록, 연보 참고.

23 주석 8과 내용 동일.

24 주석 10의 내용 참고.

25 박현순, 「16세기 예안현 사족층의 수학과 관직 진출」, 『교육사학연구』권17(1), 교육사학회, 2007, 99쪽 참고.

26 '업유'란 본래 '유학을 업으로 한다'는 것을 뜻한다. 16세기 업유층의 존재에 대해서는 박현순의 「16세기 예안현 사족층과 사족 사회의 구성」, 『진단학보』권102, 진단학회, 2006, 143 쪽 참고할 수 있다. 업유층의 군역면제와 관련해서는 1552년 7월 27일 아들 준에게 업유로 이름을 올려놓고 고강에 대비하고 이를 여러 조카들에게도 알려주라고 한 이황의 편지, 당해 11월, 고강에 합격하지 못한 사람은 음자제도 고려하지 않고 군에 입대시킨다고 하는 소식을 전하며 시권試券만 있으면 병역을 면제해준다고 하는 소식, 이를 감독하러 경차관이 지금 내려간다고 하는 소식을 전한 편지를 통해 확인할 수 있다. 이장우·전일주 역, 이황 저, 『퇴계 이황, 아들에게 편지를 쓰다』, 연암서가, 2014, 192~193쪽, 205쪽 참고. 요컨대, 업유가 공식적인 직역의 호칭으로 등장하는 것은 1625년(인조 3)이지만, 이를 통해 16세기에 이미 업유가 사족층의 직역처럼 사용되었다는 것을 알 수 있다.

27 『성재집』권1 시, 남쪽으로 가는 길.

28 증조부, 조부, 부가 모두 무반이었고, 정7품, 종9품에 그칠 따름이었다. 『성재집』권4 부록, 묘갈명, 유사 참고.

29 일기가 전하지 않는 시기에도 금난수는 과거 시험을 보았을 것이다. 그런데 박현순의 사마방목 분석에 따르면 사마시 합격자 평균연령이 15세기에는 25.7세, 16세기 전반에는 24세, 16세기 후반에는 31세로 나타난다. 16세기 중반의 당시 금난수는 거듭된 실패로, 과거에 연연해하지 않으려 해도 그것이 쉽지 않았을 것이고, 그사이 자신감과 의욕을 잃다가 아예 마음을 비우게 되었을 것이다.

30 과거 응시자의 자격을 심사해 응시 원서를 접수하는 절차이다. 수험생들이 녹명소에 먼저 사조단자四祖單子와 보단자保單子를 제출하면 녹명관은 사조단자와 보단자를 접수한 다음 응시자의 사조四祖 가운데 『경국대전』에 규정한 결격 사유가 없는가를 살펴보고 이상이 없을 때 녹명책에 이름을 기입했다. 이때 응시자는 시험지에 답인踏印을 받은 다음 시험 장소를 배정받았다. 한국국학진흥원, 『성재일기』, 2019, 108쪽 참고.

31 『성재일기』, 1561년 2월 17일.

32 같은 책, 1561년 4월 18일.

33 당시 생원진사시는 예비시험격인 초시에 합격하고 최종 관문인 회시에 합격해야 생원진사가 될 수 있었다. 초시는 한성시와 향시로 실시했고, 회시는 한성에서 실시했다.

34 같은 해에 같은 과거 시험에 입격한 사람들끼리 모이는 회합을 말한다. 한국국학진흥원, 『성재일기』, 2019, 139쪽 참고.

35 합격자 발표 행사에 참여한 일을 말한다. 창방이란 과거에 합격한 사람을 호명하여 패牌를 수여하는 의식으로, 대과에는 홍패紅牌를 주고 소과에는 백패白牌를 주었다. 이때는 공복公服을 갖추어 입어야 하고 축하하는 행사를 치르는 관습이 있어 통상 많은 비용이 들었다. 같은 책, 140쪽 참고.

36 대·소 과거에 급제한 자나 문·무관직에 임명된 자가 창방唱榜이나 관직을 제수除授한 다음 날 행하는 의식으로, 임금의 은혜를 감사히 여겨 경건하게 사배四拜를 올리는 행사를 말한다. 같은 책, 140쪽 참고.

37 생원진사시인 사마시司馬試의 최종 입격자를 발표하는 날 말을 타고 서울 시내를 다니는 유가遊街 행사를 하는데, 그날 합격자 중에 가정 형편이 넉넉한 사람이 합격자들에게 점심 한 턱을 내면 유가를 할 때 그에게는 장원한 사람과 말머리를 나란히 하게 하여 제일 앞에 세워 거리를 행진하는 풍속이다. 이날 장원한 조정기가 말머리를 나란히 했으므로 장원을 했다는 의미인 것 같다. 같은 곳, 141쪽.

38 박현순, 「16세기 예안현 사족층의 수학과 관직 진출」, 『교육사학연구』 권17, 교육사학회, 2007, 107~108쪽 참고.

39 조목은 이황의 문인 중 가장 먼저 천거되어 수많은 관직에 제수되었지만 대부분 취임하지 않았고 실제 취임한 것도 5년 남짓 지방의 수령직이었을 따름이다.

40 조선은 초입사뿐 아니라 정3품 당하관 이하의 관리들에게 대과 응시를 허용하여 빠른 승진이 가능하게 했다. 이성무, 『한국의 과거제도』, 한국학술정보, 2004, 117~123쪽, 156쪽 참고.

41 선조 대에 '알성별시', '증광별시'로 사용한 용례들이 발견되고 『속대전』 제과조에서도 이를 별시라 칭한다. 그러나 식년시와 범주를 구분하여 쓰는 별시의 종류에도 '별시'가 있어 용어 사용의 혼선이 있을 수 있고, 이 글에서는, 경, 업, 개가 본 '별시'에 대해 설명하고자 하므로, 식년시와 범주를 구분하는 문과 시험은 '별례로 실시하는 과거 시험'이라 풀어쓰기로 한다.

42 원창애, 「조선시대 문과직부제운영 실태와 그 의미」, 『조선시대사학보』 63집, 조선시대사학회, 2012, 110쪽, 최항만, 「조선 전기 과시의 신설과정」, 『교육사학연구』 권23 제2호, 한국교육사학회, 2013, 240쪽을 참고. 정시는 중종 때 과시로 신설되었고, 선조 대에도 과시로 실시되었다. 그러나 금난수가 본 선조 16년(1583) 정시는 『문과방목』에서 확인할 수 있는 독자적인 과거 시험이다. 선조 대 과거 시험으로서의 정시는 선조 16년(1583)부터 총 8회 실시되었던 것으로 확인된다.

43 금난수가 51세이던 선조 13년 2월 25일과 54세이던 선조 16년 4월 4일에 알성별시에 응시했다 기록하고 있고, 선조 16년(1583) 7월 6일에 아들들과 시험장을 달리하여 본 시험은 별시 초시로 파악된다. 그리고 같은 해 12월 12일에는 정시 책문을 보았다고 기록하고 있다. 선조 21년(1588) 5월 29일에는 알성시 입격자 인원을 확인한 기록이 있다. 이들은 방목에서 확인할 수 있는 출방 날짜와 일치하며, 별시 초시의 경우도 네 부자 중 업이 전시까지 보고 출방을 기록한 날짜와 일치한다.

44 과시는 조선시대에 관학진흥책으로 마련된 학교 시험이라 할 수 있다. 성종 대에 완성된 『경국대전』 장권조에는 성균관 유생, 사학 유생, 지방향교 교생을 대상으로 강론 혹은 제술을 실시하고 결과에 따라 성균관 유생에게는 문과회시 직부, 사학 유생 및 향교 교생에게는 생원진사 복시직부를 적용한다는 규정이 마련되어 있다. 그래서 원칙적으로 학교에 적을 두어야 했던 과거 응시자들은 학교에 적을 두고 과거 합격 가능성을 높이기 위해 과시에 응했다. 과시에 대해서는 『속대전』의 규정이 적용되는 조선 후기를 중심으로 연구가 이루어지는 편인데, 이 글에서는 조선 전기 과시와 관련하여 연구한 원창애의 앞의 논문과 최항만의 앞의 논문을 참고했다.

45 『문과방목』과 『사마방목』은 한국역대인물종합시스템(http://people.aks.ac.kr/index.aks)에 게시된 것을 참고했다. 〈표2〉에서 좌측에 시기별로 실시된 시험 뒤에 표기한 것은 방목의 날짜와 일기의 기록 날짜를 통해 '×'는 응시하지 않았다는 것, '△'는 초시에 응했다고 추정되는 것, '○'는 회시까지 응했다고 추정되는 것을 표기한 것이다.

46 『명종실록』에는 명종 8년(1553) 6월 9일 갑신시에는 다음과 같은 기사가 있다. "의논하는 자는 또 "보기가 친 시험장에 들이기기 못하는 것은 상께 때문이 이니라 단지 간식한 술책을

방지하려고 해서이다. 송대宋代 이전에는 모두 한 시험장에 들어갔는데 한 시험장에는 원래 같이 들어갈 수 없고 시험장이 다르면 같이 들어가도 해롭지 않다' 했습니다. …(중략)… 부자가 함께 응시하는 일은 처음에는 비록 시험장이 다르다 해도 전시·회시에서는 부자간에 이름을 다투게 될 것 같고 좌차坐次도 역시 어렵습니다. 이상의 각 조목은 모두 장애되는 곳이 많으니 거행하지 못합니다" 하니, 알았다고 전교했다"고 하는 기사가 있다. 김경용(2013: 1~5)에 따르면 이것은 이후『과거사목』에 반영되었다. 금난수가 아들들과 알성시를 함께 보지 않은 것은 비록 시험장이 다르다 해도 전시, 회시에서 부자 간에 이름을 다투는 것을 경계하고 좌석을 배치하기 위해서였던 것으로 파악된다.

47 『실록』에는 '동당'의 용례가 문과에서 자주 쓰인다. 가령, 중종 31년 12월 12일, "明春爲別試, 則監試覆試, 東堂會試, 皆次次退行, 必妨農務, 此亦不可矣", 명종 8년 6월 9일, "生員進士外, 許赴監試東堂者, 許誦〈庸〉, 〈學〉略以上試取, 許赴初試可", 선조 32년 6월 6일, "今若以監試東堂, 依舊例退行於明春, 而別試初試退行於秋成之後, 則其於防秋之計"라고 하여 감시는 생원진사시를, 동당시는 문과시험을 칭했다. 따라서 금난수가 경, 업, 개에게 권유한 동당시는 문과 초시로 추정할 수 있다.

48 『경국대전』 제과조에는 "식년시는 전해 가을에 초시, 초봄에 복시, 전시를 치른다"라고 규정하고 있다.

49 금난수는 유학幼學으로 경, 업, 개를 응시케 했으리라 볼 수 있다. 유학의 문과 합격에 대해서는 송준호(1970: 19)가 밝힌 바 있는데, 그의 분석에 따르면 조선 후기로 갈수록 유학의 비율이 높다. 선조 대도 24.4퍼센트라는 상당한 비율을 차지한다. 따라서 초시에 응시자가 더욱 많았을 것이고 금난수 또한 경, 업, 개가 응시하도록 권했으리라 볼 수 있다.

50 『경국대전』 제과조에는 "응시자가 시관과 상피相避의 입장에 해당되는 자는 다른 시장에서 응시해야 하고, 아버지가 복시에 응시하면 아들은 피한다(무과도 같다)"라는 규정이 있다. 이에 근거하자면 초시에는 부자가 함께 볼 수 있다는 뜻이다. 앞서 아들들이 알성시에 응시하지 않은 것은 알성시가 초시에 없기 때문이고, 별시는 초시가 있는 시험이어서 네 부자가 모두 응시했던 것으로 볼 수 있다.

51 『경국대전』 제과조에는 "식년시는 전해 가을에 초시, 초봄에 복시, 전시를 치른다"라고 규정하고 있으나『은대편고』 예방고에는 "초시를 인신사해년에 먼저 설행하고 이유가 있으면 당년으로 밀려 설행한다"라고 기록하고 있다. 김경용(2015: 4)은 이와 관련하여 사정에 따라 당해 연도에 초시 회시를 모두 설행하기도 한 사례를 제시한 바 있다.

52 주석 34와 동일하다. 감시는 생원진사시로 동당시에서는 문과로 쓰인 용례들이 많이 발견된다.

53 2월 10일과 12일에 시행된 시험이 초시가 아니라면 이는 윤차제술輪次製述과 윤강輪講이 실시된 날로 볼 수 있지 않을까 한다. 최광만(2013: 243~248)은 17세기에 편찬된『과시등록』을 기준으로 명종 원년(1545)에 선포된『경외학교절목』의 규정, 성종 16년(1485)에 선포된『경국대전』을 비교하고,『명종실록』,『중종실록』의 기사를 전거로 삼아 윤강과 윤차제술이 신설되어 생원진사 회시직부로 이어지는 과정을 추적했는데, 그는『경국대전』의 규정이 비록 성균관의 규정이지만 사학도 성균관 규정을 준용했던 것으로 간주하고, 윤강이 『경국대전』의 월강, 윤차제술이 상, 중, 종순에 실시한 순제旬製에서 비롯된 것으로 보았다. 필자는 이러한 추적에 타당성이 있다고 보고, 선조 18년 2월에 본 격일 시험이 윤강과 윤차제술에 해당하지 않나 추측해본다.

54 선조 18년(1585)까지 별례로 시행된 문과 중 별시(10회)가 가장 많이 시행되었고, 회당 합

55 그렇다면 직전 해에 초시를 보았다는 것인데, 직전 해에 초시를 보았다는 기록은 없다. 이에 대해서는 다음 문단에서 후술하고 있다.

56 최광만(2013: 248~249)은 『경국대전』의 보궐에 관한 규정이 승보(승보)와 연결되어 성종, 중종 초에 복시직부의 특혜를 주는 과시로 전환된 것으로 추정한 바 있다.

57 김경용(2015: 22~23)은 생원진사시 초시에 응하기 전 『소학』을 강하는 조흘강을 통과해야 했고, 회시 전에는 『소학』과 『가례』를 강하는 학례강을 통과해야 했던 제도의 성립에 대해 밝힌 바 있다. 조흘강과 학례강이 조선 초기부터 시행된 것으로 보았다. 그런데 경, 업, 개가 본 시험은 회시였음에도 『가례』를 강했다는 기록은 찾아볼 수 없다.

58 최광만(같은 글: 254)은 중종, 명종 대를 중심으로 16세기 과시를 세 가지 유형으로 파악했는데, 그것은 첫째, 경국대전의 과시를 계승한 것, 둘째, 윤강·윤차 및 승보와 같이 학교시가 과시로 변화된 것, 셋째, 정시·전강과 같이 신설된 것이다. 이는 선조 대에도 적용되었으리라 볼 수 있다.

59 1588년 8월 29일 경·개 등이 시험장에 들어갔다. 9월 1일 공조 정랑 이빈을 보러가서 배를 잡아줄 것을 요구했다. 참판 윤근수를 뵙고 배를 잡아준 것에 대해 행하를 바쳤다. 9월 2일 경·개가 시험장에 들어갔다.

60 한국역대인물종합시스템(http://people.aks.ac.kr/index.aks) 참고(2020년 6월 12일).

61 같은 곳 참고.

62 『성재일기』에 류성룡과 관련한 기록은 총 22회 나오는데, 첫 번째, 두 번째 기록이 금난수의 참봉 추천 결과가 나올 즈음의 것이다. 첫 번째 기록은 1577년 8월 13일 금난수가 참봉에 추천되었으나 낙점되지 못했는데, 결과가 나오기 전인 7월 20일에 금난수가 류성룡을 찾아갔고, 류성룡이 종기 때문에 나올 수 없어 유운룡이 대신 그를 맞이해주었다는 내용이다. 두 번째 기록은 1579년 5월 19일 금난수가 참봉에 제수되어 6월 14일 한강에 배를 댔는데, 김돈서가 종과 말을 보내주었고 밤에 김돈서와 이봉원이 15일에는 이자화가 찾아왔고, 15일에 류성룡 형제가 안부를 물어와 16일 류성룡 형제를 찾아가 보았다는 내용이다. 금난수는 대체로 찾아가는 입장이었다.

63 유승원, 「조선시대 양반계급 탄생에 대한 시론」, 『역사비평』 제79집, 역사비평사, 2007, 219~224쪽, 박현순, 「16세기 예안현 사족층과 사족 사회의 구성」, 『진단학보』 제102호, 진단학회, 2006 참고.

64 정경세鄭經世(1563~1633)의 『우복집』 권15, 「상주향안록서」(1617)에는 "고을에 향안이 있는 것은 어째서인가? 세족世族을 구별하기 위해서이다. 세족을 구별하는 것은 어디에 쓰기 위해서인가? 장차 그로 하여금 한 고을의 기강을 세워서 백성들의 풍속을 바로잡기 위해서이다. 그렇다면 어진 사람을 뽑아서 하면 충분할 터인데 반드시 세족 가운데에서 구하는 것은 어째서인가? 고을 사람들이 존경하고 어려워하는 바여서, 능히 아전과 백성을 어누를 수 있는 사람을 뽑기 위해서는 명망가의 집안에서 뽑지 않으면 안 되기 때문이다"고 하여 세족의 존재와 신분적 권위에 대해 언급하고 있다. 이때 세족의 기준은 향안의 입록 기준과 동일했을 것으로 보인다.

65 『예안향록』,『경북향교자료집성』권2, 영남대학교 민족문화연구소, 1992 참고.

66 조목도 1572년 향안에는 입록되어 있지 않은데 1582년 향안에는 '전도사前都事'로 입록되어 있다. 조목은 일찍부터 관직에 추천받고 사은 후 사직하는 경우가 많았는데, 1576년 봉화 현감에 제수되었을 때는 사직소를 올렸으나 윤허하지 않아 관직 생활을 한 바 있다. 이를 계기로 향안에 입록된 것이 아닌가 한다.『월천집』연보 참고.

67 "1599년 3월 10일 내가 정사에서 봉화 현감에 제수되었다. 3월 17일 동네가 향약 모임을 열어 상하가 모두 모였고, 풍속을 규찰하고 단속했다."

68 『선조실록』33년, 3월 28일의 기록을 보면 예조에서는 전란 후 선비들이 도로에 떠돌며 살아날 길을 찾기에도 겨를이 없어 학업을 폐기한 지가 이미 8년이나 된 세태를 한심스럽다고 고하고 있다. 이것으로 보아 이 시기는 사족들 대부분이 이와 같았던 것으로 보인다.

69 금난수는 봉화 현감에 제수되어 임명을 받기 위해 서울로 길을 나섰다. 도성에 들어서자 여러 지인들이 그를 반겨 맞아주었다.『성재일기』1599년 4월 4일부터 4월 6일까지 참고.

70 "업과 개가 며칠 상간으로 서울에 올라가 경과 함께 과거 시험을 볼 요량이었는데, 업은 가던 길에 종과 말이 모두 병이 나 서울로 올라가지 못하고 의성에서 동당시를 보았고, 경과 개가 서울에서 두 차례(3월 18일, 4월 20일)에 걸쳐 윤강을 하여 통을 받고, 5월 13일에는 경, 업, 개가 모두 강경 시험을 보고 모두 합격했는데, 사흘 뒤 회시 방목에 경은 들지 못하고, 업과 개가 방목에 들었다."

71 『성재일기』선조 36년(1603, 계묘) 8월 13일.

4장

성재 금난수의
학문과 실천 활동

안영석

서론

이 글은 퇴계학파의 일원이었던 성재 금난수의 학문과 실천 활동을 고찰함으로써 16세기 안동지역 재지 사족 중의 한 모범적인 삶의 모습을 그려내는 것을 목표로 한다. 그리고 더 나아가 이를 통해 양란을 겪은 조선 중기 사회에 있어서 퇴계 학맥이 안동 일대의 지역사회에 미친 실제적인 영향의 일단을 조명해보고자 한다.

사실 성재는 퇴계의 초기 제자 중의 한 사람으로서 퇴계로부터 월천 조목과 함께 장래 안동 지역의 학문을 이끌어갈 인재로 기대를 받기도 하고 또 그와 함께 병칭하여 서신을 받는 등 퇴계의 각별한 애정을 받았던 제자였다. 그러나 그는 퇴계학파의 일원으로서 뚜렷한 학문적 저작을 남기지 못했고 역임한 관직 또한 대체로 높지 않았기 때문에 전공자를 제외한 일반인들에게는 생소한 인물이기도 하다.

따라서 퇴계의 제자들 중 퇴계와의 밀접도에 있어서는 몇 손가락 안에 드는 인물임에도 불구하고 그에 대한 연구는 이제까지 매우 적은 형편이었다.[1] 그러나 최근에 『성재선생문집』과 『성재일기』 국역본이 한국국학진흥원에 의해 동시 발간됨에 따라 성재 연구의 새로운 계기가 마련되었다.[2] 이에 이 글은 이러한 성과에 힘입어 그의 학문과 실천 활동의 모습과 특징을 새롭게 밝혀보기로 한다.

그런데 최근에 공개되어 발간된 『일기』 자료에 의하면 『문집』에서는 볼 수 없었던 성재 자신의 새로운 모습들이 제법 보인다. 예를 들면 성재는 퇴계의 사후 그가 서울에서의 관직 생활을 하던 기간 동안 지속적으로 대과大科에 응시했다. 뿐만 아니라 그는 넷째 아들 각의 죽음을 맞이했을 때조차 상喪이 끝나기도 전에 다른 아들들을 과거 시험장으로 보내어 응시하게 했다. 이러한 사실들은 기존의 『문집』에 근거한 연구들의 인식에 일정 부분 배치되는 것이기도 하다. 기존의 연구들은 성재를 "소과 급제에 만족하고 이후 대과에 대한 뜻을 버렸던" 위기지학에 전념한 인물로 보았거나 또는 "퇴계와 일체가 되어 평생을 산림에서 자기수양에 힘쓴 또 한 명의 대표적인 문인"으로 보았다.[3] 때문에 이러한 사실들의 발견은 오늘날의 우리가 그의 삶을 이해하는데 있어서 적지 않은 혼란을 야기할 수도 있다. 심지어 스승의 사후에 본래의 뜻을 잃어버리고 입신양명을 꿈꾸었던 출세주의자로 전락한 사람으로 의심하거나 생각할 수도 있다. 그러나 과연 그가 그러한 인물이었을까? 그는 어떠한 인물이었을까? 그가 어떠한 마음으로 학문을 했기에 이러한 처신과 행위들이 일어날 수 있었을까? 이 글은 『문집』과 『일기』의 교차적인 연구와 기타 관련되는 자료의 검색 등을 통해서 이러한 의문들을 비롯한 그의 학문과 실천 활동에 대해 하나의 일관된 이해를 시도해보고자 한다.

따라서 이 글은 먼저 '퇴계 정신을 계승한 실천적 위기지학'이라는 제목으로 그의 학문의 내용과 특성들을 살펴보고, 다음에는 '위기지학에 근거한 사회적 실천 활동'이라는 제목으로 그의 실천 활동의 여러 측면들을 고찰하기로 한다. 그리고 이상의 내용들을 정리하면서 그의 삶에 대한 총괄적인 평가를 시도해보기로 한다.

퇴계 정신을 계승한 실천적 위기지학

성재는 스승인 퇴계가 살아 있을 때는 그로부터 위기지학의 내용과 정신을 배우는 일을 가장 우선적인 과제로 삼았고, 사후에는 스승의 업적을 기리고 그 정신을 실현함으로써 백성들의 삶을 보호하고 개선하는데 힘을 쏟았다.

21세 되던 해에 손위 처남인 월천 조목의 소개로 퇴계를 처음 만난 이후 그는 고향인 예안에서 퇴계를 스승으로 모시면서 학문을 닦았으며, 퇴계가 생을 마칠 때까지 조목과 함께 가까운 거리에서 스승을 여러 방면으로 보필하면서 학문을 닦았다. 20년에 걸친 이러한 수학의 과정에서 그는 스승인 퇴계가 집중했던 학문적 관심사를 누구 못지않게 잘 알 수 있었고 또 그에 따른 학문적 업적들을 보다 일찍 접하고 배울 수가 있었다. 그리고 그러한 과정에서 그는 스승으로부터 깊은 애정과 관심을 받으면서 폭넓은 내용의 학문적 훈화를 받았던 것으로 파악된다.

그러나 오늘날의 우리가 그의 학문을 충분히 이해하기에는 전하는 자료들이 너무 빈약한 형편이다. 그럼에도 불구하고 그의 학문적 면모를 대략이나마 추측해본다면 그의 학문은 성리학 공부의 양대 축인 거경과 궁리 중에서 거경에 특히 더 치중된 특징을 보이고 있다. 이는 그의『문집』중에서 성리설에 대한 자신의 이론적 견해를 피력하는 것은 「화담집을 읽고 변론함讀花潭集辨」이라는 글을 제외하고는 거의 찾아볼 수 없다는 사실과 퇴계에게 보낸 그의 서신들 대부분이 마음과 수양 및 예禮에 관한 질문을 담고 있는 것들이었음을 볼 때 잘 드러나는 사실이다.[4] 이러한 사정을 볼 때 그의 학문은 거경과 궁리의 균형적 발전을 추구하면서도 경敬에 중점을 두었던 퇴계의 학문 중에서 주경主敬공부에 가치를 두고 이를 집중적으로 계승한 특징을 지니고 있다고 하겠다.

따라서 이 글은 이러한 상황을 참작하여 그의 학문의 특징을 '퇴계학의 충실한 수용', '경의상수敬義相須의 심학적 학문 성향', '퇴계학파 내의 실천궁행의 위기지학'으로 정리하여 서술하고자 한다.

퇴계학의 충실한 수용

그의 학문의 특징으로 퇴계학의 충실한 수용을 먼저 든 것은 무엇보다도 퇴계학의 정수라 할 수 있는 '위기지학에 대한 강한 지향'을 그도 또한 함께 공유하면서 평생토록 퇴계의 가르침을 받들고 수행했기 때문이다. 유학은 실천이 수반되지 않은 이론 중심의 사변적인 학문인 위인지학爲人之學과 실천궁행을 필수 요건으로 하는 위기지학으로 구분할 수 있다. 그런데 퇴계의 학문이 위기지학을 표방하고 있는 조선 성리학의 대표적인 학문이라는 것은 의심의 여지가 없다고 하겠다. 성재 또한 위기지학에 뜻을 두고 삶의 방향을 설정했는데, 『문집』에서는 아래와 같이 이를 표현하고 있다.

○ 분발해서 독서하여 일찍부터 위기지학을 알았다.
○ 일찍이 "사람의 본성은 모두 선하다"는 가르침을 읽고 문득 깨달은 것이 있었다.[5]

위에서는 15세에 그가 위기지학을 알았다고 하고 그 근거로써 '인간 본성의 선함'에 대한 그의 자각을 들고 있는데, 이는 그의 위기지학의 기초라고 할 수 있다. 사실 성리학에 있어서 자신의 덕성에 대한 믿음은 존심양성存心養性 수양의 전제이며, 타인의 덕성에 대한 신뢰는 친친인민親親仁民의 인정仁政의 기초라고 할 수 있다. 그의 이러한 체험에 바탕한 위기지학에 대한 신념과 긍정적인 인간관은 이후 그의 심학적인 학문 동기와 안정된 인간관계의 바탕으로 작용했고 이는 평생토록 지속되었다.[6] 때문에 그가 21세에 월천 조목의 인도로 퇴계 선생을 만나 제자가 되었을 때, 퇴계는 그에 대해 "인품이 매우 좋고 뜻이 훌륭하다"고 자주 칭찬했다.[7] 그리고 그의 학문적 장래를 기대하며 "정작 과거 시험을 위해 다투어 달리는 요즘, 앉아 서책을 깊이 음미하는 그대를 아끼노라"[8]고 그를 아끼는 심정을 표현했다. 성재가 22세 되던 해 가을에 청량산의 연대사蓮臺寺로 독서하러 떠난다는 말을 했는데, 퇴계는 이를 듣고서 그에게 위의 시를 써주었던 것이다. 그런데 그는 자신의 선한 본성을 깨닫고 완성하는 위기지학에 상한 의욕을 샀고 이에 선넘하고자 위인지학의 대표적인 양상이라 할 수 있는 '거업擧業을 위한 공부'를 거부했다. 그런데 그의 이러한 다소 경직된 위기지학 전념의 공부는 아래와 같이 퇴계의 충고를 받기도 했다.

> 사람들은 모두 과거 시험에 마음을 쓰면서 이 학문이 있는 줄을 모르는데, 그대는 이 학문에 뜻을 두면서 과거 공부를 개의치 않으니 그대의 뜻이 매우 아름답습니다. 그러나 그대가 오늘날의 세상에 살고 있고 또한 늙은 부모님이 계시니 어찌 과거 공부에 힘쓰지 않을 수 있겠습니까. 두 가지를 병행해나가면서 남이 한 번 하면 나는 백 번을 하고, 남이 백 번 하면 나는 천 번을 하는 노력을 하는 것이 옳을 것입니다.[9]

사실 퇴계는 성재를 처음 만난 이후 그의 학문적 동기와 성품을 보고 또 위기지학에 전념하려는 그의 노력을 보고서 이를 매우 아끼고 존중했다. 그러나 그것이 너무 지나쳐서 이 세상의 여러 삶의 문제들을 고려치 않고 혼자만의 덕성 수양으로 삶의 범위가 축소되어 현실성을 상실해갈 때에는, 제자들 누구에게라도 그러했듯이, 그에게도 거업을 병행할 것을 촉구했다. 그러나 학문의 본령과 중점은 언제나 위기지학이었으며, 이 점은 스승과 제자 두 사람이 모두 일치하는 바였다고 하겠다.

> 서울 밖으로 방이 나오자 급제하고 못한 것이 사람을 놀라게 하여 파도가 일고 구름이 솟구치듯 하건만 편지가 왔는데 한 마디의 언급도 없고, 산간에 초가를 지어 사람들이 맛보지 못하는 것을 맛보니, 이는 바로 남들이 괴

이하게 여기고 욕하는 것이지만 내 마음에 더욱 아끼고 가상히 여기는 바입니다."[10]

이렇게 위기지학에의 열의와 의지를 인정받음으로써 성재는 촉망받는 제자로서 조목과 함께 스승인 퇴계로부터 그의 학문 역정과 긴밀하게 연계된 내용으로 지도를 받기 시작했다. 성재는 퇴계의 제자가 된 이듬해에는 주로 연대사 등에서 공부를 하다가 그 다음 해인 1552년(23세)에는 다른 제자들과 함께 '현사사 독서계'라는 모임을 만들어 독서 공부를 해나갔다. 이 모임은 조목, 구봉령, 김팔원, 권대기 등으로 구성되었는데, 주로 함께 모여 경서經書와 사서史書를 통독하는 공부 모임이었다.[11] 이는 아마도 퇴계가 1552년 3월에 홍문관교리를 제수받아 상경한 이후 1555년 2월까지 고향을 떠나 있던 시기에 그의 제자들이 그들 나름대로 능동적으로 취했었던 수학 활동으로 이해된다. 어쨌든 이 시기에 퇴계는 서울에서 정지운과 함께 「천명도설天命圖說」을 개정하고 『심경』과 『역학계몽』을 함께 강론했으며, 『연평답문』을 접하고 이를 편집 교정했다.[12] 그러나 그 와중에도 제자들의 학문과 수양에 지극한 관심을 갖고 끊임없이 교신하며 지도했다. 성재 또한 퇴계로부터 지극한 관심과 염려를 받으면서 24세의 초반기에 아래와 같이 공부의 내용과 차례를 점검받았음을 볼 수 있다.

어제 조사경(조목)이 서울에 와서 전해주는 편지를 받아 반복해서 읽어보니 근래에 읽는 서사書史의 차례가 정당하고 글을 보는 것이나 문자文字도 옛날보다 썩이나 진취가 있으며 뜻의 지향도 가상함을 알겠습니다. …(중략)… 만약 마음을 가라앉히고 『심경』 공부를 쌓아간다면 도에 들어가는 문이 여기에 벗어나지 않을 것입니다. …(중략)…『통감』이란 책도 이미 격물치지의 자료가 되거니와 또 과거科擧 공부에 도움이 되는 것이니 이제 읽는다는 것은 더욱 좋습니다.[13]

여기에서 퇴계는 당시 그의 가장 주된 학문적 관심사였던 『심경』의 독서를 입도入道의 관문으로 권유하고, 또 궁리窮理와 거업擧業의 방편으로 『자치통감』의 독서를 적극 찬성하고 있음을 볼 수 있다. 그러나 이 시기의 성재의 수학 과정은 그다지 순탄하게 진행되었던 것만은 아니었다고 보인다. 왜냐하면 가족 경제의 일상적인 일의 처리에 대한 부담 때문이었는지 아니면 그의 다소 신중한 성격 때문이었는지는 명확하지는 않지만 그가 한참동안 지체하다가 늦게 퇴계에게 답신을 보내었던 것이다. 그래서 퇴계는 "지난 겨울에 한 편지를 보낸 뒤에 회답을 보지 못하여 편지가 혹시 유실 되었는가 염려했으며 또 생각하기를 그대가 곤궁한 귀신에게 홀려서 마음먹은 학업을 버리려고 내 편지를 보고서도 모르는 척하는 것인가도 생각했습니다"[14]라고 하면서 위의 편지를 시작하고 있기 때문이다.

어쨌든 퇴계의 격려와 지도에 힘입어 성재는 『심경』을 읽고 그 감흥을 적은 절구 시 두수를 퇴계에게 발송했고, 이에 대해 퇴계는 다음과 같은 시로 화답함으로써 그의 위기지학에의 노력을 적극적으로 긍정하고 격려했다.

시문에 그르치니 사람 재주 안타깝구나　　　　人才堪歎壞時文

누가 성인의 경전에서 하나의 근원을 찾나	誰向遺經討一源
더없이 기쁘도다 금생이 새로 터득하여	絶喜琴生新有得
길잡이 되는 경전 속에서 문을 찾아내었네[15]	指南經裏爲求門

이후 성재는 『심경』을 매우 중시하며 경과 의의 실천을 통해 삶의 향상을 도모하면서 위기지학을 추구했다. 또 25세 봄에는 그의 마을 부포의 집 아래 동계東溪에 성성재를 짓고 공부하게 되었는데, 퇴계는 그에게 성재惺齋라는 편액扁額을 써주면서 학업을 격려했다. 그리고 26세에는 퇴계가 손수 필사하여 보내준 『연평답문』을 받아서 읽었다.[16] 이렇게 보자면 그가 퇴계를 만난 이후 초기 5년 동안은 스승의 학문 중에서 특히 심학적인 부분들을 집중적으로 수학했던 사실을 볼 수 있다.

이윽고 1555년 2월에 다시 고향으로 돌아온 퇴계는 『주자서절요』의 편찬 작업에 착수했다.[17] 이때 27세였던 성재는 조목과 같이 월란암에서 독서하면서 퇴계의 명에 따라 『주자서절요』를 필사하는 작업을 함께 담당했다.[18] 그리고 이듬해 겨울에는 금응훈, 이안도, 김전과 함께 계당에서 수업했는데, 퇴계가 편찬한 『계몽전의啓蒙傳疑』의 여러 이론들을 강론하고 질정質正했다. 그리고 그가 29세 가을에 보현암에서 공부할 때 간재 이덕홍이 그를 따라 수학했는데, 이듬해에도 이덕홍은 성재에 와서 한 달을 머무르며 수학했다. 후에 그는 성재의 인도로 퇴계의 문하에 들어갔다. 그 이후로 성재는 31세에 합천의 향시에 응시하여 이듬해 2월에 생원시에 합격했고, 그해 가을에는 생원 회시에 3등으로 합격했다. 이후로 그는 퇴계의 문하에서 계속 학문을 했는데, 이즈음에 그를 따르며 수학했던 남치리, 十찬목具贊祿, 十찬조具贊祚,

손흥례孫興禮 등을 퇴계의 문하로 인도했다.

그리고 35세에는 고산정을 지어 지내면서 주로 주자서를 공부하며 의문 나는 것들과 예禮에 관한 의문들을 퇴계에게 질의했다. 특히 38세에는 주자와 육상산 사이에 있었던 '무극태극논변'에 대하여 질정했다. 그리고 퇴계가 사망하던 해인 41세에는 7월에 퇴계 선생으로부터 역동서원에서 동문들과 7일 동안 『심경』 수업을 받았고, 9월에 다시 도산에 모여 『계몽』과 『심경』을 강학했다.

이상을 정리해보면 성재는 퇴계의 본격적인 강학시기부터 제자로 입문하여 20년 동안 퇴계의 훈도訓導를 충실히 수용했음을 볼 수 있다. 거경과 궁리의 균형적인 체계를 추구했던 퇴계가 성리학의 마음 공부를 대표하는 책으로 『심경』을 주목하고 서울에서 강론할 당시에 그는 이에 대한 공부를 시작했고(24세), 그리고 퇴계가 친히 필사한 『연평답문』을 전달받아 이를 독서했다(26세). 그리고 퇴계가 귀향하여 궁리 공부의 필수 입문서로 『주자서절요』를 편찬하면서부터 그는 퇴계의 지도 아래 이에 대한 학습을 시작했다(27세). 이외에도 그는 『계몽전의』와 관련된 수업을 들었으며(28세), 퇴계 말년에 이르러서도 중국과 조선에서의 '무극태극논변'에 관해 물어 배웠고(38세), 『계몽』과 『심경』을 강학하면서 동문들과 함께 『심경의의』를 교정하는 등(41세) 퇴계의 학술 활동과 극히 밀착된 수학 활동을 해왔다.

경의상수敬義相須의 심학적 학문 성향

같은 스승으로부터 학문을 배웠더라도 제자들의 모습은 일률적으로 같을 수가 없고 각각의 개성에 따라 자신들의 학문 특색을 드러내기 마련이다. 앞에서도 보았지만 그의 『문집』에 수록되어 있는 퇴계에게 보낸 서신들은 그의 독특한 문제의식과 관심을 드러내고 있는 자료들이라 하겠는데, 마음 수양과 예에 관한 질문을 담고 있는 것들이 대다수이다.[19] 이러한 점을 보면 그의 학문은 이론적인 논변에 관심을 갖고 거기에 참여하기보다는 성리학적 사상토대 위에서 경과 의의 실천을 통해 참된 근원의 자득自得을 추구하는 실천유학적인 심학적 성향을 보인다고 하겠다.

대체로 유학에서의 심학적 성향은 일상생활에서의 투철한 도덕 실천 중시, 경 중심의 마음 공부를 통한 자득 추구, 이론적인 저술이나 사변보다는 실제적인 생활의 개선을 추구하는 등 실천적인 특징을 보인다고 할 수 있다. 성재의 학문도 대체로 이러한 성향을 보이는데, 그가 퇴계 문하에 입문한 이후 3년쯤이 경과되었던 24세 즈음에 이러한 특징이 분명하게 드러나고 있다. 그는 동문들과 독서를 하는 등 공동 학습을 수행하면서도 『심경』의 독서를 통하여 경의 마음 공부를 실천하고자 했고, 가내家內에서 '부자형제父子兄弟가 날마다 절하는 예'를 실행하고자 함으로써 그 나름의 의를 적극적으로 실천하려고 했다.[20]

서산의 한 권 서적 사문을 창도하니	西山一部倡斯文
경과 의 서로 도움 수양의 근본이네	敬義相須養本源
네 선생이 남긴 글 시종을 함께하니	四子遺書共終始
어찌 굳이 다른 길로 다시 문을 찾으랴!	何須別路更求門

성인이 떠난 지 천 년에 글은 글일 뿐인데	聖遠千秋文自文
다행히도 지름길 따라 참된 근원 거슬러가네	幸從溪路溯眞源
창은 밝고 책상은 깨끗하여 책 읽기에 좋고	窓明几淨書宜讀
산 위의 구름 나뉘어서 마을 문을 덮었구나![21]	分付山雲鎖洞門

당시에 퇴계에게 보낸 위의 시를 보면 성재는『심경』의 가장 핵심적인 내용을 '경과 의의 상호 보완작용相須을 통한 본성의 함양'으로 파악하고 있었다. 그리고 이러한 방법이 궁극적인 근원에 도달하는 지름길이라고 이해하고 있었음을 볼 수 있다. 그런데 이는 남명 조식이 표방했던 '경의협지敬義夾持[22]가 중심이 되는 수양법'과 상당한 유사성을 띠는 것으로 보인다. 그래서 그런지 퇴계는 이에 대한 답신에서 "『심경』에 잠심하여 공부를 쌓는다면 도에 들어가는 문은 이를 벗어나지 않을 것"[23]이라고 하여『심경』공부에 대한 강한 긍정을 표시하면서도, 그 체계는 반드시 거경居敬과 궁리의 상호 병행적인 방법이어야 함을 환기시키고 있다. 그리고 궁리와 거경의 공부 요령을 아래와 같이 제시하고 있다.

일상생활을 하는 사이에 주경과 궁리의 공부에 절실하게 공을 들이고 진실하게 쌓아가며 오래 노력한다면 성인의 말씀이 나를 속이지 않음을 확실히 볼 수 있을 것입니다. …(중략)… 모름지기 마음을 너그럽게 지니고 편안하고 여유롭게 오래도록 탐구하여 몸에 베어들도록 해야 하고, 또렷이 깨어 있는 정신의 주인을 늘 놓치지 않고 살펴야 합니다.[24]

퇴계가 답한 위의 서신들에는 공부에 관한 내용뿐만 아니라 일상생활에서의 예의의 실행에 대한 내용도 등장하는데, 『문집』의 연보 24세 조에서는 이를 다음과 같이 서술하고 있다.

집에 있으면서 평소 예법에 있어서 부자형제가 날마다 절하는 예를 행하고자 스승께 질문했더니, 선생이 서절효徐節孝와 안이판安吏判의 이야기를 들어 답했다. 또 말하기를 "이런 곳까지 언급한 것은 그 생각이 매우 좋습니다. …(중략)… 다만 이런 경우에도 자기 뜻대로 마구 행할 수 없는 도리가 있으니, 그래서 공자는 계로에게 "부형이 계시는데 어찌 들은 그대로를 곧바로 행하겠느냐"는 훈계를 하셨던 것입니다. 이 일은 합당하게 처신하기가 매우 쉽지 않습니다. 경솔하게 곧장 행할 수도 없고 또 아예 그만두고 행하지 않을 수도 없습니다. 다만 평소 성의를 쌓아 일의 곡절에 따라 그중 행할 수 있는 것부터[25] 실행해서 온 집안이 신뢰하게 되면 행해지지 않던 것들도 오히려 차례대로 행해질 것입니다"라고 했다.

사실 위에서 볼 수 있는 성재의 다소 독단적인 이러한 예의 실행의 시도는 주경과 행의行義가 곧바로 연결되는 수양 방법에서 흔히 노정되는 실천 방식으로 볼 수 있다. 즉 의의 실현 조건과 절차 등에 대한 궁리가 소홀하게 취급되고 있는 것이다. 그래서 퇴계는 성재의 독자적인 실행 의지에 대해 "부형이 계시는데 어떻게 들은 그대로를 곧바로 행하겠느냐"라는 공자의 계로에 대한 가르침을 들어서 그를 깨우치고 있다. 즉 새로운 예의 실행에 있어서는 반드시 그에 마땅한 절차와 법칙을 궁구하여야 하고 또 그에 마땅하여 가능한 것부터 상황에 맞게 주위의 신뢰를 얻어가며 실행하는 것이 그 법칙이 됨을 가르쳤던 것이다.

이러한 수학 과정을 경과하면서 30세 무렵 성재는 나름 공부의 입문 경로가 갖추어진 본인의 일정한 학문체계를 형성했다. 이덕홍은 성재 29세 시절에 청량산에서 성재로부터 문장 짓는 법을 배웠고, 또 이듬해 봄에는 한 달 동안 성성재에 머무르며 학문을 배웠다. 그는 후일 퇴계에게 그 당시의 성재의 가르침의 내용을 다음과 같이 전하고 있다.

> 금공은 늘 '사람의 성품은 선하지 않음이 없으나 사사로운 욕심에 빠져 본체의 선함을 알지 못하니 탄식을 금할 수 있겠는가.'라고 하셨는데, 제가 놀라 어떻게 해야 하느냐고 하니, 『소학小學』을 읽으면 알 수 있다고 하셨습니다. 뒤에 『소학』을 읽고는 땀이 나서 등을 적셨습니다."[26]

위에서 성재는 수양의 본령을 사욕을 극복함으로써 인간 본성의 선함을 자각하고 이를 실현하는 것으로 보고 있다. 그리고 인간의 본성에 대해 그 본체의 선함을 체험적으로 이덕홍에게 피력함으로써 그를 격발激發시키고 있음을 볼 수 있다. 여기서도 본성의 선함에 대한 자각이나 믿음이 주경함양의 경 공부의 기초가 됨을 볼 수 있는데, 경 공부란 다름 아닌 이러한 천부의 선한 본성을 집중하여 밝히고 그 공능을 체득하는 공부이기 때문이다. 그리고 이러한 본체의 선함을 자각하는 경 공부의 핵심적인 방법으로 『소학』 공부가 제시되고 있는데, 이는 일상생활에서의 경의 실천을 통한 선한 본성의 자각 공부라고 하겠다. 이러한 공부는 성재 자신에게 체득된 나름의 하학상달의 심학적 공부 방법이라고 할 수 있는데, 남명의 하학인사下學人事를 통한 상달천리上

達天理의 심학적 공부 방법과 유사성을 지닌다고 볼 수 있다.

30대 이후의 성재는 이러한 성향을 지닌 채 앞서 본 바와 같이 퇴계학파의 일원으로서 학문 활동을 지속해나갔는데, 대체로 정주程朱 성리학적 틀 속에서의 심학적인 학문 수양이 그의 생활 속에서 지속되고 있었음을 볼 수 있다.[27] 특히 그의 좌우명은 이러한 인간 본성의 선함에 대한 그의 확신과 이에 기초한 실천적인 경 공부의 모습을 잘 보여주고 있다.

> 나의 속마음(본성)이 바로 성인의 마음이니, 어리석다고 스스로 포기하지 말 것이요 성인과 같다고 하여 스스로 해이하지 말아야 할 것이다. 일을 이루려는 자는 역시 이와 같이 해야 하니, 어찌 어질고 어리석음의 구분이 있으랴. 잘못을 저지르고 나서 뉘우치며 이에 고치고 경계하며, 하늘의 밝은 명을 살펴 예가 아닌 것을 금한다면, 이것이 바로 상제가 임한 것이니 감히 공경하고 공경하지 않으랴. 이에 마음에 굳게 새겨 얇은 얼음을 밟듯 깊은 못에 임한 듯 하리라.[28]

지금까지 살펴보았듯이 경과 의를 수양의 요체로 강조했던 성재의 학문 태도와 방법은 일견 아래 남명의 경의협지敬義夾持의 실천적 학문과 유사하다고 볼 수도 있다.

> 번번이 경과 의 글자를 가지고 문하생들을 위해서 힘써 말했다. "이 두 글자는 매우 절실하고 긴요한 것이다. 이 공부가 익숙해지면 한 사물도 가슴에 남아 있지 않게 된다."[29]

그러나 그의 학문이 퇴계학에 근거하여 거의 전적으로 이를 따르고 있고, 또 유학의 이상적인 인격에 대한 그의 견해가 퇴계의 훈도에 의해 많이 영향받아 형성되었던 만큼 그의 학문은 남명학과는 실제로는 적지 않은 차이를 보인다고 하겠다.[30] 실제로 성재는 어렸을 적부터 남명의 인품에 대하여 궁금증과 기대를 품고 있다가 퇴계를 만난 지 10년 만에 드디어 남명을 만나볼 기회를 가지게 되었다. 합천에서 거행되는 향시에 응시할 겸 지리산과 가야산의 산행을 겸해 그를 만나려고 마음을 먹었던 것이다. 그의 『일기』32세 4월 18일에는 남명을 만난 장면을 다음과 같이 기록하고 있다.

> 이훈도, 생원 김용정 및 권명숙, 정긍보와 함께 돌아가 남명을 뵙고 뇌룡당雷龍堂에 좌정했다. 각자가 술을 가지고 왔는데, 술자리가 무르익자 남명이 먼저 노래를 부르면서 좌중에도 권하여 모두 노래를 했다. 옛 노래를 부르지 않고 스스로 지은 말로 노래하도록 했다. 성품이 높고 뛰어나 곁에 있는 사람을 의식하지 않았으니 과연 이전에 들은 대로였다. 기개는 보통 이상이나 원만한 뜻이 모자랐다. …(중략)… 또 만류하여 자도록 했으나 속히 집으로 돌아가야 하기에 사양하고 돌아왔다.[31]

위에서 성재는 남명의 첫인상에 대해 "기개는 보통 이상이나 원만한 뜻이 모자랐다"고 다소 냉철하게 중용적인 관점으로 남명의 인품을 평가했다. 결국 하룻밤 자고 갈 것을 권유하는 남명의 만류를 뿌리치고 숙소로 돌아왔다고 그는 기록하고 있다.[32] 이후로 그는 남명을 다시 찾지 않았는데, 이는 남명의 인품이 평소 그가 갖고 있었던 기대에 다소 미치지 못했음을 보여준다고 하겠다. 그리고 인간 본성의 선함에 대한 믿음을 바탕으로 하고 있는 그 자신의 학문적 성향 및 인간상과도 남명의 모습이 일정한 괴리가 있었음을 보여준다고 하겠다.

그리고 성재가 여타의 학문을 대하는 태도 또한 거의 퇴계를 계승하고 있어서 정주학程朱學 이외의 학문에 대해서는 배타적인 면모를 보였는데 반해,[33] 남명은 정주학 이외의 사상 즉 상산학象山學이나 노장老莊 및 불교에 대해서도 상대적으로 포용적인 태도를 보이고 있음 또한 그 차이라 할 수 있다.[34] 이렇게 본다면 남명학이 '성리학적 사유틀 내에서의 심학'이라 한다면, 성재의 학문은 '퇴계학적 사유 틀 내에서의 심학'이라 말할 수 있다.

퇴계학파 내 실천궁행의 위기지학

성재의 학문과 인물에 대해서는 퇴계학파 중에서 '주경함양主敬涵養에 비중을 둔 위기지학' 또는 '이황의 실천적인 면모를 계승한 인물' 혹은 '퇴계정신을 이어받아 실천에 힘쓴 위기지학'의 특징을 보이고 있다고 평가되고 있다.[35] 성재의 학문은 앞서 보았듯이 퇴계의 훈도를 20년에 걸쳐 지속적으로 받았고 또 그가 스승의 학설을 벗어난 이론異論을 제기한 적이 없었으므로 기본적으로 퇴계학의 틀을 벗어나지 않는다고 할 수 있다. 그러나 같은 스승 하에서도 다양한 후학들이 있듯이 성재의 학문 또한 그만의 특색 있는 모습을 지니고 있음을 볼 수 있다.

먼저 앞서도 보았듯이 성재는 퇴계를 만나기 이전부터 이미 위기지학을 알고 이에 뜻을 두고 있었다. 유학의 본령에 대한 그의 이러한 실천적인 관심은 소녹과의 더욱 친밀한 관계를 형성하게 했으며, 퇴계 또한 무척 이를 아끼고 장려했음을 볼 수 있다.

청량산에 나의 글을 새겨둔 게 오래도록 부끄러운데	久愧淸凉勒我文
그대가 머물면서 영원의 헤아림을 듣게 되었네	容君棲息度靈源
언제쯤 나 역시 참으로 은퇴하여	何時我亦成眞隱
골짜기의 달 바위에 부는 바람을 문 닫고 즐기게 될까[36]	壑月巖風靜鎖門

성재가 '『심경』을 읽고서 보낸 시'에 화답하여 지었던 퇴계의 이 시는 그들이 추구했던 위기지학이 어떠한 것이었는지를 잘 보여주고 있다. 그것은 수양을 통한 인격 완성의 길로서 하늘로부터 부여받은 본성本性인 영원靈源을 자각하여 그 덕을 충실하게 닦는 길이었다. 그리고 결국에는 천인합일을 이루는 '내적 인격 완성을 향한 고요함과 즐거움의 길'이라고 하겠다. 그렇기 때문에 이를 위해 성재는 젊은 시절 기회만 되면 청량산의 여러 절이나 암자를 찾았으며 퇴계 또한 그러한 성재의 노력을 위기지학의 연마 과정으로 보고 적극 장려했던 것이다.[37] 그가 35세에 지었던 '보현암 벽에 쓴 전후의 입산 기록[普賢菴壁上 書前後入山記]'에서는 "정미년 이후로 지금 갑자년까지 거의 20년 동안 이 산을 왕래한 것이 열두세 번이다"라고 이를 기록하고 있다. 그러나 이러한 노력에도 불구하고 당시까지 그의 학문의 진전은 그의 바람과 기대에는 미치지 못하는 것이었다. 그것을 그는 다음과 같이 아래의 '입산기'에서 솔직하게 술회하고 있다.

그중에서도 더욱 부끄럽고 한스러운 것은, 산에 막 들어올 때는 마음을 씻

170

고 생각을 떨쳐내고 책상에서 책을 보며 심신을 가다듬어 본원本源을 함양하여 뒷날 그 도움을 받는 바탕으로 삼으려 했는데, 다른 세속적인 일에 휘둘리거나 일 때문에 곧장 나오게 되어 공부에 전력을 기울이지 못한 것이다. 산문을 나서자마자 귀로 듣는 소리와 눈으로 보는 빛깔이 사물의 끝없는 변화에 접하기만 하면 결국 그나마 조금 얻은 것마저도 보존하지도 못하고 다 잃어버려 말이나 행동에서 한 가지도 볼 만한 것이 없었으니, 오히려 세속에 빠져 사는 속된 부류만도 못하게 되었다. 지금까지 헤매다 끝내 소인이 되고야 말았으니, 이를 통해서 사람이 수양하는 것은 어떻게 힘쓰는가에 달려 있지 떠들썩하거나 조용한 것과는 관계없다는 것을 알았다. 뒷날 산에 들어가는 자는 나를 경계로 삼을 일이다.[38]

물론 위에서의 그의 자책은 자신의 학문에 대한 겸사謙辭로도 볼 수 있지만 사실 당시까지의 퇴계와의 서신에서 위와 유사한 내용들이 지속적으로 등장하고 있고, 또 퇴계가 자주 그가 학문을 중단하지는 않았는지를 걱정했음을 볼 때, 그의 학문이 당초의 기대만큼 진전되지 못했음은 사실이었던 것 같다. 그러나 "세속에 빠져 사는 속된 부류만도 못하게 되어 소인이 되고 말았다"는 부분은 그의 자책하는 심정에 근거한 겸사라고 하겠다. 앞서도 보았지만 30세 무렵부터 이덕홍 등 여러 후학들이 그를 따라 학문에 힘썼고 그래서 결국 퇴계 문하에 입문했다. 그리고 당시 그가 퇴계를 천연대天淵臺에서 뵈었을 때, "오늘 회심의 경지를 얻었는데 그대가 이러한 즈음에 오니 또 마음 맞는 사람을 얻었구려![今日得會心境 君此際來到 又得會心人]"라는 퇴계의 언급은 이를 증명하는 것들이라 하겠다.[39]

171

사실 그는 유독 스승인 퇴계에게 자신의 삶의 태도와 한계를 토로하고 자책하는 모습을 자주 보이곤 했다. 그리고 때로는 그것이 지나치게 과하여 오히려 학문 발전의 장애가 될 수 있음을 퇴계가 우려하고 있을 정도였다.

옛사람들은 비록 잘못을 뉘우치고 자신을 꾸짖는 것을 귀하게 여겼지만 그렇다고 너무 심각하게 하거나 절박하게 하지는 않았습니다. 왜냐하면 이와 같이할 경우 도리어 허물을 뉘우침에 얽매이고 가슴 속에 부끄러움과 인색함이 쌓이게 되기 때문입니다.[40]

그러나 이는 스승과 벗들에게 인정받으려는 욕구보다는 인간을 대하는 정직성의 태도가 더 강했던 삶의 자세로도 볼 수 있으며, 이러한 자세가 바로 위인지학이 아닌 '자신의 삶의 향상을 추구하는 위기지학'의 태도라고 할 수 있을 것이다. 그리고 이러한 진실한 태도는 자신뿐만 아니라 타인의 삶에까지도 일정한 영향을 미칠 수 있다고 하겠다. 어쨌든 퇴계는 이러한 성재의 태도와 노력을 가상히 여겨 아래와 같이 그 대책을 제시하고 분발할 것을 촉구했는데, 이러한 논조의 서신 왕래는 이후로도 퇴계가 별세하던 해까지 계속되었다.

만약 이런 병폐를 알고 없애려고 한다면 모름지기 일체 잡념을 없애고 날마다 오직 속을 비우고 기운을 화평하게 하여, 글을 읽고 일에 응하며 독실하게 의리로써 함양하고 배양하기를 오래한다면 저절로 의리의 귀취에 자연히 얻는 바가 있을 것입니다.[41]

편지 속에서 서술한 종전에 학문을 못하게 된 연유와 근일에 발을 잘못 내디뎠다는 한탄은 모두 마음속에서 우러나온 것이니, 참으로 겉으로 꾸며대는 공허한 말과 비교할 것이 아니니 가상합니다. 그러나 이런 줄만 알고 깊이 생각하고 애써 고쳐서 늘그막에 효험을 거둘 수 없다면 일시의 한스러움으로 스스로를 탄식하는 것이 매우 통절하더라도 무슨 도움이 되겠습니까. 우리들이 이미 학문을 자기의 임무로 여기고 또 이러한 이름을 세상에 얻었으니 마땅히 온전히 힘을 기울여, 참으로「학기」의 '전심하여 날마다 힘쓰고 힘쓰다가 죽은 뒤에야 그만둔다[俛焉日有孶孶 斃而後已]'라는 말과 같이 해야만 아마도 평소의 뜻을 저버리지 않게 될 것이고 남에게 웃음거리가 되지 않을 것입니다.[42]

사실 성재의 학문적 발전이 당초 자신의 목표와 퇴계의 기대에는 미치지 못했던 것으로 보인다. 그 원인에 대해서는 그의 "날마다 일에 골몰하느라 크고 작은 세속적인 일에 마음이 분산되는 것을 면치 못한다"[43]라든가 "뜻을 세움이 강하지 못하여 강학講學하는데 힘이 없다"[44]라는 자신의 평가적 서술이 남아 있고, 퇴계 또한 임종하던 해에 "그대의 자품은 한편으로는 비록 밝으나 한편으로는 어두우며, 또 부끄러운 줄도 알고 자신을 함부로 하지 않으나 아직 시속의 소견과 명리名利의 테두리를 벗어나지 못하니, 이것이 학문이 진취되지 않고 후회가 많게 된 까닭이다"[45]라고 하여 성재의 자질 문제와 수양의 한계를 지적하기도 했다.

그러나 그렇다고 하여 그동안의 성재의 학문에 진보가 전혀 없었던 것은 아니었다고 하겠다. "요즈음 회암晦庵의 글을 읽고 섬섬 처음과는

173

다른 점이 있다는 것을 느끼겠다고 했는데, 이 학문에 대하여 얻은 것이 있다는 증거이니 매우 훌륭합니다"[46]라는 퇴계의 언급은 그가 다만 이전의 정신 경계를 뛰어넘은 확연한 경지를 열었다거나 또는 기존 자신의 성리학적 이론 이해를 넘어서는 큰 진전을 보지 못했다는 것이지 결코 학문의 진전이 없었던 것은 아니었음을 보여준다고 하겠다. 연보 37세조에도 보이듯이 그는 주자의 글 중에서 마음을 다스리고 본성을 기르는[治心養性] 요체와 강론하고 질문한 여러 기록을 손수 베껴써서 늘 자리 오른쪽에 두고 아침저녁으로 보며 반성하는 공부를 지속했던 것이다. 그리고 그러한 생활 속에서 정성을 다해 어버이를 봉양하고 과부가 된 누이의 생활을 자상하게 돌보았으며, 또 친족과 이웃 간의 화목을 위해 예전에 퇴계가 정했던 온계동약을 그의 친지들과 협의하여 부포마을의 동약으로 수용하여 시행하는 등 일상생활에서의 의의 실천 공부를 부단히 진행했던 것이다. 그리하여 이러한 학문 연마를 통하여 퇴계의 만년에 그는 퇴계와 뜻을 함께 하는 위기지학의 대표적인 제자 중의 한사람으로 이름을 얻고 있었음을 위 편지에서 볼 수 있다.

그리고 퇴계의 사후 그는 고향에서 스승의 장례와 문집 간행 등에 주도적으로 참여했으며, 또 학문을 닦고 선친의 삼년상을 치르면서 10년 가까운 세월을 지냈다. 그리고 50세에 제릉 참봉으로 천거되어 상경한 이후 10년여의 타향살이의 관직 생활을 끝에 다시 귀향하게 된다. 그러나 그동안 그는 옥산서원에서 회재晦齋 선생의 글을 강론하기도 하고, '『화담집』을 읽고 변론함[讀花潭集辨]'을 짓는 등의 학술 활동을 여건에 따라 가능한 대로 수행했다. 그리고 이후 두 차례에 걸친 왜란의 위기에 처해서는 고령高齡임에도 불구하고 직접 의병을 조직하고 수성장守城將을 맡아 수습하는 등 구국 활동을 전개했고, 이후 두 차례 관직의 사양 끝에 70세에는 봉화 현감에 부임하여 퇴계의 향약을 계승하여 봉화 일대에 시행했다. 그리고 다시 귀향해서는 분발하여 학문을 닦았는데 72세에 고산정에서 지은 아래의 시는 그의 일생의 학문을 집약하여 보여주고 있다.

순과 우가 전하여 공자와 문왕에 이르니	舜禹相傳到孔文
양양한 수사의 물결과 근원이 이었어라	洋洋洙泗接流源
뭇 성인 가르침과 합하는 줄 이제 알겠으니	始知妙契同羣聖
주일主一이라는 관건關鍵으로 길을 찾겠네[47]	主一關頭覓路門

그의 학문은 위에서 볼 수 있는 바와 같이 '경敬의 실천을 통한 깨달음과 체득을 중시하는 심학'임을 볼 수 있다. 사실 그는 처음부터 자신의 자질과 성향에 따라 거경에 치중된 학문 자세를 보였다. 경의상수敬義相須를 중심으로 한 실천적 심학 방법이 그의 체험에 바탕하여 자연스럽게 선호되었던 것이다. 그러나 그것은 '경을 통한 천리의 체득'이라는 심학의 극단적인 주장으로까지 발전하지는 않았고, 그래서 그의 학문을 퇴계학 내의 심학이라 규정할 수 있다고 하겠다. 그리고 궁리 공부에 있어서도 그는 스승으로부터 배운 내용들을 거의 묵수하고 있으며, 따라서 자신의 뚜렷한 리기심성의 이론적 저작이나 논설들을 거의 제기하지 않았다. 제기된 논설 또한 그만의 독창적인 수준이나 내용을 보여주는 것은 아니라고 하겠다. 그러나 예에 대한 공부에 있어

서는 체계적인 해설이나 저작은 거의 없지만, 스승이 만든 규약을 새롭게 발전시켜 보다 실천적인 향약鄕約이나 동약洞約을 마련하고 시행함에 있어서는 뛰어난 역량을 보였다. 이렇게 보자면 그의 학문은 퇴계학 중에서도 실제적인 심성 공부와 사회적 교화 실현이라는 보다 실천적인 측면이 특별히 더 부각되어 수용된 '퇴계학맥의 실천적인 위기지학 흐름'이라고 할 수 있다.

위기지학에 근거한 사회적 실천 활동

성재는 완성도 높은 성리학설 이론이나 특출한 수준의 심의 체득 경지를 보이지는 않았고 또 관록이나 지위에 있어서도 높은 위치에 처하지 못했다. 그러나 그가 행했던 처세와 교유 및 사회적 의무의 실천에 있어서는 상당히 능동적이고 적극적인 활동과 폭넓은 행동 범위를 보여주었다. 『일기』에서도 드러나고 있듯이 그의 삶이 원숙해갈수록 생활 속에서 형성되었던 사회적 관계망은 친인척, 이웃, 문인 등에 한정되지 않고 관직 생활, 의병 활동, 심지어 자식들의 거업 동년 관계까지 함께 어우러지며 자연스럽게 확대되는 모습을 보여주었다.[48] 이는 그가 일찍부터 퇴계라는 뛰어난 스승을 만나 가까운 거리에서 생활하며 가르침을 받았던 퇴계 문인이었다는 사실에 힘입은 바가 크다고 하겠지만 그러나 무엇보다 중요한 것은 그의 온화하고 순후한 인품과 인간 본성에 대한 깊은 신뢰가 이러한 폭넓은 인간관계의 바탕이 되었다고 할 수 있다. 이러한 인품을 지녔던 그는 21세부터 퇴계 문하에서 20년 동안의 수학 생활을 거치고, 이후 9년 간의 재야 문인으로서의 활동 시기와 10년여 동안의 사환仕宦 시기를 거친 다음 61세에 고향으로 귀환했다. 그러나 그의 인생은 그것으로 종막을 고한 것이 아니었다. 두 차례에 걸친 왜군倭軍의 침략과 이로 인한 혼란 상황은 그때까지 축적된 그의 실무적 경륜과 두터운 인간관계 능력을 발휘하도록 했는데, 그는 이 시기에 그의 힘을 다하여 영남 일대 백성들의 안전과 편익을 위하여 활동을 전개했다. 그러면 이제 이러한 활동들을 친사존숭親師尊崇의 학문적 실천, 애민애향愛民愛鄕의 사회적 실천, 그리고 이를 바탕으로 한 위민구국爲民救國의 애국적 실천 활동으로 나누어 살펴보기로 한다.

친사존숭의 학문적 실천 활동

스승을 믿고 따르며 존숭했던 문인으로서의 그의 실천 활동은 대략 세 가지로 살펴볼 수 있다. 먼저 퇴계 생전에는 스승의 저술 작업을 보조하는 공동 참여 활동과 역동서원 등 교육시설 건립의 참여 활동이며, 퇴계 사후에 있어서는 도산서당의 서원으로의 확대와 『퇴계집』의 간행에 관한 활동 등이다.

먼저 스승의 저술 작업을 보조하는 공동 참여 활동으로서는 『주자서절요』 편찬 과정에서의 그의 참여였다. 퇴계는 명종 10년(1555) 2월에 다시 고향으로 돌아와 『주자서절요』의 편찬 작업을 시작했는데, 그 작업에 성재가 중도에 참여했음을 연보 27세조(1556)에는 다음과 같이 기록하고 있다.

○ 4월에 조 월천과 월란암에서 독서하고 『주자서절요』를 베껴 쓰다.

○ 당시에 퇴계 선생이 주자의 편지글을 간추려 뽑아서 기록하여 7책으로 만들고 베껴 쓰도록 명했는데, 편지의 대략에 "사경士敬이 쓴 것이 반이 되는데 문원聞遠과 교대하여 쓰는 것이 합당하겠습니다. 반드시 두 사람이 모두 쓰도록 하는 것은 우리 고장의 성대한 문아文雅를 보자면 둘 중 하나라도 없어서는 안 되기 때문입니다"라고 했다.

『주자서절요』편찬 작업은 퇴계가 주요 내용을 발췌하여 주해註解를 달면 그의 아들과 조카 그리고 농암의 자제들 및 제자들이 교정과 필사를 담당하는 방식으로 진행되어 명종 11년(1556)에 초고가 완성되었다. 그런데 당시 제자로서는 조목 혼자서 담당했던 작업 분량을 퇴계의 명에 따라 이때부터 교대로 하는 방식으로 성재는 이 작업에 공동으로 참여했다. 그리고 그의 나이 41세(1570)에 퇴계는 9월에 도산서당에서 『계몽』과 『심경』을 강학했다. 이때의 일을 연보에서는 "선생이 일찍이 동문의 여러 사람들과 모여서 『심경의의』를 교정했는데, 퇴도 선생의 글에, 교정이 정밀하고 자세하다는 말이 있다"고 전하고 있다. 그런데 그가 동문들과 교정했다는 『심경의의』가 지금은 전해지지 않는 이유에 대해 위의 글에서는 "『심경』은 선생이 공부하는 법을 전해받은 책인데 강론하고 질문한 조목들과 논저論著의 글은 모두 잃어버리고 전하지 않는다"고 하고 있다. 이를 볼 때 성재는 그의 스승이 가장 중시했던 주자서와 심경에 관련한 저술 작업에 그 일원으로 참여하여 적지 않은 역할을 수행했음을 알 수 있다.

다음으로 역동서원 등 교육시설 건립에 있어서의 그의 참여 활동이다. 연보에서는 그의 나이 29세조(1558)에는 역동서원의 건립 과정에 대해 다음과 같이 기록하고 있다.

○ 4월에 퇴계 선생을 모시고 오담鰲潭을 유람하다.
○ 당시에 고장의 선비들이 퇴계 선생에게 아뢰어 역동서원 건립을 의논하고 단사丹砂와 능운凌雲 등의 장소에서 지형을 살폈는데, 선생이 오담의 훌륭한 풍경을 사문師門에 아뢰고, 약속하여 만나서 유람하고 감상한 뒤에 드디어 터를 정했다.

역동서원은 우탁禹倬 선생의 학문과 덕행을 추모하기 위해 1567년에 퇴계가 발의하여 1570년에 창건된 안동지역 최초의 서원이다. 그런데 당시 이 지역 선비들의 여망이었던 역동서원이 바로 성재의 추천으로 퇴계의 허락을 얻어 최종적으로 그가 살고 있던 안동 예안禮安의 부포浮浦 마을 오담鰲潭 쪽에 터를 잡아 건립되었던 것이다. 그리고 이후에 서원의 원규院規와 당재堂齋의 이름을 정하는데 있어서도 그는 문인들의 의견을 퇴계에게 전달하는 등 서원 운영 체계의 준비에도 참여했고,[49] 1570년 8월에는 퇴계를 모시고 우탁 선생의 위판位版을 봉안하고 석채례釋菜禮를 그곳에서 행했다. 이렇게 그가 역동서원 건립의 시작부터 완성에 이르기까지 퇴계와 함께 했던 사실은 이들 사제 간의 강한 친밀도와 신뢰를 보여준다고 하겠으며, 퇴계의 뜻을 실현하는데 그가 매우 적극적으로 참여했음을 보여준다고 하겠다. 그리고 도산서당의 건립에 있어서도 그는 일정한 역할을 수행했는데, 도산서당이 완공된 후 조목을 비롯한 여러 제자들과 함께 그는 퇴계의 허락을 얻어 농운정사隴雲精舍 곁에 낙락재亦樂齋를 지었다.[50]

역동서원이 완성되고 도산서당에서 『계몽』과 『심경』을 강학했던 그해 12월에 퇴계는 이 세상을 떠났다. 그때 성재는 일 년 동안 띠를 두르고 삼년 심상心喪을 지냈는데, 제문祭文에서는 "나를 낳아주신 분은 부모이시고 나를 가르친 분은 선생이시다"라고 하여 그의 애절한 심정을 표현했다. 이듬해 3월 퇴계 선생을 회장會葬하면서 여러 사람들과 그 절차에 대해 논했을 때, 그는 기대승이 지은 묘갈문이 문제가 많기 때문에 다른 사람에게 부탁해 다시 지을 것을 주장했다.[51] 결국 그 이듬해인 3년상의 막바지에는 그와 유족들의 의견에 따라 이 묘갈문을 묻지 않은 채 상례喪禮 절차를 마쳤다.[52] 이윽고 그의 나이 45세 되던 1574년 봄에 여러 동문들과 함께 도산陶山에 상덕사尚德祠를 건립할 것을 논의했다.[53] 그 이후 도산서원은 이듬해 8월에 낙성하여 선조로부터 '도산'이라는 사액을 받았고, 1576년 2월에 사당을 준공하고 퇴계 선생의 신위를 모심으로써 완성되었다. 그는 부친의 삼년상을 마치고 1577년 8월에 도산서원에서 석채례를 행한 이후 매년 신정新正과 석채례 때 참여하여 제자로서의 예를 다했다.

『퇴계집』의 간행은 퇴계가 별세한 이듬해인 1571년 6월부터 추진되기 시작했다. 당시 그는 동문들과 함께 역동서원에 모여 돌아가신 스승의 문집을 모았고, 이듬해 6월에 다시 모여 사문일록師門日錄을 수정했다. 이후에도 그는 문집의 간행에 지속적으로 간여하여 의견을 제시하는 등 주요 역할을 수행했고,[54] 도산서원에서 처음으로 목판에 문집을 새길 때에는 그가 거의 실무를 총괄하는 역할을 담당했음을 아래와 같이 볼 수 있다.

스승이 세상을 떠난 뒤 후생이 어디를 우러러야 할지 슬퍼하며 남긴 실마리가 실추될 것을 두려워하여 동문의 벗들과 함께 때때로 모이기로 약속하여 평소 들었던 것을 분변하고 정정하기를 반복했다. 문집을 새기는 때는 바로 봉화 현감으로 있을 때라 문서를 처리하는 여가에 수시로 왕래하며 간행하는 일을 점검하고 살폈고, 심지어 장인匠人들을 대접하는 말단의 일까지도 대부분 관청의 주방에서 마련했다.[55]

그리하여 그가 71세 되던 해인 1600년 5월에는 조목을 비롯한 동문들과 도산서원에 모여 스승의 문집이 완성된 것을 고하게 되었다.

애민애향의 사회적 실천 활동

성재는 이론적인 저술 활동을 통해 퇴계를 계승하기보다는 향촌 사회의 도덕 질서를 구현하는 실제적인 노력을 성공적으로 수행함으로써 퇴계학의 실천적인 측면을 계승했다. 그는 36세였던 1565년에 퇴계가 세웠던 온계마을 친족계를 이어받아 그의 마을인 부포마을의 친족계를 그의 친족들과 의논하여 시행했다. 그는 온계동약溫溪洞約이 친인척 간의 화목한 도에 대해 인정과 의리情義를 잘 갖추어 있고 또 온계마을과 부포마을의 여건이 거의 흡사하다고 판단하여, 온계동약을 이어받아서 부계동약을 시행했다. 그러나 온계동약에는 '약조를 어긴 자에 대한 경계와 벌칙'이 없었기 때문에 그는 이를 추가하여 동약을 만들어 시행했다.[56]

그런데 그가 스승인 퇴계의 실천적인 측면을 계승한 것은 이에 그치지 않았다. 그가 69세였던 1598년에는 지난 시절 퇴계가 세웠던 향약

제정의 뜻을 계승하되 참여 계층 범위를 더욱 확대한 부포 마을의 향약을 제정하고 시행했다. 이 당시는 임진·정유 양란으로 인해 기존의 사회 질서가 크게 무너지고 인심이 각박했던 시기였던 만큼 그는 이러한 당시의 혼란상을 향촌의 자치 규약을 새롭게 정비하여 시행함으로써 그 위기를 극복하고자 했던 것이다. 그래서 그는 하인과 노비도 함께 포함시켜 규약을 정하여 시행했는데, 여기에는 물론 시대적 혼란 상황의 반영이라는 측면도 있겠지만 무엇보다도 인간 본성의 선함은 사회의 존비 계층을 초월하는 것이라는 그의 성선性善에 대한 확신과 평등적 인간관이 자리하고 있음을 아래에서 볼 수 있다.

> 고을鄕에 세운 약조와 마을洞의 친족계族契는 모두 좋은 법이고 아름다운 뜻이다. 그런데 변란이 있은 뒤로 인심이 날로 각박해져 형장刑杖과 태벌笞罰로는 권장하고 징계할 수가 없게 되었다. 그러므로 내가 부포夫浦 마을에 따로 향약의 조목을 세워 인정人情에 따라 인도한다. 하인과 노비가 명분은 다르지만 다 같이 하늘이 부여한 성[天命之性]을 받았다. 어찌 비천하다 하여 권하고 깨우쳐 함께 지극히 선하게 되도록 하지 않겠는가. 이에 위아래를 나누어 따로 조례를 아래와 같이 세운다.[57]

위에서 볼 수 있듯이 만년에 있어서의 그는 스승의 향약을 단순히 계승함에 그치지 않고 오히려 그 한계를 넘어서는 당시로는 혁신적인 형태로 변화시켜 향약을 시행했다. 1556년에 퇴계에 의해 작성된 예안향약이 사족층을 대상으로 했던 처벌 규정 위주의 내용이었다면, 그에 의해 시행된 향약은 상하 계층의 행위 규정을 하나의 향약 틀에 포괄하여 수록한 교화 중심의 향약이었다고 하겠다. 그리고 이의 원활한 시행을 위해 그는 가사歌詞 다섯 장을 지어서 사람의 본심이 두텁고 선하다는 뜻을 사람들에게 깨우침으로써 향약을 효과적으로 시행했고 좋은 성과를 거두었다.[58]

이러한 선례를 바탕으로 하여 이듬해 4월에 봉화 현감으로 부임하던 날 그는 고장의 어른들에게 전날에는 제대로 시행되지 못했던 퇴계의 향약을 봉화에서 시행하고자 하는 뜻을 알리고 허락을 얻었다. 그리고 향약 조목을 가져와서 예안에 의논을 제기하고 향회鄕會를 만들어 향서당에 게시했다.[59] 그리고 5월에 고장의 어른들을 모아 향약을 시행했는데, 이날 그는 마을의 친족계와 향약의 약조에 약간의 조목을 덧붙여 보충하고서 인근의 관청과 향리로 전파했다.[60] 이러한 풍속 교화를 통한 그의 애민애향의 노력은 빠른 시간 내에 일정한 성과를 거두었던 것으로 보인다.[61] 그것은 그해 7월에 있었던 북촌北村에서 모임에서 영천군수榮川郡守 이유성李惟誠이 모임의 서문에서 아래와 같이 말하고 있음을 볼 때 그러하다.

현감 금공琴公이 품행과 도의行義로 세상에 이름났었다. 하루아침에 현감이 되어서는 근심스레 풍속을 도탑게 하고 교화를 일으킬 뜻이 있어, 고을의 몇몇 사대부들과 향약을 의논하여 시행하면서 한결같이 이황 선생이 정한 대로 따르며, 여씨呂氏의 옛 규범을 참작하여 가난한 마을에 나누어주어 스스로 흥기하게 했다. 또한 아름다운 때 좋은 절기에는 술을 두고 서로 모여, 덕업을 권면하고 위아래에 차례가 있으며 남녀가 자리를 달리하도록 하니, 온 경내의 문물이 모두 법도에 맞아져서 아버지는 아버지 노릇을 하고 자식은 자식 노릇을 하여, 이것을 미루어 넓혀가서 남편은 남편답고 아내는 아내다우며 형은 형답고 아우는 아우다워 모두가 마땅함을 얻어, 장차 집집마다 예로 양보하여 전과 다름없이 추노鄒魯의 기풍이 있게 되었다. 아, 전란이 해를 거듭하니 염치의 도리가 없어져 버렸다. 다행히도 어진 현감을 얻어 교화의 다스림에 감화되어 태평의 기상을 볼 수 있게 되었다.[62]

그런데 그의 이러한 애민애향의 노력들은 향약이나 동약의 시행에만 국한된 것이 아니었다. 장흥고長興庫 직장直長으로 근무할 당시 그는 합천 군수였던 조목에게 아래와 같이 안동 지역의 문인들이 무리하게 인근 토지를 서원에 부속시키는 것에 대해 만류해줄 것과 탐욕스런 아전들에게는 형장刑杖을 더 사용할 것을 부탁했다.

부포夫浦의 서원 앞은 선조들이 백여 년 넘게 농사를 금하고 있는 묵정밭인데 정성주鄭城主가 권사權泗의 소송으로 인하여 서원에 붙이는 것을 허락하려고 합니다. 이러한 일은 선생께서 평소 하지 않던 일인데 문인과 제자 되는 자들이 의리義理를 생각지 않고 단지 서원에 붙이는 것을 급하게 여깁니까. 성주께 서원에 붙이는 것을 허락해서는 안 된다는 뜻으로 간곡하고 정성스런 편지를 드리는 것이 어떻겠습니까. 오늘 딸을 보내는 행렬이 강에서 출발했습니다. 또 형이 형장을 덜 쓴다는 말을 들었습니다. 큰 고을의 탐욕스러운 아전들에게 그렇게 대해서는 안 되니 형은 부디 헤아려 처신하시기 바랍니다.[63]

뿐만 아니라 그는 향촌 사회를 구성하는 각 계층의 호혜적인 상호 관계를 안정적으로 실현하기 위하여 적절한 규약을 만들어 유향소를 통해 이를 실현하고자 했다. 따라서 토착민들이 장인匠人들의 농지와 점포를 빼앗아 차지하려는 행위를 금지하는 한편 그 반대의 경우도 엄격하게 금지함으로써, 토착민과 장인의 공생 관계의 실현과 이를 통한 관가官家의 원활한 기능 수행을 도모했다. 사실 토착민들이 장인의 농지를 침탈한 예는 과거에 예안지역에서 이미 문제로 대두된 적이 있어서 1567년에는 퇴계가 이를 금지하는 규약을 만들었고, 이것을 해당 관청에서는 강력하게 시행한 바가 있었다. 그러나 세월이 지나서 특히 임진왜란의 와중이었던 1593년에 이르러서는 이러한 규약이 무시되면서 지켜지지 않게 되자 성재가 다시 아래와 같이 대처하여 시행하고자 했던 것이다.[64]

근년 이래로 인심이 옛날 같지 않아 고을 사람들이 향선생鄕先生과 고을의 어른父老들이 약조를 세운 뜻을 염두에 두지 않고 갖은 방법으로 차지하려고 꾀하여, 사채를 갚지 않는다는 이유로 빼앗기도 하고 유혹하고 협박하여 억지로 사서 빼앗아 차지하기도 하니 뿌리 없이 떠도는 사람들이 무슨 돌아보고 연민할 것이 있어서 뿔뿔이 흩어지지 않겠는가. 더구나 변란을 만나 요역에 시달리고 주림과 추위에 내몰리다 보니 다 팔아버리고 뿔뿔이 흩어져 사방의 장인들이 쓸쓸하게 텅 비어버렸는데 관가가 어떻게 지탱할 수 있겠는가. …(중략)… 토착민만 금지하고 장인이 토착민의 토지를 차지하거나 사는 것을 금하지 않으면 협소한 백성들의 농토는 모조리 장인의 땅이 되고 말 것이니 또한 막지 않을 수 없다. 이 규약을 향소에 보관해서 영원히 선애가너 시행하어 폐탄이 없게 힌다면 또힌 긴기를 부기

하는 한 가지 방법일 것이다. 만력 계사년(1593) 동지에 유향소留鄕所에 글을 보낸다.[65]

위민구국의 애국적 실천 활동

성재가 기축옥사의 여파로 낙향한지 두해 만인 1592년에 임진왜란이 발생했다. 4월에 동래東萊를 함락시키고 북쪽으로 진격한 왜구들은 5월초에 서울을 점령하고 계속 북침했다. 임금이 서울을 버리고 피난했다는 소식을 듣고 통곡했던 성재는 이에 예안에서 향병鄕兵을 모집하여 조직했다. 그는 김해로 하여금 의병을 통솔하도록 하고 아들 경은 군수를 담당하는 군관軍官 겸 장서기掌書記를 맡게 했는데,[66] 이들은 주로 경상좌도 지역에서 왜군과 대적했다.[67] 당시에 그는 예안의 대사大寺에서 의병 일을 논의했고 또 이들의 무예 수련을 살펴보기도 했으며, 비상시의 대책으로 청량산 인근의 피난처를 탐색하고 자식들로 하여금 활쏘기를 익히게 하는 등 여러 조치들을 취했다.[68] 그러나 1593년 봄에 의병장 김해가 경주에서 사망하여 향병이 흩어져 온 경내가 동요되자, 그는 고장 사람들의 추천에 의해 수성장을 맡아 온 힘을 바쳐 그 직책을 수행했다.[69] 연보와 『일기』에서는 당시의 일을 다음과 같이 기록하고 있다.

> 방백方伯 김수金睟에게 장계를 올려, 읍의 일에 대한 적절한 조처를 진술하다. 선생이 뼈아픈 마음과 적개심으로 있는 곳에서 온 힘을 다 바쳤고, 지역의 수령에게 대책을 마련하며 방백에게 첩牒으로 보고했다. 군무軍務를 연습鍊習하고 창고를 열어 화조和糶를 하니 온 군이 그 덕에 안도했다.[70]

성안에 있으면서 관아 창고를 열고 보리 환자還子를 받아들였다. …(중략)… 향병대장鄕兵大將 김해 달원達遠이 경주慶州 진소陣所에 있으면서 역병을 얻어 세상을 버렸다는 부고를 들었다. …(중략)… 굶주린 사람들에게 진휼미를 분배하여 지급한 일로 보고서를 작성하여 순찰사에게 보냈다.[71]

그 해 8월에는 가장假將 안제安霽와 함께 안동에서 체찰사體察使 류성룡을 만나고 예안으로 돌아왔고, 9월에는 왕이 도성으로 돌아왔다는 소식을 듣고서는 조목, 금응협 등과 서울로 달려갈 것을 의논했으나 이루지 못했다. 그리고 이듬해인 1594년 1월에는 예안 현감 신지제申之悌를 만나 수성장 직의 사임을 청했다.[72] 그러나 비록 직책은 사임했으나 그는 산성을 수축을 위해 청량산을 찾은 현감과 함께 산성의 상황을 살펴보기도 했다.[73] 그리고 1596년 1월에는 순찰사 홍이상과 집경전集慶殿 어용御容[74]을 봉심奉審하러 도산으로 왔던 상체찰사上體察使 이원익李元翼을 만났으며,[75] 2월에 성주 판관星州判官에 제수되었으나 부임하지 않았고, 이후 익위사 익위翊衛司翊衛에도 임명되었으나 역시 부임하지 않았다.[76]

그러나 이듬해인 그의 나이 68세였던 1597년에 정유재란이 일어나자 그는 아들 경을 화왕산성火旺山城으로 보내어 곽재우의 의병 모집에 응했다. 그리고 4월에는 체찰사 이원익과 도산서원 천연대天淵臺에서 모였으며, 8월에는 왜군이 한산도에서 전라도와 경상우도의 수군을 격파하고 모두 몰살시켰다는 소식을 들었다. 그리고 명나라의 지원군이 안동 인근에 진입하게 되자 그는 12월에 다시 수성장의 직첩을 받고 그 직책을 수행하게 되었다.[77] 헌보에서는 당시의 일을 다음과 같이 기록하고 있다.

> ○ 금결琴潔, 류의柳誼, 손흥효孫興孝, 이경원李慶元을 보내어 군량을 모으다.
> ○ 당시 거듭 기근이 닥쳤는데 명나라 군대가 남쪽으로 내려왔으나 군량
> 이 이어지지 못하니, 선생이 먼저 약간의 곡식을 내고 온 읍에 두루 고하
> 여 알려서 힘닿는 대로 곡식을 내도록 하여 다방면으로 마련했다. 또 체찰
> 사와 조도사調度使에게 백성을 고달프게 하지 않고 일들을 이루는 방도를
> 조목별로 진술했다. …(중략)… 군사를 단련시키고 군량을 모으는데 매우
> 조치와 계획이 있었다.[78]

이듬해인 그의 나이 70세인 1599년 3월에 그는 봉화 현감에 제수되
었는데, 그는 나라가 다시 회복되어 다시 임금을 뵙게 된 것에 감격하
고서 부임했다. 부임한 그는 앞서 언급한 향약 등의 시행에도 힘을 기
울였지만, 전란의 성공적인 종식을 위해 이전 수성장 때 수행했었던
백성들의 형편을 고려한 원활한 보급 업무와 관련해서도 관심을 두
고 나름대로의 조치를 취했다.[79] 특히 그는 백성들에 대한 당시 명나
라 관리의 가혹한 수취를 염려하며 그들과의 교제를 신중하게 함으로
써 나름대로 이 문제를 해결하고자 노력했다.[80] 이러한 노력의 와중에
1600년 8월에 그는 직책을 수행하기에는 규정상 나이가 많다는 이유
로 파직되어 귀향했다.[81]

결론

　지금까지 살펴본 그의 학문과 실천 활동을 요약해보기로 한다. 우선 그의 학문은 퇴계학의 충실한 수용, 경의상수敬義相須의 심학적 학문 성향, 그리고 퇴계학파 내의 실천적 위기지학으로 정리될 수 있다.

　그의 학문의 특징으로 '퇴계학의 충실한 수용'을 먼저 든 것은 그가 퇴계학의 정수라 할 수 있는 '위기지학에 대한 강한 지향'을 일찍부터 지니고 평생토록 퇴계의 가르침을 받들고 수행하면서 그와 다른 이론異論을 제기하지 않았기 때문이다. 그는 스승이 가장 중시했던 거경과 궁리의 공부를 『심경』과 주자서를 중점적으로 공부하면서 20년 동안 충실히 수용했다. 그 과정을 보면 그는 퇴계가 『심경』을 주목하고 강론할 당시에 이에 대한 공부를 시작했고(24세), 후에 『연평답문』도 전해 받아 학습했다(26세). 그리고 퇴계가 『주자서절요』를 편찬하면서부터는 퇴계의 관심 하에 이에 대한 필사작업과 함께 본격적인 학습을 시작했다(27세). 이외에도 『계몽전의』와 관련된 수업을 들었고(28세), 중국과 조선에서의 '무극태극논변'에 관해 물어 배웠으며(38세), 『계몽』과 『심경』을 강학하면서 동문들과 함께 『심경의의』를 교정(41세)하는 등 퇴계의 학술 활동과 극히 밀착된 수학 활동을 수행했다.

　다음으로 경의상수의 심학적 학문 성향이다. 그의 학문 성향 자체가 이론적인 논변보다는 성리학적 사상의 지평 위에서 '경과 의의 실천을 통해 참된 근원의 자득自得을 추구'하는 실천유학적인 심학적 성향을 띠고 있었다. 통상 심학은 일상생활에서의 철저한 도덕 실천을 중시하고, 마음 공부를 통한 깨달음을 추구하며, 이론적인 저술보다는 실제적인 삶의 개선을 추구하는 실천적인 특징을 보인다. 그런데 『심경』 공부를 통한 경 공부와 '부자형제가 날마다 절하는 예를 의로 삼아 이 양자를 적극 실천하려던 24세 당시의 그의 행적은 이에 상당히 부합하는 특징을 지니고 있었다. 그리고 30세 무렵에 형성된 그 나름의 학문 체계는 수양의 핵심을 사욕을 극복함으로써 인간 본성의 선함을 자각하는 것으로 보았고, 이를 위한 경 공부의 핵심적인 방법으로 『소학』 공부를 제시했다. 이는 일상에서의 경의 실천을 통한 본성의 자각 공부라고 하겠는데, 남명의 하학인사下學人事를 통한 상달천리上達天理의 심학적 공부 방법과 상당한 유사성을 지닌다고 하겠다. 그러나 퇴계학적 틀 속에서 그의 심학적인 학문 수양이 지속되고 있었음을 볼 때, 그의 학문은 '퇴계학적 사유 내에서의 심학'으로 규정할 수 있다.

다음은 퇴계학파 내의 실천적 위기지학이다. 그의 학문은 '경의 실천을 통한 깨달음과 체득을 중시하는 심학적 성향의 학문'이다. 그러나 그것은 '경을 통한 천리天理의 체득'이라는 유가심학의 극단적인 주장으로까지 발전하지는 않았기에, 퇴계학 내의 심학으로 규정될 수 있다. 그리고 궁리의 측면에 있어서도 그의 학문은 퇴계로부터 배운 내용들이 거의 묵수되고 있고, 자신의 뚜렷한 리기심성의 이론적 저작이나 주장들은 거의 제기되지 않았다. 그러나 예에 대해서는 체계적인 해설이나 저작은 거의 없지만, 스승이 만든 규약을 발전시켜 보다 실천적인 향약이나 동약을 마련하고 시행함에 있어서는 뛰어난 역량을 보였다. 이렇게 보자면 그의 학문은 퇴계학 내에서도 '실제적인 심성 공부와 사회적 교화 실현'이라는 보다 실천적인 측면이 더 부각되어 계승된 '퇴계학맥의 실천적인 위기지학 흐름'이라고 할 수 있다.

이어서 그의 사회적 실천 활동을 살펴보면 다음과 같다. 먼저 그의 실천 활동은 실천적인 위기지학에 근거하여 사회적으로 활발하게 전개되었다. 그런데 그는 이론적인 측면보다는 실천적인 측면에 있어서 상당히 능동적이고 적극적인 활동과 폭넓은 행동 범위를 보여주었다. 이러한 활동들은 친사존숭親師尊崇의 학문적 실천 활동, 애민애향愛民愛鄕의 사회적 실천, 위민구국爲民救國의 애국적 실천 활동으로 정리될 수 있다.

스승을 따르고 존숭했던 문인으로서의 그의 활동은 스승의 저술 작업을 보조했던 공동 참여 활동, 역동서원 등 교육시설 건립의 참여 활동, 그리고 도산서원의 건립과『퇴계집』간행에 관한 활동을 들 수 있다. 그는 27세에 조목 함께 제자들을 대표하여 공동으로『주자서절요』편찬의 필사 작업에 참여했고, 41세에는 동문들과 함께『심경의의』를 교정했다. 그리고 그는 안동지역에서 역동서원의 건립이 논의될 때 예안禮安의 부포浮浦 오담鰲潭 지역을 퇴계에게 추천하고 이곳에 터를 잡게 했고, 운영 내규의 작성 시에도 제자들과 함께 참여하여 역동서원이 완성될 때까지 퇴계와 함께 했다. 그리고 퇴계가 세상을 하직하여 장례를 준비할 때 그는 제자로서 주요한 역할을 수행했고, 이후 동문들과 함께 도산에 상덕사의 건립을 추진하여 완성을 보았다. 그리고 퇴계가 별세한 이듬해부터『퇴계집』의 간행을 추진하여 30년이 지난 그의 나이 71세에 조목을 비롯한 동문들과 함께 스승의『문집』을 완성했다.

다음으로 애민애향의 사회적 실천 활동은 주로 친족계와 향약 시행의 형태로 나타났다. 그는 36세에 퇴계가 시행했던 온계마을 친족계를 이어받아 그의 부포마을 친족계를 시행했고, 69세였던 1598년에는 퇴계가 세웠던 향약을 계승하되 대상 계층을 더욱 확대한 부포마을의 향약을 제정하여 시행했다. 그리고 이를 바탕으로 봉화 현감으로 부임해서는 부임지에 향약을 시행하여 인근의 관청과 향리로 이를 전파했다. 뿐만 아니라 그는 고향 지역의 문인들이 무리하게 인근 토지를 서원에 부속시키는 것에 대해 반대했고, 토착민들이 장인의 농지와 점포를 빼앗아 차지하려는 행위를 금지하는 규약을 시행하려고 했다.

그리고 위민구국의 애국적 실천 활동은 임진왜란이 발발했을 때 예안에서 의병을 모집하여 조직하는 형태로 드러났다. 그의 지도로 김해는 의병을 통솔하게 되었고 아들 금경은 군수를 담당하는 군관 겸 장서기를 맡게 되었다. 그러나 김해가 병으로 진중에서 사망하여 의병들의 동요가 심해지자, 그는 여러 사람들의 추천에 의해 수성장직을 맡아 온힘을 다해 그 직책을 수행하여 이를 수습했다. 그리고 다시 정유재란이 발발했을 때에도 그는 68세의 나이에도 불구하고 다시 수성장 직을 맡아 백성들의 형편을 고려하며 명군明軍의 보급을 지원함으로써 그 직책을 원활하게 수행해내었다. 이러한 그의 다방면의 사회적 활동들은 그의 실천적인 위기지학이 바탕이 되어 드러난 것이라 하겠다.

그러나 그의 삶은 지금까지 살펴본 바와 같은 단지 의무적 삶만은 아니었다고 보인다. 그의『일기』를 보면 천렵川獵 이야기가 예상외로 많이 등장한다. 그는 고향 마을인 부포에서 조목과 함께 또는 주위 인물들과 함께 자주 천렵을 행했다. 심지어는 서울에 가서도 그는 편기의 직장 동료들 또는 주위 관료들과 함께 이를 즐겼으며 낙향한 뒤에도 만년에 이르기까지 이를 즐겼던 모습을 볼 수 있다. 그리고 뱃놀이 또한 그가 즐겼던 놀이였는데 그는 고산에 일동정사를 짓고 나서 그 앞의 연못에 배를 띄우기도 했다. 그리고 그는 명승지를 찾아 산수를 유람하고 그곳의 유적지를 돌아보는 일도 자주했는데, 31세에는 합천에서 있었던 향시 응시와 남명의 예방을 위해 남쪽으로 여행하여 지리산과 가야산 일대를 수개월간 탐방하기도 했다. 이러한 일은 보통 그가 새로운 부임지에 근무할 때 혹은 부임지와 고향 또는 거주지 사이를 왕래할 때에도 자주 이루어졌다. 그리고 서울에서 귀향한 뒤에는(62세 무렵) 나무 심는 일도 즐겨하여 역동서원 관수대觀水臺로부터 서원 교외 3~4리 뻗은 세 갈래 물길에 이르기까지 소나무를 심어 울창한 숲을 조성하기도 했다. 이러한 그의 모습들은 완상玩賞적인 삶과 의무적인 삶이 조화된 모습을 보여주고 있다고 하겠다.

이윽고 인생의 마지막 무렵에 그는 봉화 현감에서 체직된 후 고향으로 돌아왔다. 그러나 깨달음을 향한 그의 노력은 중지되지 않았고 이는 자연히 주위의 동문 제자들과 여러 사람들의 존중심을 불러 일으켰다. 그는 74세(1603)부터 중병에 걸렸지만 일찍 일어나 의관을 정제하고 꼿꼿이 앉아 책을 읽는 일을 하루도 중지한 적이 없었다. 그러나 이듬해 2월에는 병세가 심해져 자리에 눕게 되었다. 그렇지만 그의 장손의 관례冠禮를 행할 때는 병을 무릅쓰고 갓과 띠를 갖추어 이에 임했고, 다음 날 13일 이른 아침에는 세숫물을 들여오라 명하고 자리를 바르게 한 다음 미시未時에 생을 조용히 마쳤다. 이러한 그의 죽음은 의무를 다한 삶의 마지막 모습이자 자연으로 복귀하는 평온한 걸음이었다고 하겠다.

그러면 이제 앞서 제기했던 그의 입세 처신의 도에 대해 간단하게 소견을 피력함으로써 이 글을 마무리하기로 한다. 그는 스승인 퇴계가 별세하기 전까지는 위기지학에의 전념을 표방하며 대과 응시에 마음을 낸 적이 없었던 것으로 보인다. 그러나 그가 50세부터 서울에서 관직 생활을 하는 동안에는 꾸준히 대과에 응시했고, 앞서 보았듯이 그의 아들들의 과거 응시에는 상당히 적극적인 관심을 기울이며 물심양면으로 이를 지원했다. 이러한 사실들을 어떻게 보아야 할까? 분명한 사실은 그가 50세에 제릉 참봉에 임직하면서부터 위기지학에 대한 편향된 고집은 이미 무너졌다는 것이다. 그렇다면 그는 정반대로 높은 관직이나 봉록俸祿을 지향하는 출세주의자로 전향한 것은 아닐까? 그러나 그것은 만년에 그가 성주 판관星州判官이나 익위사 익위에 임명되었음에도 부임하지 않고 오히려 그보다 직급이 낮은 봉화 현감에 부임했던 사실이나 또 예안 현감의 감독을 받던 수성장의 직책을 기꺼이 맡았던 사실을 보면 그러한 생각 또한 적절치 못한 것으로 보인다. 그렇다면 왜 그는 그러한 태도를 보였던 것일까? 단정할 수는 없지만 그것은 사림에서의 그의 위상과 그의 관직 위계와의 괴리 때문은 아니었을까? 그는 친교의 자리에서는 당상관들과도 자연스레 어울렸고, 또 율곡조차도 여러 차례 그를 방문하여 얘기를 나누었음을 볼 때, 실천적인 성격을 지녔던 그가 중앙 정계에서의 낮은 관직의 한계를 자연스럽게 절감했을 수도 있다고 하겠다. 그리고 백성들의 실질적인 삶의 개선을 도모했던 그의 실천적 위기지학의 영향도 아마 적지 않았을 것으로 추측해본다.

참고문헌

琴蘭秀, 『惺齋日記』.

琴蘭秀, 『惺齋集』.

李滉, 『退溪集』.

李德弘, 『艮齋集』.

曺植, 『南冥集』.

金誠一, 『鶴峯集』.

금난수(박미경), 『성재선생문집』, 한국국학진흥원, 2019.

금난수(신상목 외), 『성재일기』, 한국국학진흥원, 2019.

김종석, 「『성재일기』에 나타난 16세기 재지 사족의 교유 양상」, 『국학연구』 권41, 한국국
학진흥원, 2020.

박현순, 「성재 금난수의 수학과 교유」, 『역사문화논총』 권4, 신구문화사, 2008.

이치억, 「퇴계 위기지학의 특성과 그 정신의 전승」, 『퇴계학논집』 권14, 퇴계학연구원,
2014.

최영성, 「성재 금난수의 학퇴계 정신과 주경함양 공부」, 『퇴계학과 유교문화』 권29, 경북
대학교 퇴계연구소, 2001.

1 『성재일기』가 발간되기 이전에는 다음의 연구들이 성재 연구의 전부였다. 최영성, 「성재 금 난수의 학퇴계 정신과 주경함양 공부」, 『퇴계학과 유교문화』 권29(경북대학교 퇴계연구소, 2001). 박현순, 「성재 금난수의 수학과 교유」, 『역사문화논총』 권4(신구문화사, 2008). 이치 억, 「퇴계 위기지학의 특성과 그 정신의 전승」, 『퇴계학논집』권14(퇴계학연구원, 2014).

2 『성재선생문집』과 『성재일기』는 이하에서는 각각 『문집』과 『일기』로 줄여서 기재한다.

3 앞의 각주에서 소개한 최영성과 이치억의 논문이 이러한 입장이다.

4 그렇다고 하여 그가 성리학적 이론탐구를 완전히 도외시했다는 것은 아니다. 그의 『문집』을 살펴보더라도 그는 회재 이언적과 망기당 조한보 사이에 있었던 무극태극논변에 기인하여 주자와 육상산의 학설에 대해 퇴계에게 질정했다는 기록을 찾아볼 수 있다. 그리고 여러 경 서들과 이전 학자들의 주장에 대해서도 의문 날 때마다 질의했다.

5 『문집』, 권3, 연보 1544년(15세).

6 이러한 선한 본성에 대한 자각과 신념은 후일 그의 인간관계에 있어서 당파적 한계에 국한 되지 않는 폭넓은 인간관계의 형성과 또 당시의 신분관념을 뛰어넘는 보다 혁신적인 내용의 향약 시행이라는 행적으로도 연결된다고 보인다. 그의 폭넓은 교유 관계와 그 특징은 김종 석, 「『성재일기』에 나타난 16세기 재지 사족의 교유 양상」, 『국학연구』 권41, 한국국학진흥 원, 2020, 100쪽에 잘 정리되어 있다.

7 『문집』 권3, 연보 1550년(21세) 참조.

8 『문집』 권1, 시, 51쪽, "正是槐黃爭走日 愛君堅坐玩書塵."

9 『문집』 권3, 연보 1552년(23세) 참조.

10 『문집』 권3, 연보 1552년(23세). 『퇴계집』 권23, 서, 「금문원에게 답함(갑인년, 명종 9, 1554)」 참조.

11 『문집』 권3, 연보 1552년(23세) '현사사 독서계' 참조.

12 퇴계의 학문 역정과 성재의 관계에 대해서는 박현순, 「성재 금난수의 수학과 교유」, 『역사문 화논총』권4, 신구문화사, 2008, 40쪽 참조.

13 『퇴계집』 권36, 서, 「금문원 난수에게 답하다」(계축년, 명종 8, 1553).

14 『퇴계집』 권36, 서, 「금문원 난수에게 답하다」(계축년, 명종 8, 1553).

15 『문집』 권1, 시, 48쪽, 차운次韻: (退溪集』 卷1) 퇴계는 위 시를 받고서 그해 1553년 섣달그 믐 며칠 전에 시를 지었는데 이는 그중 앞부분이다.

16 따라서 이 시기의 그는 미발未發 기상의 체인과 묵좌징심默坐澄心 체인천리體認天理를 주 장했던 연평의 '미발 중심의 수양공부론'을 퇴계의 지도에 따라 공부했음을 볼 수 있다.

17 퇴계는 43세에 처음 보았던 『주자대전』을 제대로 이해하기 위해 49세에 풍기군수를 사직하 고 낙향하여 학문에 몰두했는데 퇴계 50세였던 해에 성재가 그의 문하에 입문했다. 그리고 그때까지 축적되었던 퇴계의 『주자대전』에 대한 연구가 『주자서절요』의 편찬이라는 이러한 형태로 결실을 보게 된 것이다.

18 『문집』 권3, 연보 1556년(27세), "(퇴계의) 편지의 대략에, '사경士敬이 쓴 것이 반이 되는데

문원聞遠과 교대하여 쓰는 것이 합당하겠습니다. 반드시 두 사람이 모두 쓰도록 하는 것은 우리 고장의 성대한 문아를 보자면 둘 중 하나라도 없어서는 안 되기 때문입니다'라고 했다."

19 여섯 편이 있는데 그의 공부 상황 및 일상생활에 관한 것이 한 편, 마음 수양과 관련된 것이 두 편, 구체적인 예禮에 관한 것이 세 편이다. 사실 공부 상황 및 일상생활에 관한 편지도 결국 마음 수양을 통해 그 해결책을 구할 수밖에 없는 것이기도 하다.

20 그는 퇴계의 거경궁리의 균형적인 학문을 배우면서도 특히 심학적인 공부에 가치를 부여하고 그것을 실천하고자 했던 것으로 보인다.

21 『문집』 권1, 시, '『심경』을 읽고 절구 두 수를 써서 퇴계 선생께 올리다[讀心經書二絶上退溪先生]'.

22 이는 오늘날 남명의 학문 특징을 표현하는 용어로서 많이 사용되고 있는데, 다음과 같이 『근사록』에서 유래하는 표현이다. 『근사록』, 권2 위학편, '경과 의가 좌우에서 잡아주면 곧바로 위로 올라가니, 천덕天德에 도달함이 이로부터 시작된다[義夾持 直上, 達天德自此]'.

23 『퇴계집』 권36, 서, 「금문원 난수에게 답하다」(계축년, 명종 8, 1553).

24 『퇴계집』 권36, 서, 「금문원 난수에게 답하다」.

25 이 인용문의 [ ] 부분은 『퇴계집』 권36, 서, 「금문원 난수에게 답하다」의 내용을 참조하여 보충했다.

26 『문집』 권3, 연보 1559년(30세) 참조. 『간재집艮齋集』 권3, 「퇴계 선생께 올리다[上退溪先生]」 참조.

27 『문집』 권3, 연보 1566년(37세), "선생은 주자의 글 중에서 마음을 다스리고 본성을 기르는 [治心養性] 요체와 강론하고 질문한 여러 기록을 손수 베껴 써서 늘 자리 오른쪽에 두고 아침저녁으로 보며 반성했다."

28 『문집』 권3, 명, 「좌우명座右銘」.

29 『남명집』, 「행장」, "輒以敬義字, 矗矗爲門生言曰. 此二字極切要, 學者要在用功熟. 熟則無一物在胸中."

30 남명은 학문 순서에 있어서 『심경』, 「태극도설」 등 성리학의 본원과 심성에 관한 내용을 먼저 가르치는 퇴계의 교육 방법을 비판하고, 『소학』, 『대학』 등 성리학적 수양의 기초적인 내용을 우선 가르쳐야 한다고 주장했다. 그런데 성재는 앞서 보았듯이 퇴계의 학문 과정에 순응하며 학문을 이어갔다.

31 『일기』 신유년(명종 16, 1561, 32세) 4월 18일.

32 『일기』 신유년(명종 16, 1561, 32세) 4월 18일.

33 그의 유일한 논변문인 「화담집을 읽고 변론함[讀花潭集辨]」이 대표적인 예다.

34 『남명집』 권2, 소류疏類, 「을묘사직소」, "불교에서 말하는 진정眞定이라는 것도 다만 이 마음을 간직하는데 달려 있을 뿐이니, 위로 천리天理에 통하게 되는데 있어서는 유교와 불교가 같다[佛氏所謂眞定者 只存在此心而已. 其爲上達天理 則儒釋一也]."

35 최영성, 「성재 금난수의 학퇴계 정신과 주경함양 공부」, 『퇴계학과 유교문화』 권29(경북대학교 퇴계연구소, 2001). 박현순, 「성재 금난수의 수학과 교유」, 『역사문화논총』4(신구문화사, 2008). 이치억, 「퇴계 위기지학의 특성과 그 정신의 전승」, 『퇴계학논집』14(퇴계학연구원, 2014).

36 『문집』 권1, 시, 48쪽, 차운: (『退溪集』 卷1) 그해 1553년 섣달그믐 며칠 전에 이 시를 지었는데 그중 뒷부분이다.

37 『퇴계집』 권36, 서, 「금문원에게 답하다[答琴聞遠]」(계축년, 명종 8, 1553), "그런데 그대는

책을 안고 가서 (청량산을) 유람한다고 하니 그 고요한 속의 즐거움은 분명 혼자서만 만끽하는 곳이 있을 터이니, 말로 표현하기가 쉽지 않을 것 같소."

38 『문집』권3, 기記,「보현암 벽에 전후로 산에 들어온 기록을 쓰다[普賢菴壁上 書前後入山記]」.

39 『문집』권3,「연보」1564년(35세) 참조 비록 섬재가 특출한 학문적 진보나 성취를 이루지 못했지만 퇴계는 그의 이러한 품성과 태도를 여전히 아끼고 있었음을 볼 수 있다.

40 『퇴계집』권36, 서,「금문원에게 답하다」(정사년, 명종 12, 1557).

41 같은 글.

42 『퇴계집』권36, 서,「금문원에게 답하다」(경오년, 선조 3, 1570).

43 『문집』권2, 서,「퇴계 선생께 올리다[上退溪先生]」, 123~124쪽.

44 『퇴계집』권36, 서,「금문원에게 답하다」(갑자년, 명종 19, 1564).

45 『퇴계집』권36, 서,「금문원에게 답하다」(경오년, 선조 3, 1570).

46 『퇴계집』권36, 서,「금문원에게 답하다」(갑자년, 명종 19, 1564).

47 스승의「심경후론」을 읽고 다시 이전의 운으로 절구 두 수를 짓다[讀先師心經後論 更用前韻二絶].

48 사실 그가 종사한 관직이 미관말직에 불과했음에도 그를 둘러싸고 형성된 인적 교유 범위는 당파와 관직 서열 및 국적의 한계를 넘어서는 폭넓은 것이었다.

49 『문집』권3, 연보 1568년(39세). "○ 2월에 여러 사람들과 역동서원에서 모이다. ○ 원규와 당제의 이름을 의논해서 정하여 퇴계 선생에게 정할 것을 여쭈었는데, 선생이 쓴 글의 대략에 '당제 등의 이름은 이렇게 하는 것이 좋은지 아닌지 잘 모르겠습니다. 이산서원伊山書院의 원규가 상세하니 모방해서 의논하여 새로운 원규를 정해도 좋겠습니다'라고 했다."

50 『문집』권3, 기記,「도산서당을 건립한 일의 기록[陶山書堂營建記事]」, 165~166쪽 참조.

51 『문집』권2, 서,「김취려 이정에게 주다[與金而精就礪(辛未年)], 133~134쪽 참조. 당초 그는 퇴계의 유언에 따라 기대승에게 묘갈문을 부탁하는 것을 반대했지만 중론衆論에 의해 성사되지 못했다. 결국 이 문제는 기대승의 사망(1572)으로 인해 한동안 해결되지 못하다가 퇴계가 별세한지 27년이 지난 후에 그 묘갈문을 그대로 묻게 되었다.

52 『문집』권3, 연보 1572년(43세)와 1596(67세) 참조.

53 『문집』권3, 연보 1574년(45세) 참조.

54 『문집』권3, 연보 1588년(59세) 참조.『학봉집속집鶴峯集續集』, 권4,「금문원에게 답하다[答琴聞遠]」.

55 『문집』권4, 부록,「유사遺事」, 241쪽 참조.

56 『문집』권2, 잡저,「친족계를 의논하고 난 뒤의 기록[族契立議後識]」148~149쪽 참조.

57 『문집』권2, 잡저,「마을의 향약 조목에 대한 간략한 기록[洞中約條小識]」, 149쪽.

58 『문집』권3, 연보 1598년(69세) 참조. 그러나 그의 이러한 향약 시행은 어디까지나 퇴계가 세웠던 향약을 계승한 것이다.『문집』권2, 잡저,「퇴계 선생이 마을에 세운 약조의 뒤에 기록함[退溪先生鄕立約條後識]」, 147쪽 참조.

59 『문집』권2,「봉화의 향서당에 거는 작은 기록[揭付奉化鄕序堂小識]」, 147쪽.『일기』기해년(1599, 선조 32), 윤4월 2일.

60 『문집』권2,「봉화 향서당에 붙여 깨우치는 글[帖論奉化鄕序堂文]」, 151쪽.

61 이러한 노력은 실제로 봉화지역에만 그치지 않고 주변으로 확산되기도 했다.『문집』권3, 연보 1599년(70세). "이시박李時靜 공이 경주 부윤으로 있을 때 1통을 베껴 적어 가져다 법으

로 삼았다.”

62 『문집』 권3, 연보 1599년(70세) 참조.

63 『문집』 권2, 서, 「조 사경에게 주다[與趙士敬(戊子年, 1588)]」.『일기』 1588년 3월 10일에
경, 업, 개 세 아들이 딸 종향을 뱃길로 데리고 갔다는 내용이 있는데 이때의 일로 보인다.

64 이 규약은 후에 그가 봉화 현감을 역임하고 귀향한 직후 1600년 10월에 다시 봉화의 유향소
로 발송된다.

65 『문집』 권2, 잡저, 「토착민이 장인의 농지를 빼앗아 차지하는 것을 금지하는 규약[土民侵占
匠人田地禁斷規約]」152~153쪽.『일기』에는 이에 관한 기록이 없다.

66 『문집』 권3, 연보 1592년(63세) 참조.

67 김해의 의병은 안동 군위 등에서 활동하다가 1593년 3월에는 좌도병마사 권응수와 합세하
여 상주 당교唐橋의 적을 쳐서 큰 공을 세웠고, 4월에는 서울에서 부산으로 철수하는 왜적을
공격하여 크게 승리했고. 그러나 그해 5월에 김해는 양산을 거쳐 경주에서 이광휘李光輝와
합세하여 왜군과 싸우다가 진중에서 병사했다

68 『일기』 임진년(1599, 선조25), 5월 24일, 6월 14일, 6월 23일, 8월 18일, 9월 3일, 12월 29일.

69 연보에는 이렇게 기록되어 있으나, 『일기』에는 6월 5일에 수성장 체문帖文을 받았고, 이후 6
월 23일에 김해의 부고 소식을 들었다고 기록되어 있다.

70 『문집』 권3, 연보 1593년(64세) 참조.

71 『일기』 계사년(1593) 6월 15일, 6월 23일, 8월 3일.

72 『일기』 갑오년(1594) 1월 6일자 참조.

73 『문집』 권3, 연보 1594년(65세) 참조.

74 집경전 어용은 경주 집경전에 봉안되어 있었던 태조 이성계의 어용이다. 임진왜란이 일어나
자 당시의 참봉 홍여율洪汝栗이 청량산으로 옮겨 보관하다 예안의 도산서당으로 옮겨 보관
했다.

75 『일기』 병신년(1596) 1월 9일, 1월 10일자 참조.

76 『문집』 권3, 「연보」 1596년(67세) 및 『일기』 병신년(1596) 2월 5일자 참조.

77 『일기』 정유년(1597) 4월 6일, 8월 5일, 11월 22일, 12월 15일, 12월 16일 참조.

78 『문집』 권3, 「연보」 1596년(68세) 참조.

79 『일기』 기해년(1599) 윤4월 25일 참조.

80 『문집』 권3, 연보 1600년(71세), “2월에 용궁龍宮에 가서 두 부사杜副使를 영접하다. 당시
명나라 관리가 번갈아가며 서로 왕래하면서 지나가는 군읍에 거두어들이는 것이 몹시 가혹
했다. 선생이 교제를 신중히 하고 신의로 평소 알려지니 국성國成 이옥李玉 장군 등이 명함
을 가지고와서 성심으로 따르며 신물信物을 서로 나누기도 했다.”『일기』 경자년(1600) 2월
4일, 2월 28일 참조.

81 『일기』 경자년(1600) 8월 25일, 8월 26일 참조.

5장

예안 선비 금난수의
수학과 거업

이정철

서론

퇴계 이황의 문집에는 그가 다른 사람이나 제자와 주고받은 편지들이 대단히 많이 나온다. 그들은 이황이 살아생전에 학문적으로 교류했거나 생활을 함께했던 인물들이다. 성재 금난수는 이황과 가장 친밀하게 지낸 사람이라고 말할 수는 없지만, 가족을 제외하고 열여 명 정도의 친밀한 사람을 뽑는다면 그 안에 들어갈 만한 사람이다. 이황의 수많은 제자와 그가 구축한 방대한 관계망을 고려한다면 금난수는 이황의 가장 가까운 제자 중 하나라고 말해도 결코 과장은 아니다.

금난수에 대해서는 이제까지 학계에서 연구가 거의 없다. 그를 단독으로 다룬 연구논문이 단 두 편 확인될 뿐이다.[1] 물론 이것이 금난수 개인의 문제, 즉 그가 학문적으로 주목할 만큼 탁월하지 못했고 중앙의 고위관직에도 오르지 못했기 때문이라고 생각할 수 있다. 어느 정도는 사실일 수 있다. 그런데 전혀으로 그렇게만 볼 수 없는 것이,

금난수와 매우 유사한 특성을 지닌 인물인 월천 조목에 대해서도 이제까지 연구가 별로 없었다는 점 때문이다. 최근에야 약간의 연구가 이루어졌다. 그는 이황의 수많은 기라성 같은 제자들 중에서 도산서원에 스승과 함께 유일하게 배향된 인물이다. 이제까지는 이들 대신에 이황의 대표적인 문인으로 기대승, 류성룡, 김성일 같은 사람들만 주목받았다.

기대승은 이황의 만년인 1560년부터 이황과 6~7년간 편지를 주고 받으며 벌인 '사단칠정논변四端七情論辨'으로 주목받았다. 하지만 그를 이황 제자 그룹의 한 멤버로 보기는 어렵다. 류성룡과 김성일의 경우에는 이황과 나이 차이가 많다. 이황이 자신의 사상적 성채를 짓기 시작한 것은 아마도 1550년(명종 5)부터라고 볼 수 있다. 1549년 말에 그는 풍기군수를 사직하고 고향에 돌아와서 한서암을 짓고 학문과 강학에 매진하기 시작했다. 그 연장선상에서 1555년(명종 10)부터는 『주자서절요』 편찬에 착수했다. 주희 사상을 집대성한 방대한 책 『주자전서』의 내용을 이황이 발췌하여 주해를 달면 아들, 조카, 제자들이 나누어서 교정과 필사를 담당하는 방식으로 진행되었다. 제자로는 조목, 금난수가 참여했다. 『주자서절요』는 대략 1560년까지 초고가 완성되었다. 그 직후부터 기대승에 의해 촉발된 사단칠정논변이 1566년까지 이어졌다. 다시 말해서 1450년부터 약 15년은 오늘날 우리가 알고 있는 '퇴계학'의 핵심적 내용이 성립되던 시기였다. 금난수와 조목은 바로 이 과정에 처음부터 참여했던 제자들이다. 이런 상황을 고려한다면 금난수에 대해서 가장 흥미로운 사실은 그에 대한 연구가 별로 없었다는 사실 그 자체일 수 있다.

이 문제에 대해서는 정만조가 이미 다음과 같은 답변을 한 바 있다.

"퇴계가 사림의 종장이며 동방의 주자로 존숭됨에 따라 안동 지역 퇴계
문인들은 점차 자신들을 퇴계의 정통적 계승자로 인정받고자 꾀하게 된
다…(중략)… 안동 지역 퇴계 문인들의 이런 움직임은 예안 사림의 경계심
과 퇴계 학통 계승의 정통성을 둘러싼 눈에 보이지 않는 경쟁의식을 불러
왔다. 사실 예안과 안동 두 지역 문인들에게서는, 예안 문인이 안동에 비
해 대개 선배의 위치에 서 있다는 연령상의 차이 이외에 퇴계 학풍의 계승
이란 면에서도 미묘한 차이를 드러냈다. 안동 지역이 거경과 궁리에 의한
수기는 물론 군주를 통한 경세經世를 위해 출사에도 적극적이었던데 비
해, 예안의 그것은 담경설학하며 천리독실하다는 위기지학 위주여서 난
진이퇴難進易退하며 군주보다는 향촌 단위의 사림에 의한 교화를 우선하
는 성향을 보였다."[2]

오늘날에는 예안이 행정적으로 안동의 일부이지만 조선시대에 예
안과 안동은 별개의 행정단위였다. 정만조에 따르면 퇴계학 형성 과정
에서 이황과 함께했던 1세대 제자들은 주로 예안의 제자들이었고, 이
황이 이미 전국적인 인물이 된 이후에 모여든 2세대 제자들에는 안동
출신 제자들이 많았다. 그런데 1세대 제자들은 문과에 합격하여 중앙
에 진출한 사람이 거의 없었고, 2세대 제자들에는 그런 인물들이 많았
다. 시간이 흐르자 결국 1세대 제자들은 대부분 잊혀졌고, 조목과 금난
수도 역시 그렇게 잊혀진 사람들 중 하나였다.

예안의 퇴계 문인을 대표하여 그 학풍을 이끌었던 인물은 조목이다.

예안에는 조목이나 금난수 이외에도 김부필金富弼(1516~1577), 김부인金富仁(1512~1584), 김부신金富信(1523~1566), 금응협, 김부의, 김부륜, 금응훈 같은 명사들이 있었다. 소위 '오천칠군자烏川七君子'로 알려진 인물들이다. 이들이야말로 이황의 1세대 제자들이다.

오늘날 이황의 문인들에 대해서 이해하기 위한 기초적인 자료는 『도산급문제현록陶山及門諸賢錄』이다. 이황의 문인들을 모아놓은 기록이다. 이 책이 이황의 제자들에 대한 포괄적인 정보를 제공하는 것은 사실이다. 하지만 의도하지 않은 착시를 일으키기도 한다. 이황이 실제로 가까이서 교류하고 이끌었던 제자들의 실상을 보여주지는 못하기 때문이다. 이 책은 19세기에야 나왔다. 그 시간 동안에 이황의 사회적 위상은 더욱 높아졌다. 그 결과 이 책에 실리는 제자들의 범위가 크게 넓어졌다. 조선시대에 지식인과 관료들에게 스승이 누군지는 매우 중요한 문제였다. 각자의 사회 활동의 방향이나 범위에 영향을 미쳤기 때문이다. 사람들 사이에 이황의 제자로 인정받는다는 것은 매우 중요한 문제였다. 『도산급문제현록』에 수록된 인물이 많아지지 않을 수 없는 이유이다.

이와는 별도의 문제가 또 하나 제기된다. 이황 제자들의 범위가 넓어졌어도 오늘날 연구자들 관심의 대상이 되었던 인물들은 극소수에 불과하다는 점이다. 그렇게 선택된 인물들은 정치적으로나 학문적으로 독자적 위상을 지닌 인물들이다. 스승 이황이 아니더라도 스스로 뚜렷한 입지를 가질 만한 인물들이다. 그러는 가운데 실제로 이황과 밀접하게 연결되었던 이황의 초기 제자들은 연구자들의 시야에서 벗어났다. 최근에 들어서야 이황의 수제자라고 부를 수 있는 조목에 대한 관심이 조금씩 생겨나고 있는 것은 이를 반증한다.

금난수는 자가 문원이고, 호가 성재이다. 이황과 같은 예안 출신이다. 예안 안에서도 이황은 온혜 출신이고 금난수는 부포 출신이다. 오늘날 지도상 직선거리로 보면 비스듬하게 남북 방향으로 6, 7킬로미터 정도 떨어졌다. 그중간쯤에 도산서원이 자리 잡고 있다. 금난수는 1550년 21살에 이황의 제자가 되어서 이황이 사망할 때까지 20년 동안 줄곧 이황 주변에 위치했다. 이 기간에 이황은 자신의 사상적 성채를 완성했다. 다시 말해서 오늘날 우리가 아는 '퇴계 이황'이 되었던 것이다. 『주자서절요』 편찬이 그 핵심 과정이었다. 동시에 이황이 열심히 추진했던 서원 설립 작업도 이 기간에 집중적으로 이루어졌다. 금난수는 그 과정을 함께 했던 제자이다. 스승 사후에는 『퇴계집』 간행과 도산서원 건립에 조목과 함께 주도적으로 참여했다. 또 그의 셋째 아들 금개는 이황의 증손녀와 혼인했다. 이황 문인들 중에서는 스승의 집안과 가장 먼저 혼인 관계를 맺었다.

금난수는 문과에 합격해서 높은 관직에 오르지 못했고, 학술적인 역량을 보여주지도 못했다. 이황 사후에 천거를 받아서 낮은 관직을 지냈을 뿐이다. 이황의 1세대 제자들 다수가 비슷한 삶의 궤적을 보여준다. 그들은 사마시에는 대개 합격했지만 문과에는 합격하지 못했거나 응시하지 않았다. 여기에는 개인적인 원인을 넘어서 시대적이고 집단적인 이유가 있었다. 또 이들은 독자적인 학술을 수립하기도 어려웠다. 당시 그들의 상황을 들여다보면 자연스러운 일이었다. 대신에 그들은 스승의 학문적 열정에 감동했고 스승이 추진했던 학문적 프로젝트에 기꺼이 농잠했다.

지금의 관점에서 우리는 금난수를 어떻게 보아야 할까? 질문을 바꿔보자. 오늘날 우리가 그를 되돌아보아야 할 어떤 사항을 그가 가지고 있기는 한 것인가? 사실은 이런 질문에 대한 답변이 선명하지 않기 때문에 이제까지 그에 대한 연구가 많지 않았을 것이다. 이 시점에서 금난수가 했던 말을 상기할 필요가 있다. 그가 이황 사후에 지은 제문에서 "나를 낳아준 것은 부모님이지만 나를 가르친 것은 스승이다"고 말했다. 스승이 자신의 학문과 생애에 미친 강력한 영향을 토로한 것이다. 아래에서 우리는 탁월한 스승이자 학자인 이황의 시선이 아닌, 그에게 감동했고 그를 평생 존경했던 평범한 제자 금난수 자신을 그 자신의 입장에서 살펴볼 것이다. 사실은 이황의 많은 제자들이 금난수처럼 학문적으로나 관직에서 특별한 행적이 드러나지 않은 평범한 인물들이었다. 이런 관점이야말로 우리가 오늘날 금난수와 이황 당대의 현재성을 볼 수 있는 관점일 것이다.

이황을 만나기 이전의 금난수

금난수 연보에 따르면 그는 중종 25년(1530) 2월 13일에 예안현 부라리浮羅里에서 출생했다. 현재의 행정명으로 경북 안동의 북쪽 끝에 있는 부포浮浦이다. 고조부 금숙琴淑이 고려 말에 처의 고향인 예안으로 이주한 이후 계속해서 부포에 살았다. 하지만 이후 집안은 그리 번창하지 못했다. 고조부는 문과를 거쳐 경상도 관찰사를 지냈다고 하지만 조선왕조에 들어와서 후손들은 문文의 측면에서 그리 성공을 거두지 못했다. 증조부는 무과 출신의 훈련원 참군(정7품), 조부는 정략장군, 부친은 부사용(종9품)을 지내는데 그쳤다. 문과 급제자는 물론이고 생원이니 진사 합격자도 없었다. 이 점은 예안현 안에서 부포와 이웃한 분천, 온계, 오천에 자리 잡은 다른 가문들과 대비된다. 분천의 영천 이씨 이현보 가계, 온계의 진성 이씨 이황 가계, 오천의 광산 김씨 김연 가계 등은 이미 15세기 말에 문과 급제자를 배출했다.[3]

이러한 지역적 환경이 금난수 생애에 어느 정도 영향을 주었던 것처럼 보인다. 우선 금난수가 평생 가장 가까이 지냈던 인물이 조목인데, 그 역시 본래는 부포 출신이다. 또한 두 사람은 다른 어떤 제자들보다도 이황과 일찍 연결되었고 또 평생을 그와 함께했다. 그들에게 이황은 그야말로 절대적인 스승이었다. 이것은 예안을 삶의 기반으로 하고, 이황 이외에 다른 스승을 두기 어려웠던 상황에서 자연스럽게 나타난 일이었다. 이는 예를 들어 류성룡의 경우와 비교하면 분명해진다. 그는 아버지가 관찰사였기에 10대를 거의 서울에서 보냈다. 그는 안동이라는 지역에 제한되지 않은 사람이었다. 조목이나 금난수와는 삶의 조건이 달랐던 것이다.

연보에 따르면 금난수가 12살이 되던 1541년에 학봉 김성일의 형인 약봉 김극일(1522~1585), 귀봉 김수일(1528~1583) 등과 알게 되었다는 기록이 나온다.

○외숙부 어은漁隱 남신신南藎臣[4] 공을 찾아가 뵙고 그를 통해 청계靑溪 김진金璡[5]공[초상]에게 수학했다. ○ 당시에 김공이 부암傅巖 곁에 서당을 짓고 자제와 고을의 수재들을 가르쳤다. ○ 일찍이 '가을 산이 비틴 긑다

[秋山錦]'는 제목을 내어 시를 짓게 했는데, 김공이 대단히 칭찬했다. 약봉
藥峯 극일克一, 구봉龜峯 수일守一 등과 이미 어린 시절의 교제를 맺어 기량
器量과 의기義氣를 서로 존중했다.

김극일과 김수일은 김진의 첫째, 둘째 아들이다. 두 사람 아래
로 김명일金明一(1534~1570), 김성일金誠一(1538~1593), 김복일金復一
(1541~1591)년이 있다. 아마도 금난수가 김진에게 배웠던 1541년에는
셋째 이하로는 나이가 어려서 함께하지 못했을 것이다. 나이를 감안
할 때, 금난수에게도 이 시기에 김진에게 배웠던 것이 그의 학문적 정
체성과 관련되었다고 보기는 어렵다. 다만 함께 배웠던 김극일, 김수
일은 물론 이들의 나머지 형제들과도 평생에 걸쳐 친교를 나누게 되는
계기가 되었던 듯하다. 그의 문집에 김수일과 김명일이 함께 금난수
집을 방문했던 기록이 있다. 금난수 집을 방문한 김수일이 금난수에게
두 수의 시를 지어주었고, 그도 이들에게 준 답시가 나온다.[6] 이 시를
지은 시기가 언제인지는 확인되지 않는다.

금난수 연보에서 그가 이황을 만나기 전에 주목되는 기록이 하나 있
다. 금난수가 20세이던 1549년 기록이다.

겨울에 청량산 상선암에서 독서하다. 백담 구봉령, 양곡 이국량 공들과 여러
암자에 나누어 거처하며 날짜를 약속해서 서로 모여 읽은 책을 강론했다.

이 기록에 대한 좀 더 자세한 내용이 『성재선생문집』에 나온다.

"내가 정미년(1547) 봄에 이 산(청량산)을 두루 거치며 들어와 보고서야 비로소 진면목을 알았다. 기유년(1549) 겨울에 이비원李庇遠,[7] 이임중李任仲과 함께 산에 들어와 상선암에서 지냈다. 구경서具景瑞,[8] 유이직尹而直,[9] 권자반權子胖,[10] 김대보金大寶가 벌써 암자에 머무르고 있어서 날마다 경서 등과 함께 모여 독서한 것을 강론했다. 경술년(1550) 봄에 또 이 암자에서 지냈다."(『성재선생문집』권3, 보현암 벽에 전후로 산에 들어온 기록을 쓰다[普賢菴壁上書前後入山記])

위 기록은 1547~1564년까지 금난수 자신이 청량산을 왕래한 것에 대한 회고이다. 1564년에 쓴 것이다. 금난수가 1549년에 어울렸던 사람들은 이국량, 구봉령, 윤의정, 권덕윤 등이다. 이임중, 김대보는 그들의 자가 '임중', '대보'였을 것인데, 누구인지 확인이 되지 않는다. 이들 중에서도 구봉령과는 더 가까웠던 것으로 보인다. 다음 해인 1550년 봄에도 이렇게 보냈다고 말한다. 금난수가 후일 서울에서 낮은 관직에 있을 때에도 당시 대사헌으로 고관이었던 구봉령과는 친밀하게 지냈다.

이들은 각자 "여러 암자에 나누어 거처하며 날짜를 약속해서 서로 모여 읽은 책을 강론했고,""날마다 경서(구봉령) 등과 함께 모여 독서한 것을 강론했다". 이들은 흩어져 있는 암자에서 각자 독서를 한 후에, 다른 사람들과 만나서 각자 공부했던것을 가지고 토론을 이어갔던 것이다. 20대 전후 젊은이들이 치열하게 공부하는 모습을 느낄 수 있다. 그런데 이들이 했던 공부는 어떤 공부였을까? 아마도 과거 시험 공부였을 것이다. 아직 이황이 고향으로 돌아와서 강약을 시작하기 전이었다. 그가 시작하는 새로운 학문이 아직 알려지기 전이다.

이황 제자가 된 이후

금난수는 21세인 1550년(명종 5) 조목의 누이동생과 결혼했다. 조목
은 예안의 월천 출신이다. 금난수가 사는 부포와는 낙강을 사이에 두
고 위치했다. 조목 집안은 부친 조대춘趙大春 때 예안으로 이주했다. 조
목의 외가는 원래 부포에 세거하다가 월천으로 이주한 가계로 금난수
집안과는 고려 말 이래 여러 번 거듭해서 혼인 관계를 맺었다. 금난수
의 결혼도 그 연장선상으로 생각된다.[11]

관례를 치르고 나서 금난수는 조목에게 글을 배웠다. 그러자 조목
은 "그대는 나의 벗이다. 마땅히 가서 (이황) 선생을 뵈어야 한다"라고
했다. 그래서 그를 따라가서 학업을 청했는데 선생이 번번이 (금난수의)
인품이 매우 좋고 품은 뜻이 가상하다고 칭찬했다.[12]

이런 일이 있기 전 해인 1549년(명종 4) 말에 이황은 풍기 군수를 사
직하고 고향에 돌아왔다. 마음속에 오래 작정했던 일을 시작하기 위해
서였다. 그는 세 칸 규모의 한서암을 지어 네 벽을 책으로 둘러두고[13]
학문과 강학에 전념하기 시작했다. 이후 그의 사망까지 20년이야말로
'퇴계학'이 만들어졌던 기간이다. 금난수는 이황이 본격적으로 강학
을 시작한 거의 처음부터 그 문하에 드나들기 시작했던 셈이다. 그런
데 이황은 2년 뒤 다시 서울로 올라가게 된다. 1552년(명종 7) 4월 홍문
관 교리로 상경하여 1555년(명종 10) 2월까지 3년 정도 서울에서 머물

렀다. 비록 스승이 떠나 있었지만 이 시기는 금난수가 학문에 대한 열정을 불태웠던 시기이다. 아래 이황이 금난수에게 보낸 편지들은 이를 잘 보여준다.

A. 금문원에게 드림.

계장溪莊[14]에서 한 번 헤어진 후 어느새 섣달 그믐날 저녁이 되었습니다. 사모하는 마음이 아득히 달려갑니다. 요즘은 무슨 책을 읽습니까? 사람들은 모두 과거 공부에 마음을 기울이고 이 참된 학문이 있는 것을 알지 못하는데, 그대는 이 참된 학문에 뜻을 두고 과거 공부는 돌아보지 않으려고 하니, 그대의 뜻이 매우 가상합니다. 하지만 그대는 지금 세상에 살고 또 늙은 어버이가 계시는데 어찌 과거 공부에 힘쓰지 않을 수 있겠습니까. 두 가지를 병진하여 남보다 백배, 천배 노력하는 것이 옳습니다. (『퇴계전서』권3(명종 7, 임자, 1552))

B. 금문원 난수에게 답함.

어제 조사경趙士敬(조목)이 서울에 와서 전해주는 편지를 받아 반복해서 읽어보고 (그대가) 근래에 읽는 서사의 차례가 정당하고 글을 보는 것이나 문자도 옛날보다 퍽이나 진취가 있었으며 지취志趣도 가상함을 알았습니다. 이것으로 근본을 삼고 다시 가다듬어 나간다면 거의 방치하지 않고 전진할 수 있을 것이니 늙은 사람의 위안되고 기쁨이 어찌 한량할 수 있겠습니까….

그대는 책을 안고 (청량산에) 가서 유람한다고 하니 그 고요한 속의 즐거움은 분명 혼자서만 민끽하는 곳이 있을 터이고, 말로 표현하기가 쉽지 않을 것 같군요.『심경』은 만약 마음을 가라앉히고 공부를 쌓아간다면 도에 들어가는 문이 여기에 벗어나지 않을 겁니다…. 그대의 독실한 뜻으로 이 책에 공부를 드린다면 어찌 한량이 있겠습니까. 힘쓰고 힘쓰시오. 다만 급박하게 효과를 구해서는 안 될 것입니다.

『통감通鑑』이란 책도 이미 격물치지의 자료가 되거니와 또 과거 공부에 도움이 되는 것이니 이제 읽는다는 것은 더욱 좋습니다. 편지로서 할 말을 다 못 하겠고 오직 바라는 것은 두 가지 공부를 모두 정진하여 날로 더욱 힘써서 기대하는 바에 부응해주신다면 이 이상 더 다행이 없겠습니다.

(『퇴계전서』 권9(명종 8, 계축, 1553))

C. 금문원에게 답함.

경외京外로 (과거 시험 결과를 알리는) 방榜이 발표되자 합격, 불합격을 놓고 사람들을 놀라게 하여, 물결이나 구름처럼 들끓고 있습니다. 본도의 방에는 그대의 이름이 없으니 나로서도 한스럽게 생각하지 않을 수 없습니다. 그런데 어제 보내주신 서신을 보니 이에 대한 한 마디 언급이 없고, 산간에다 초가집을 짓고 바야흐로 옛 학업을 닦으면서 다른 사람들의 맛보지 못한 바를 맛보고 있다 하니, 남들은 이를 이상하게 여기고 욕할는지 모르지만, 나는 마음속으로 더욱 사랑스럽고 가상하게 생각합니다. 이 뜻은 오래도록 더욱 굳게 하여 남의 말에 흔들리거나 빼앗기지 말아야 됩니다. 이 일은 곤궁하더라도 변하지 말고 외모外慕15에 옮겨지거나 무너지지 말아야 할 것입니다.

여기에 한 가지 짚고 넘어가야 할 것이 있습니다. 우리나라 풍속이 초야에 이름 없는 사람은 가끔 자기 몸 하나도 부지할 수 없는 우려가 있습니다.

더구나 어버이의 마음에 자제에게 바라는 것이 오로지 입신양명하는 데 있으니 말세에 과거 보는 일을 어찌 폐지할 수가 있겠습니까. 그래서 정주程朱의 문하에서도 과거에 응시하지 않은 사람이 적었고 스승도 금하거나 말리지 않았던 것입니다. 이러한 뜻도 깊이 생각해서 겸해서 과거 공부도 해야 합니다.

(『퇴계전서』권9, (명종 9, 갑인, 1554 늦가을))

이황이 여전히 서울에 머물던 1554년 늦게까지도 금난수는 열심히 학업에 정진했던 것 같다. 그 학업은 과거 공부 쪽 보다는 스승이 알려준 '위기지학'이었다. 1553년에는 '독심경서讀心經書'라는 시를 두 수首 지어서 서울에 있는 스승에게 바쳤다.

『심경』을 읽고 절구 두 수를 써서 퇴계 선생께 올리다 讀心經書二絶上退溪先生

서산의 한 권 서적[16] 사문을 창도하니	西山一部倡斯文
경과 의 서로 도움[17] 수양의 근본이네.	敬義相須養本源
사서와 유서[18]는 시종 같은 말씀이니	四子遺書共終始
어찌 굳이 다른 길로 다시 문을 찾으랴.	何須別路更求門

성인이 떠난 지 천 년에 글은 글일 뿐인데[19]	聖遠千秋文自文
다행히도 지름길 따라 참된 근원 거슬러가네.	幸從溪路溯眞源
창은 밝고 책상은 깨끗하여 책 읽기에 좋고	窓明几淨書宜讀
산위의 구름을 나누어서 마을 문을 덮었구나.	分付山雲鎖洞門

아마도 이 시기에 금난수는 『심경』을 읽고 있었던 듯하다. 이 시에서 그는 이황을 좇아 도학의 본원을 찾아가겠다는 뜻을 밝혔다. 다음 해인 1554년 봄에 금난수는 동계東溪에 성성재(現 경북 안동시 예안면 부포리 156 소재)를 지었다. 집을 지은 목적과 집의 편액, 이황의 반응 등이 그의 연보에 나온다.

○선생(금난수)이 부모님을 모시는 여가에 늘 그 안에서 지내며 더욱 존성 存省의 공부[20]에 힘썼다.

○퇴도 선생이 손수 성성재라는 편액을 써서 주었다. 임경대·풍호대·총춘 대·활원당活源塘도 모두 선생이 시를 지어 품평했고, 여덟 수의 시가 있다. 일찍이 편지를 보내어 "새로 지은 시내의 서재溪齋는 맑고 그윽한 운치를 상상해볼 수 있겠습니다. 내년에 돌아가서 (내가) 월란암[21]에서 지내며 이따금 흥이 나면 지팡이 짚고 고개를 건너가서 (성성재에서) 함께 책상을 마주 대하여 선왕의 도를 시로 읊조릴 수 있을 터입니다. 이 즐거움이 작지 않을 것입니다"라고 했다.[22]

금난수가 성성재를 지은 이유는 '존성存省의 공부'에 더욱 매진하기 위해서였다. 이황은 성성재 건립 사실을 잘 알고 있었고, 여기에 걸 편액을 지어주기까지 했다. 스승과 제자의 관계가 돈독했음을 알 수 있다. 이황은 금난수의 학문적 정진을 자랑스럽게 생각하며 격려했다. 오히려 그는 제자가 과거를 너무 등한히 하는 것에 대해서 염려했다.

금난수는 스승 이황뿐 아니라 동학同學들과도 긴밀하게 관련되어 있었다. 오히려 일상적이고 지속적인 관계는 이황보다는 함께했던 동학들과의 관계였다. 그 동학이란 아마도 이 시기에 이황에게 강학을 받았던 사람들이었을 것으로 보인다. 이와 관련해서 다음 기록이 주목된다.

○ (1552) 11월에 현사사[23]에서 계모임을 갖다.
○ 조월천趙月川, 구백담具栢潭, 지산 김팔원,[24] 인재 권대기[25] 공 등이 모두 그 모임에 참여했다. 의논한 대략에, "무릇 우리 벗들이 헤어졌다 모였다 하니 달리 도움이 되는 바가 없다. 어떤 이는 산에 있기도 하고 어떤 이는 사社에 있기도 한데 좋은 때 훌륭한 계절이면 각자 경서經書와 사서史書를 가지고 와서 다 같이 모여 통독한다"라고 했다.

앞에서 언급했듯이 이황은 1555년 2월에 조정에서 물러나 낙향했다. 그리고는 곧바로 『주자서절요』 편찬 작업에 착수했다. 연보에 이에 대한 내용이 나온다.

○ (1556) 4월에 조월천과 월란암에서 독서하고 『주자서절요』를 베껴 쓰다.
○ 당시에 퇴계 선생이 주자의 편지글을 간추려 뽑아서 기록하여 7책으로 만들고 베껴 쓰도록 명했는데, 편지의 대략에, "사경이 쓴 것이 반이 되는데 문원聞遠과 교대하여 쓰는 것이 합당하겠습니다. 반드시 두 사람이 모두 쓰도록 하는 것은 우리 고장의 성대한 문아를 보자면 둘 중 하나라도 없어서는 안 되기 때문입니다"라고 했다.[26]

위 내용은 이황의 지시에 따라 조목과 금난수기 『주자서절요』 편찬 작업에 참여하고 있는 것을 보여준다. 이황은 분명한 목적에 따라 두 사람을 작업에 참여시키고 있었다. "두 사람이 모두 쓰도록 하는 것은 우리 고장의 문사文士의 성盛함을 보자면 둘 중 하나라도 없어서는 안 되기 때문"이었다.

사실 이황은 중앙정부보다 지방 고을을 더 중시한 사람이었다. 그가 만년에 고을마다 서원을 세우는 작업에 열중했던 것도 크게 보면 같은 맥락이었다. 국가가 운영하는 향교만으로는 부족하다고 생각했다. 더 구나 향교는 행정단위마다 한 개씩만 있었다. 작은 행정단위인 예안현 만 해도 그 안에는 여러 개의 고을들이 있었다. 그리고 이들 고을이야말 로 사람들에게 삶의 단위와 기반이 되는 공간이었다. 이황은 조목과 금 난수를 '오향吾鄕'의 문아를 위해서 중요한 사람으로 생각했던 것이다.

분명하지는 않지만 1550년대 후반 어떤 시점부터인가 금난수의 도 학 공부에 대한 열정이 차츰 줄어들었던 것 같다. 금난수가 써놓은 다 음 글에서 그 흔적이 어렴풋이 나타난다.

신해년(1551) 초가을에 또 연대사蓮臺寺에서 지냈는데 선생님이 떠나는 것 을 전송하며 지어준 시가 있다. 임자년(1552) 여름 6월에 산에 들어가 홀로 안중암安中菴에 지냈다. 한 달 머물다가 만월암滿月菴으로 옮겼고 한 달쯤 뒤에 안중암으로 돌아왔다. 병진년(1556) 여름에 또 연대사에 지내다가 거 처를 옮겨서 금강굴金剛窟에 한 달 머물렀다. 정사년(1557) 겨울 구여응具汝 膺[27]과 함께 산에 들어와서 구여응을 문수암에 남겨두고 홀로 이 암자(보 현암)에서 지냈다. 무오년(1558) 겨울에 또 이인중李仁仲[28] 삼형제와 함께 산에 들어와서 세 사람은 문수암에 머물고 나는 이 암자에서 지냈다. 갑자

년(1564) 정월에 경과 업 두 아이를 데리고 문수암에 머물다가 김생굴金生
窟·대승암大乘庵·중대암中臺庵·별실암別室庵 등으로 옮겨가며 지냈으니,
정미년 이후 지금 갑자년까지 거의 20년 동안 이 산을 왕래한 것이 열두세
번이다.

예전에 지은 시들을 더듬어보니 벌써 묵은 자취가 되어버렸고, 이비원李
庇遠·이임중·이인중은 모두 고인이 되었으니 더욱 그 감회를 견딜 수 없
다. 그중에서도 더욱 부끄럽고 한스러운 것은, 산에 막 들어왔을 때는 마
음을 씻고 생각을 떨쳐내고 책상에서 책을 보며 심신을 가다듬어 본원을
함양하여 뒷날 그 도움을 받는 바탕으로 삼으려 했는데, 다른 세속적인
일에 휘둘리거나 일 때문에 곧장 나오게 되어 공부에 전력을 기울이지 못
한 것이다. 산문을 나서자마자 귀로 듣는 소리와 눈으로 보는 빛깔이 사
물의 끝없는 변화에 접하기만 하면 결국 그나마 조금 얻은 것마저도 보존
하지도 못하고 다 잃어버려 말이나 행동에서 한 가지도 볼 만한 것이 없
었으니, 오히려 세속에 빠져 사는 속된 부류만도 못하게 되었다. 지금까
지 헤매다 끝내 소인이 되고야 말았으니, 이를 통해서 사람이 수양하는
것은 어떻게 힘쓰는가에 달려 있지, 있는 곳이 떠들썩하거나 조용한 것과
는 관계없다는 것을 알았다. 뒷날 산에 들어가는 자는 나를 경계 삼을 일
이다. (『성재선생문집』권3, 보현암 벽에 전후로 산에 들어온 기록을 쓰다[普賢菴壁上 書
前後入山記])

위 글은 1564년 금난수가 청량산 보현암에 들렀을 때 쓴 글이다. 그
는 이 글에서 청량산과 자신의 관계를 독특하게 풀어냈다. 금난수는
1546년부터 1564년까지 이 산을 열두세 번 왕래했다. 왕래했다는 것

은 머물며 공부했다는 뜻이다. 그런데 청량산에 처음 왔을 때와 나중에 왔을 때 자신의 모습이 달라졌다고 말한다. 어느 순간부터 세속적인 일에 휘둘리거나 일 때문에 곧장 나오게 되어 공부에 전력을 기울이지 못하게 되었다. 나아가 세상사에 휘말려, 공부해서 그나마 조금 얻은 것마저 다 잃어버리게 되었다. 스승 이황으로부터 받은 진정한 학문의 세계에 매진하지 못한 스스로에 대한 자책을 엿볼 수 있다.

이런 일이 언제부터 나타났던 것일까? 위에 따르면 거의 매해 오던 청량산은 1558년을 끝으로 이어지지 못하다가 1564년에 두 아들과 함께 오는 것이 마지막이다. 아래는 1558년에 이황이 금난수에게 보낸 편지이다.

○금문원에게 답함.

12월 11일의 (그대가 보낸) 편지를 받아 청량산으로 들어가 여러 달을 나오지 않았다는 것을 알았습니다. 보내온 편지에 운운한 바 그대가 중간에 학문을 힘쓰지 못하고 그릇된 일이 많았다는 것은 바로 그러합니다만, 지금부터라도 능히 기왕의 일을 고쳐 가기를 마치 먼지를 쓸고 난 뒤의 거울이 다시 환해지는 것처럼 한다면 그만이지 무엇 다시 지난 일을 거슬러 생각할 필요가 있겠습니까….

과거 공부는 비록 극히 방해되는 일이긴 하나 옛사람들도 금하기가 어려웠으니 과연 앞서 말한 도리대로만 해나간다면 겸할 수도 있을 것입니다.(『퇴계전서』 권9,(명종 13, 무오, 1558))

위 편지는 금난수가 보낸 편지에 대한 이황의 답장이다. 여기서 "중간에 학문을 힘쓰지 못하고 그릇된 일이 많았다"는 말은 금난수가 스스로 한 말이다. 이황은 공부를 다시 시작할 것을 권하면서 과거 공부도 겸할 것을 다시 권고했다.

아래는 이황이 사망하던 해인 1570년에 금난수에게 마지막으로 보낸 편지이다.

> "편지 속에서 (그대가) 전일에 학문을 못하게 된 연유와 근일에 발을 잘못 내딛었다는 한탄은 모두가 꾸밈없는 마음속에서 나온 말일 것입니다. 가상하고 가상합니다. 다만 이런 줄만 알고 깊이 생각하고 애써 고쳐서 만년의 효과를 거두지 않는다면, 그 일시적인 개탄과 자책이 비록 통절하다 한들 무슨 도움이 되겠습니까.
>
> 대저 그대의 자품은 한편으로는 비록 밝으나 한편으로는 실로 어두우며, 또 부끄러운 줄도 알고 자신을 함부로 하지도 않으나 아직 시속의 소견俗見과 이익을 가까이 함近利에서 벗어나지 못했으니, 이것이 학문이 진취되지 아니하고 후회가 많게 된 까닭입니다. 우리들이 이미 학문을 자기의 임무로 여기고, 또 이러한 이름을 세상에 얻었으니 마땅히 십분 노력하여 진실로『학기學記』에서 말한 바와 같이 '고개 숙여 부지런히 하여 죽은 뒤에야 그만둘 생각'을 해야만 그 본래의 뜻을 저버리지 않고 남에게 비웃음을 사지 않을 것입니다."

이 편지는 금난수가 앞서 보낸 편지에 대한 답장이다. 위 편지에서 "전일에 학문을 못하게 된 연유와 근일에 발을 잘못 내딛었다"는 것은 금난수 편지의 내용이나. 금난수의 이런 말에 대해서 이황은 제지를 위로하기는 하지만 금난수가 했던 말 자체는 그대로 인정했다. 그리고 이렇게 된 원인으로 "시속의 소견과 이익을 가까이 함"을 들고 있다. 금난수의 말과 다름이 없다.

1550년대 후반 어떤 시점에서 '위기지학'에 대한 금난수의 정진이 점차 이완되기 시작했다고 하더라도 그것이 어느 날 갑자기 두드러지게 나타난 것은 아니었다. 금난수는 여전히 스승이 가르쳐준 학문에 정진하기 위해서 노력했다. 두 가지 상반된 양상이 금난수의 내부에서 공존했던 것이다.

> ○금문원에게 답함.
> 다만 이른바 "뜻을 세움이 강하지 못하여 강학하는데 힘이 없다"는 것은 그대가 참으로 경계해야 할 일입니다. 대저 그대가 뜻이 없는 것은 아닌데도 세우기를 강하게 못했고 강학하지 않는 것은 아니지만 배우기를 이미 늦게 했으니 이것이 근심스러운 바입니다….
> "근일 회암서를 여러 번 읽었더니 차츰 처음보다 달라지는 것을 이제 알았습니다"했는데, 이것이 바로 배움에서 얻음이 있다는 증거라 매우 좋은 일입니다. (남들보다 열심히 노력하라는 말이 있다.) 다만 사람들이 모두 우선 과거 공부에 빠져 버리기 때문에 여기에 힘쓰기를 즐겨 하지 않을 뿐인데 그대는 그런 병통이 없으니 힘쓰기가 무슨 어려움이 있겠습니까.(『퇴계전서』
> 권9(명종 19, 갑자, 1564))

1564년에 이황이 금난수에게 답장한 편지에도 이런 상반된 양상이 중첩해서 나타난다. 금난수는 여전히 "회암서를 여러 번 읽었더니 차츰 처음보다 달라지는 것을 이제 알았다"고 말하면서도 "뜻을 세움이 강하지 못하여 강학하는데 힘이 없다"고 말했다.

금난수가 보여주는 상반된 태도는 이상한 일도 아니고 드문 일도 아니다. 이황에 힘입어 20대 초중반에 타올랐던 순수한 학문에 대한 열정이 나이를 먹으면서 차츰 사그라들기 시작했던 것이다. 애초에 금난수가 주자서朱子書 공부를 했던 것은 그 스스로 주자서가 담고 있는 문제의식에 공감했기 때문이라고 보기는 어렵다. 이황을 통해서 주자서를 접하기 전까지 예안의 울타리를 벗어나 본 적이 없는 금난수였다. 예안이라는 공간에서 이런 문제의식에 닿을 수 있는 지적 사회적 환경은 존재하지 않았다. 금난수의 문제의식은 이황의 지적 사회적 권위 위에서 전달받은 결과일 것이다.

이황은 예안이라는 작은 지역에 일종의 지적 파문을 일으켰다. 하지만 금난수도 20대 중반을 넘어 20대 후반, 30대에 접어들면서 외부에서 전수받은 지적 관심은 차츰 수그러들었다. 금난수에게도 자신의 현실이 있었을 것이고 그것은 스승을 통해서 전달받은 순수한 학문의 세계와 일정한 거리가 있었던 듯하다. 하지만 그렇다고 해서 당시의 금난수가 속으로는 그렇지 않으면서도 스승과 동료들의 분위기에 휩쓸려 공부했다고만 볼 수는 없다. 당시의 그가 실제로 매우 열정적인 지적 관심을 가지고 있었던 것을 부정할 수는 없다. 삶에서 우리가 흔히 볼 수 있듯이, 어떤 일이 일관되게 평생 이어지지 않는다고 하여 그것이 진실하지 않은 것은 아니다.

금난수와 조목

금난수 생애에서 가장 중요한 사람은 조목이다. 일상을 공유하고 삶에 밀착했다는 점에서 어쩌면 스승 이황보다도 더 중요했다고도 말할 수 있을지 모르겠다. 앞에서 말했던 대로 이황과의 만남도 조목을 통해서 이루어졌다. 금난수의 문집 『성재선생문집』에 실린 서書 즉, 그가 남에게 쓴 편지를 보면, 전체의 절반 남짓이 조목에게 쓴 것이다. 이황에게 쓴 편지의 두 배에 달한다. 두 사람의 관계는 금난수 생애 끝까지 이어졌다. 그가 죽고 나서 2년 뒤에 조목도 죽었다.

두 사람이 대단히 가까운 관계였지만 두 사람은 기질 면에서 상당한 차이가 있었다. 이황이 이를 정확히 지적한 바 있다. 그는 조목과 금난수의 기질을 강함剛과 부드러움柔으로 대비시켰다. 조목의 기질이 지나치게 강건하다면 금난수는 너무 유약하다고 평가했다. 결과적으로 보면 이황의 말은 절반은 맞고 절반은 그렇지 않은 면이 있다. 조목에 대한 평가는 비교적 적절하지만 금난수에 대한 이황의 평가가 모두 타당한 지는 의문이다.

조목은 금난수보다 훨씬 더 일찍 이황 문하에 입문했다. 하지만 본격적인 학문의 전수라는 면에서 보면 두 사람은 거의 비슷한 길을 걸었다. 그것은 이황이 관직 생활을 청산하고 학문에 전념하기로 결정한 이후에 시작되었기 때문이다. 이황은 1549년 말에 풍기군수를 사직하고 고향에 돌아왔다. 앞에서 말했듯이 바로 이 시기에 금난수는 이황 문하에 들어왔다. 연구에 따르면 조목도 경세經世 연구에 관심을 갖고 퇴계에게 질의하게 된 것은 27세 때부터였다고 한다.[29] 1550년 무렵이다. 32세 때는『연평답문』을 읽고 논한 글을 스승에게 올렸다.『성재선생문집』에 따르면 1555년에 "『연평답문』을 읽었다. 퇴계 선생이 손수 한 본을 써서 보내어 기대하고 면려하는 뜻을 보였다"라는 말이 나온다. 조목과 금난수가『연평답문』을 읽게 된 것은 이황의 지도에 따른 것이었음을 알 수 있다.

학문에 대한 열정이나 태도라는 측면에서 아마도 1560년 무렵부터 금난수와 조목은 차이를 보이기 시작하는 듯하다. 위에서 언급했듯이 1550년대 말부터 학문에 대한 금난수의 열정은 전보다 약간은 사그라든 느낌을 준다. 그런데 조목은 바로 이시기에 이르러 더욱 높아진 문제의식을 드러낸다. 도학에 대한 조목의 연구가 본격화한 것은 아마도 이황과 기대승 사이에 1560년(명종 15)부터 비롯된 사단칠정논변에 영향을 받았기 때문이 아닌가 한다. 그리하여 조목 39세 때인 1562년(명종 17) 심경에 관한 질의가 처음 나온 이래 4~5년간 조목과 이황 사이에「인심도심정일집중도」라든가『심경부주』,『대학장구』, 정복심의『심학도』등에 대한 질의와 문의가 집중적으로 이루어졌다. 1565년 무렵 조목은『심경부주』에 대해 자신의 독자적인 이해를 제시하여 스승과 논쟁을 벌였다. 조목은 정민정이 주희의 만년설과 육상산의 설을 크게 다르지 않은 것으로 보고 주자의 설을 왜곡했다고 평가했다. 이 과정에서 조목이 (『심경부주』에 대해서) 계속 의문을 개진하여 사제 간에 이를 둘러싼 토론이 계속되었다. 그 결과 이황은 1566년『심경후론』을 집필하여 주희의 설과 육상산의 설이 다르다는 것을 분명히 했다.[30]

금난수는 조목과는 달랐다. 금난수는 24세 때 스승의 시를 차운하여 '녹심경서'라는 시를 시은 바 있나. 이황이『심경후론』을 지은 후에 금난수는 다시 젊어서 자신이 지은 시를 차운하여 「독선사심경후론갱용전운 2절讀先師心經後論 更用前韻 二絶」을 지었다. 앞의 시에서 금난수는 심경을 '인도지문入道之門'으로 인식하고 스승을 좇아 본원을 함양하리라는 의지를 밝히고 있다. 그리고 뒤의 시에서는 『심경』을 통해 '경敬' 공부에 매진하겠다는 의지를 보였다.[31]

조목은 매우 직선적이고 강직한 사람이었다. 그것의 타당성 여부와는 무관하게, 자기 원칙이 있는 사람이었고 그것이 무엇보다 중요했던 사람이었다. 반면에 금난수는 자기 원칙보다는 세상의 권위를 존중하고 타인과의 관계를 중시했던 사람처럼 보인다. 이것은 옳고 그름의 문제라기보다는 두 사람의 기질적 특성에서 비롯된 것처럼 보인다. 두 사람의 이런 차이가 조목이 때로 이황과 갈등했던 반면에 금난수를 한 번도 그렇지 않았던 근본적인 이유일 것이다.

금난수와 조목은 출처出處에 있어서도 차이를 보인다. 조목은 1566년(명종 21) 이황의 출사와 함께 공릉 참봉에 제수된 것을 시작으로 1604년(선조 37) 공조 참판에 이르기까지 근 40년 동안 수많은 관직에 제수되었다. 그러나 실제로 부임한 것은 봉화 현감(1576), 충주 도사(1581), 교정청 낭청(1585), 합천 군수(1587)뿐이다. 재임 기간은 5년 남짓에 불과하다. 기축옥사(1589) 이후에는 관직에 전혀 나가지 않았다.

이에 비해 금난수는 1579년(선조 12) 제릉 참봉에 제수된 이래 기축옥사 후 파직될 때까지 10년 동안 줄곧 벼슬살이를 했다. 1599년(선조 32)에는 70세 노인으로 봉화 현감에 부임하기도 했다. 관직에 제수되고도 부임하지 않은 것은 1596년(선조 29) 성주 판관으로 제수되었을

때뿐이다. 조목이 산림학자로서 자정한 것과 달리 금난수는 관료로서의 생활을 기꺼이 선택했다.[32]

위기지학과 거업

이황은 금난수에게 보낸 한 편지에서 다음과 같이 말했다.

> "과거 시험 시기가 닥쳐오자 사람들마다 영리榮利에만 빠져 있는데, 그대는 이미 그런 일이 없거니와 만약 또 이 일에 태만한다면 결국 저들과 똑같이 될 뿐만 아니라 어떤 면에서는 저들만 못하게 될 수도 있기에 항시 그대를 위하여 걱정하는 터라 말을 하는 것입니다….
> 우리들은 전일에 명색은 학문을 한다고 하면서도 실상은 일찍이 학문을 하지 않았으므로 늙도록 이룩한 것이 없이 남은 날이라도 잘 해보려고 마음을 전일하게 갖고 힘을 써보는데 조정에 있는 친구들이 연달아 편지를 보내 책망하니 사람을 당황케 하여 스스로 불안합니다. 어찌해야 하겠습니까."

위에서 아래 단락에 있는 말은 이황이 자신의 처지를 두고 한 말이었다. 그는 자신의 삶을 둘로 나누어서 1549년 풍기군수를 사직하고 학문에 전념한 이후 시기와 그 이전 시기로 나누었다. 그리고 그 이전 시기에 했던 공부는 진짜 학문이 아니었다고 스스로 말하고 있다. 그리고는 금난수가 과거 시험에 초연한 것에 대해서 격려와 염려를 함께 보냈다.

1550년에 금난수가 이황 문하에 입문한 이래 이황이 금난수에게 보낸 편지에서 두 가지는 반복해서 나타난다. 하나는 금난수가 과거 공부에 마음을 빼앗기지 않고 '이 참된 학문'에 뜻을 두는 것을 그가 가상하게 보고 있다는 점이다. 다른 하나는 그러면서도 과거 공부를 포기하지 말 것을 당부하는 것이었다. 이황의 이런 입장은 현실에서는 어느 정도 모순적이었다. 과거 공부가 '위기지학'의 참된 학문에는 방해가 되는 것이 사실이지만 자식된 도리로서는 피할 수 없는 일이라는 것이 이황의 입장이었다. 입신양명을 바라는 부모의 기대를 저버려서는 안 된다는 논리였다.

이황의 모순이자 강점은 현실에서 모순적인 것을 어떻게 든 결합시키려고 했다는 점이다. 거업이 지향하는 바와 위기지학이 지향하는 바는 현실에서 공존하기 어렵다. 그것이 공존할 수 있다고 생각한다면 거기에는 현실을 가볍게 보았을 가능성이 있다. 물론 이황의 제자들 중에도 선생이 가르쳐준 공부를 지향하면서도 문과에 합격한 사람이 여럿 있었다. 하지만 그들도 결국은 관료가 되어버렸지 이황이 지향했던 그 길 위에 있는 학자가 되지는 못했다. 사실은 이황 자신조차 그것은 마찬가지였다. 그가 관료로 있을 때 재직했던 자리는 대개 공부와 관련된 자리였다. 본격적인 국가행정과는 거리가 있는 자리들이었다. 무엇보다 그 자신이 결국에는 관료의 자리를 박차고 학자의 길로 뒤늦게 돌아왔다.

금난수는 1561년(명종 16) 32세로 생원시에 합격했다. 금난수의 사마시 합격은 자연스러운 일이었다. 이황의 1세대 제자들도 대개는 사마시까지는 통과했기 때문이다. 예를 들어서 '오천칠군자'로 불리던 사람들이 이를 잘 보여준다. 오천칠군자 중에서 산남 김부인만 1549년(명종 4)에 무과에 합격했고, 나머지는 모두 사마시에 합격했다.[33]

조선시대에 실시되었던 사마시와 문과는 그 성격이 본디 좀 다른 시험이었다. 본격적인 관료로 나서기 위해서는 문과에 합격해야 했다. 반면에 사마시는 자격시험이라기보다는 능력시험에 가까웠다. 다시 말해서 사마시 합격자는 사회적으로 공인된 지식인에 가까웠다. 금난수가 과거 시험을 거부하는 듯한 말을 했더라도 그것은 관료로서의 지향을 말하는 것에 가까웠다. 사마시까지 포기하는 것을 의미하는 것과는 거리가 있었다. 사마시에 합격한 이후 금난수는 다른 사람들과 달리 문과 응시에 그다지 흥미를 보이지 않았다. 동방으로 합격한 이황의 손자 이안도는 조부와 부친의 명에 따라 성균관 상경 수학을 되풀이했지만 금난수는 거업을 거의 중단했다.

관직에 나서며

이황의 예안 출신 1세대 문인들 중에는 문과 합격자가 전혀 없었다. 하지만 스승 이황이 사망한 직후인 1570년대부터 천거를 통해서 대개는 관직에 진출했다. 금난수를 비롯하여 조목, 김부륜, 이안도, 금응협 등이 바로 그들이다. 관직에 나간 순서로 보면 금난수는 오히려 늦은 경우였다. 하지만 이들은 대개 1589년에 일어난 기축옥사와 더불어 모두 귀향했다. 금난수도 마찬가지였다. 금난수를 그 개인이 아니라 하나의 사회적 범주 속에서 이해한다면 이러한 범주에 속했음을 알 수 있다. 그렇다면 우리가 금난수에게서 주목할 부분은 그가 관직에 나아 갔는가 여부가 아니라 관직에 나아갔을 때 그가 어떻게 행동 했는가가 되어야 할 것이다.

금난수에 앞서서 동문인 김부륜, 이안도, 이교, 이영, 이덕홍 등이 참봉으로 관직에 이미 진출했었다. 그는 1579년(선조 11) 유일遺逸[34]로 천거되어 개성에 위치한 제릉의 참봉에 제수되었다. 이로부터 1590년(선조 23) 장예원 사평에서 파직되어 귀향할 때까지 줄곧 벼슬살이를 했다.

이황의 죽음 이후에 그의 예안 제자들이 천거를 받아서 관직에 나가기는 했지만 그렇다고 해서 금난수의 관직 진출을 자연스러운 과정으로만 보기는 어렵다. 왜냐하면 금난수가 벼슬을 하기로 결정한 것은 결코 쉬운 결정이 아니었을 것이기 때문이다. 우선 당시 그의 나이가 이미 50세였다. 그는 예안을 떠나서 다른 곳에서 살아본 경험도 없었다. 그에게 내려진 벼슬이란 것도 따지고 보면 낮은 직급에 불과한 것이었다. 몹시 힘든 일은 아니어도 몸을 써야 하는 일이었고, 명예스러운 자리라고 하기도 어려웠다. 이런 사항들에도 불구하고 그가 벼슬살이를 하기로 결정했던 것은 그냥 해보는 일일 수 없다. 분명한 목적이 있어야 가능한 일이다. 더구나 그는 파직되어 고향에 돌아올 때까지 자신의 직무를 매우 성실하게 수행했다. 관직 생활에 대한 분명한 생각이 없었다면 나타날 수 없는 행동이다.

금난수는 50세 되던 1579년부터 61세였던 1590년까지 관직 생활을 했다. 그동안 근무지와 관직의 몇 차례 이동을 경험했다. 먼저 그는 1579년 5월 19일에 자신이 제릉 참봉에 제수되었다는 소식을 접했다. 그가 제릉 참봉에 재직한 기간은 이때부터 시작해서 1581년 11월 19일에 경주에 있는 집경전 참봉에 제수될 때까지이다. 그는 제릉 참봉으로 2년 6개월간 재직했다. 금난수는 1581년 11월 19일에 집경전 참봉에 제수되어 1583년 1월 말까지 재직했다. 1년 3개월 정도의 기간이다. 이어서 1583년 2월에 경릉 참봉에 임명되어 1585년 12월 26일에 장흥고 봉사로 이직할 때까지 재직했다. 2년 10개월간이다.

장흥고에서는 1585년 12월 26일에 봉사로 재직하기 시작해서 1587년 12월에 직장으로 승진하여 1589년 6월 21일까지 재직했다. 3년 6개월 남짓한 기간이다. 마지막으로 금난수는 1589년 6월 21일에 장례원 사평에 제수되었다가 다음 해인 1590년 4월 21일에 파직된다. 8개월 간의 재직이다.

요컨대, 금난수는 약 11년간 제릉 참봉, 집경전 참봉, 경릉 참봉, 장흥고 봉사 및 직장, 장례원 사평이라는 네 곳의 근무처와 다섯 개의 직책을 경험했다. 일기를 검토하면 근무처마다 그 업무의 내용이나 그에 따른 그의 행동방식에서 일정한 차이가 나타났다. 그럼에도 불구하고 그가 시종일관 보여주는 관심과 노력이 있는데, 그것은 자신과 넷 아들들의 과거 준비와 합격이다.

제릉 참봉 시절(1579년 6월 18일~1581년 11월 19일)

금난수는 1579년 5월 19일에 서울에서 사람이 내려와 알려주어서 자신이 제릉 참봉에 제수된 사실을 알았다. 그의 나이 50세 때 일이다. 그에 따라 다음 달인 6월 14일에 서울에 도착하여, 6월 18일에 사은숙배를 함으로써 정식으로 관직 생활을 시작했다. 제릉齊陵은 태조 이성계의 정비正妃인 신의왕후(神懿王后, 1337~1391)의 무덤이다. 현재 북한 지역인 왕해북노 개풍군 내딘니에 있다.

제릉 참봉으로서 그의 기본적인 임무는 매달 1일과 15일에 제사를 지내고 능을 관리하는 일이었다. 업무는 비교적 단순했고 육체적으로 힘든 일은 아니었다. 제사를 지내기 하루나 이틀 전에 제사를 위해서 파견되는 관리들을 접대한 후에 제사를 지내는 것이 평소 업무의 거의 전부였다. 제사가 끝나면 재사齋舍에 머무를 필요가 없었다. 대부분의 시간은 살림집을 마련한 서울에 와서 지냈다. 제릉 참봉 시절에는 고향에도 자주 다녀왔다. 그가 고향에 다녀왔던 기간을 정리하면 〈표1〉과 같다.

금난수가 제릉 참봉으로 있었던 기간은 대략 2년 6개월 정도이다. 이 중에 그는 다섯 차례에 걸쳐서 대략 10개월을 휴가에 사용했다. 물론 제릉에서 고향 예안까지는 먼 길이었다. 가는 데에 대략 8~10일 정도가 걸렸다. 그렇다면 오고 가는데 보름에서 20일 정도가 걸렸다는 말이다. 하지만 그가 고향에 한 번에 다녀올 때 평균 두 달 정도 사용했으므로 고향에서 충분한 시간을 가졌음을 알 수 있다.

〈표1〉

차수	시기	기간	비고
1	1579년 9월 2일 ~ 11월 13일	약 두 달 11일	시제(9월 15일)
2	1580년 4월 16일 ~ (윤4월) ~5월 4.	약 한 달 20일	기제사(조부)
3	1580년 8월 16일 ~ 10월 23일	약 두 달 7일	시사(9월 4일)
4	1581년 1월 11일 ~ 3월 14일	약 두 달 3일	기제사(1월 29일 조모)
5	1581년 8월 16일 ~10월 28일	약 두 달 10일	기제사(9월 8일 증조모) 기제사(9월 28일 증조부) 시제(9월 14일)

1580년, 1581년에 주목할 사항 중 하나는 금난수와 그의 아들들이 과거 시험에 응시한 것이다. 그에게는 경, 업, 개와 막내 각 네 아들이 있다. 1580년을 기준으로 경은 28세, 업은 24세, 개는 19세였다. 아직 어린 막내 금각을 빼고 나머지 세 아들이 과거에 응시했다. 아래는 본인 및 아들들의 과거와 관련된 기록이다.

① 1580년 2월 11일
경과 업 두 아이는 여주에서부터 개와 헤어져 육로로 오고, 아이 개는 김시보와 함께 뱃길로 왔는데, 한꺼번에 도성에 들어왔다.

② 1580년 2월 25일
알성별시 시험장에 들어갔다.

③ 1580년 2월 28일
저녁에 아이 경 등이 김시보가 묵는 집에 가서 잤다. 내일 시험장에 들어가기 때문이다.

④ 1580년 2월 29일
제3소인 장악원에 들어갔다. 아이들은 성균관에 들어갔다.

⑤ 1580년 3월 2일
종장 시험장에 들어갔다.

⑥ 1581년 8월 5일

개성부에 가서 유수를 뵙고 도사를 찾아보고 돌아왔다. 유수가 명지名紙,
시지試紙 세 장을 주었다.

⑦ 1581년 9월 3일

업과 개를 보내어 동당시東堂試에 응시하도록 했다. 아이 경은 짐말과 종
이 없어서 가지 않았다.

위 사료들에 따르면 1580년에는 금난수 본인과 아들들이 모두, 그
리고 1581년에는 아들들이 과거에 응시하고 있다. 금난수는 이미 사
마시에 합격한 상태이므로 문과를 지원했고, 아들들은 사마시에 합격
해야 하는 상황이었다.

⑥은 금난수가 고향에 다녀오려고 개성 유수에게 인사를 하러 갔다
가 아들들의 시험지인 명지를 얻는 상황을 보여주고 있다. 본래 금난수
는 막내 금각을 뺀 세 아들 모두가 시험을 치르게 하려 했지만 교통 편
때문에 큰 아들은 시험에 참여하지 않는다. 동당시는 문과를 말한다. 아
들들은 아직 사마시에 합격하지 못한 상태이기에 아마도 금난수는 시
험 경험을 위해서 아들들에게 동당시 응시를 권유했던 것으로 보인다.

집경전 참봉 시절(1581년 11월 19일~1583년 2월 2일)

금난수가 경주에 있는 집경전集慶殿 참봉으로 있었던 기간은 대략
14개월이다. 그의 나이 52세에서 54세 때였다. 집경전에는 태조 이성
계의 어진이 봉안되어 있었다. 그런데 그가 이 기간에 고향에 가기 위

해서 경주를 떠나 있던 기간은 대략 일곱 달 가까이 된다. 재직 기간의 절반 정도에 해당한다. 경주에 있을 때 그의 업무가 정확히 무엇인지 일기로는 확인하기 어렵다. 기본적인 임무는 제릉 참봉 시절과 다르지 않았을 것이다. 하지만 그가 직접 제사를 준비했던 것 같지는 않다. 경주 부윤의 금난수에 대한 예우는 각별했다. 당시 경주 부윤은 이중량李仲樑(1504~1582)이었다. 이현보의 넷째 아들이다. 고향사람이고 이현보의 아들들과는 평소 왕래하던 사이였다.[35]

금난수가 집경전 참봉으로 있었던 기간 중에는 본인과 아들들이 과거 시험에 응시하지 않았다.

〈표2〉

차수	시기	기간	비고
1	1582년 3월 6일 ~ 5월 25일	두 달 20일	
2	1582년 8월 16일 ~ 9월 24일	한 달 8일	
3	1582년 10월 2일 ~ 10월 27일	25일	
4	1582년 11월 2일 ~ 1583년 2월 2일	약 세 달	

경릉 참봉 시절(1583년 2월 2일~1585년 12월 26일)

제릉 참봉 2년 6개월, 집경전 참봉 1년 4개월에 비해서 금난수는 경릉 참봉으로 거의 3년 정도를 재직했다. 경릉은 조선의 덕종德宗(1438~1457)과 그의 비 소혜왕후 한씨(1437~1504)의 능이다. 경기도 고양시 덕양구에 있다. 그는 세조의 아들로 세조 1년에 세자로 책봉되었지만 즉위하기 전에 사망했다. 아들 성종이 왕이 되어 성종 2년에 덕종으로 추존되었다.

경릉 참봉의 업무는 제릉이나 집경전 참봉에 비해서 훨씬 많았다. 매달 1일, 15일 제사 이외에도 일 년에 여러 차례 큰 규모의 제사가 있었다. 춘향대제春享大祭, 한식대제寒食大祭, 하향제夏享祭, 단오제端午祭, 동향제冬享祭, 동지대제冬至大祭, 동향대제冬享大祭, 납향대제臘香大祭 등이 그것이다.

제릉 참봉이나 집경전 참봉 때와 달리 경릉 참봉 재직 중에 금난수는 고향에 한 번만 다녀왔다. 1585년 윤9월 15일 제사를 지낸 후 새벽에 길을 나서서 20일에 고향에 도착한다. 10월 3일에 다시 임지로 출발하기 위해서 집을 나서기까지 열흘 남짓한 기간 동안 고향에 머물렀다. 이때 고향 방문의 이유는 사망한 부포의 숙부에 문상하는 것이었다. 숙부는 금난수가 도착한 지 이틀 후인 22일에 발인했다. 25일에는 1583년 7월에 사망한 이황의 아들 이준의 무덤을 찾아보았다. 이어서 한해 전인 1584년에 사망한 금보琴輔(1521~1584)의 영연에 전을 올렸다. 10월 1일에는 시제를 지냈다. 바쁜 일정이었다.

경릉 참봉에 재직하는 동안에 금난수와 그의 아들들은 활발하게 과거에 응시했다. 관련된 자료는 아래와 같다.

①-1. 1583년 2월 4일
아이들이 과거 시험을 보러 길을 나섰다. 업이 먼저 길을 나섰다.
①-2. 1583년 2월 7일
경과 개 두 아이가 길을 나섰다.

②-3. 1583년1583년 4월 2일

성균관에서 녹명을 했다.

②-4. 1583년 4월 4일

시험장에 들어가서 알성별시를 보았다. 시제試題는 의상부열청물독제사表擬商傅說請勿瀆祭祀表[36]였다. 차운로車雲輅가 수석을 차지했다. 이날 비가 내려 창방唱榜을 할 수 없었다.

③-1. 1583년 6월 23일

경과 업 두 아이가 도성에 들어왔다.

③-2. 1583년 7월 1일

시험 때문에 말미를 받아 도성에 들어갔다.

③-3. 1583년 7월 6일

2소인 성균관에 들어갔다. 논제는 인촉분조引燭焚詔[37]이고, 부제는 황시피黃絁被[38]였다. 종장終場은 책문이었다.

아이들은 1소인 한성부에 들어갔다. 논제는 왕윤불사동탁부곡王允不赦董卓部曲[39]이고, 부제는 난이향자분蘭以香自焚[40]이었다. 비가 크게 내렸다.

③-4. 1583년 7월 8일

종장에 들어가 책문을 짓고 비를 맞고 나왔다.

③-5. 1583년 7월 15일

방목榜目이 나왔는데, 아이 업이 입격했다고 한다.

④. 1583년 7월 22일

업과 개 두 아이가 동학에 들어가기로 한다.

⑤. 1583년 8월 24일

아이 업이 창덕궁에 들어가서 전시를 보았다. 책문을 제출했다.

⑥. 1583년 12월 12일

정시를 보았다. 전시 책문을 제출했다.

⑦. 1584년 2월 29일

두 아이를 데리고 들어가 정시를 보게 했다. 시제試題는 '삶은 양을 가지고 경계에서 맞아 대접한 것에 대해 논하다[烹羊逆境上論]'[41]이었다.

⑧-1. 1584년 7월 12일

아이들이 성균관에 들어갔다. 부제賦題는 '구산을 바라보다[望龜山]'이고, 논제는 '자가자가 소공에게 귀국할 것을 권하다[子家子勸昭公歸國]'이었다. 망제望祭는 시험 때문에 휴가를 내어 참석하지 않았다.

⑧-2. 1584년 7월 14일

아이들이 또 성균관 시험장에 들어갔다.

⑨. 1584년 12월 6일

아이 개가 윤차제술輪次製述[42]의 시詩에서 이중二中으로 입격했다.

⑩. 1585년 1월 6일

성균관에서 승보시[43]를 치렀는데, 세 아이가 가서 제술製述하여 모두 입격했다.

⑪. 1585년 1월 17일

아이 개가 동학의 윤차제술에서 삼상三上에 들었다.

⑫-1. 1585년 2월 10일

아이들이 감시監試 초장初場을 치르기 위하여 장악원으로 들어갔다.

⑫-2. 1585년 2월 11일

도성으로 들어왔다. 아이들을 보기 위하여 들어온 것인데, 내일 종장을 치르기 위하여 들어가기 때문이다.

⑫-3. 1585년 2월 12일

날이 맑았다. 아이들이 시험을 치러 들어갔다.

⑫-4. 1585년 2월 17일

방목榜目이 나왔는데, 아이 경 혼자만 입격했다.

⑬-1. 1585년 4월 9일

아이들이 시험장으로 들어갔다.

⑬-2. 1585년 4월 11일

아이들이 또 시험장으로 들어갔다.

⑭. 1585년 7월 21일

아이 개가 남학南學에 가서 윤차제술을 보아 부賦에서 삼상으로 입격했다.

⑮-1. 1585년 10월 21일

아이 개가 선시에 늘 냉시를 유정신威景中에게 밀미시 중획中事 기건史官에게 들여 주었다.

⑮-2. 10월 22일

송 정랑宋正郞이 명지 석 장을 보내주고, 자정子精 영공이 병조 참의에게 편지를 하여 명지 석 장을 보내주었으나 모두 쓰지 않았다.

⑮-3. 1585년 10월 24일

아이 개가 전시 과장에 들어가서 책문을 지었다.

⑮-4. 1585년 10월 26일

방목이 나왔는데, 아이 개는 차상次上으로 입격하지 못했다고 한다.

금난수는 경릉 참봉에 재직하면서 재직 첫해인 1583년에 모두 세 차례나 시험에 응시했다. 먼저, 부임한 지 얼마 되지 않은 1583년 4월 4일에 알성별시에 응시했다. 두 번째 응시는 같은 해 7월 6일이었다. 마지막으로 같은 해 12월 12일에 정시를 보고, 전시 책문을 제출했다. 세 차례 시험에도 불구하고 시험에 합격하지는 못했다.

금난수가 1583년에만 응시했던 것에 비해서 아들들의 응시는 계속되었다. 먼저 아버지가 임지에 도착하기도 전인 1583년 2월 초에 경, 업, 개는 고향 예안을 떠나 서울로 왔다. 아마도 2월말이나 3월 초에 시험이 있었을 것이지만, 일기에는 이들의 과거 시험 결과에 대해서 별다른 기록이 없다.

1583년 7월 6일에 금난수와 아들 경, 업이 같은 날 시험을 치렀다. 물론 시험 과목과 장소는 달랐다. 위의 〈③-3〉이 그 내용이다. 이 시험에서 둘째 업이 합격했다. 이 시험이 끝난 후에 업과 개 두 아들이 사학四學 중 하나인 동학에 기거했다. 동학 건물은 사라졌지만, 오늘날 서울 동대문에서 종로 방향으로 백여 미터쯤에 있었다.

한 달 뒤인 8월 24일에는 둘째 업이 창덕궁에서 전시를 보았지만 합격하지 못했던 것으로 보인다.

1584년에도 금난수는 아들들에게 부지런히 과거를 보게 했다. 1584년 2월 29일에는 둘째, 셋째 아들에게 정시를 보게 했다. 이들은 7월 12일에도 성균관에서 시험을 치렀다.

문과와 사마시가 본격적인 과거 시험이었지만, 이들 외에도 성균관에서는 여러 가지 시험이 있었다. 과거 시험을 위한 일종의 모의고사이거나 예비고사 성격을 띤 시험이었다. 과거를 장려하기 위해서 조정은 다양한 시험을 실시했다. 1584년 12월 6일에는 셋째 개가 윤차제술에 입격했고, 다음 달인 1583년 1월 6일에는 세 아들이 제술하여 모두 입격했다. 셋째 개는 10일 뒤인 1월 17일에 있었던 동학의 윤차제술에서도 성적을 냈다. 1583년 2월 초에 감시를 치렀는데, 이때 큰아들 경만 입격했다. 이 이외에도 세 아들은 여러 예비시험에 응시하여 때로 입격했고, 때로 입격하지 못했다. 이 모두 금난수의 면밀한 관심과 관리 위에서 진행된 일이었다.

장흥고 봉사·직장 시절 (1585년 12월 26일~(1587년 12월 26일)~1589년 6월 21일)

금난수는 약 6년 반 정도 제릉, 집경전, 경릉의 참봉 직책을 수행한 후에 장흥고에 제수되었다. 장흥고에서는 봉사와 직장으로 3년 반 정도 재직한다. 장흥고는 돗자리, 유둔 등 조선시대에 궁중에서 사용하는 물품들을 조달하고 관리했던 호조 소속 관청이다. 현 서울 지하철 3호선 성복궁역에 인접한 서울지방경찰청 자리에 있었다. 본시는 종

8품 벼슬이다.

장흥고가 어떤 기관이었는지에 대해서는 알려진 것이 많지 않다. 『성재일기』에 나타난 내용으로 장흥고의 업무를 파악하면 대략 다음과 같다. 장흥고에서 주로 관리하는 물품은 종이류였다. 종이를 공상供上 받아서 여러 기관에 제공했다. 공상 받는다는 것은 지방 고을에서 공물로 받는다는 뜻이다. 장흥고가 종이를 제공한 기관은 궁중, 종묘, 예조, 승문원 등이다. 이들 기관 외에도 장흥고가 종이를 제공해야 할 곳은 적지 않았다. 기우제를 지낼 때에도 종이가 필요했고, 객인이나 칙사를 위한 자리에도 종이가 필요했다.

장흥고의 물품 관리는 대단히 엄격했던 것 같다. 그 이유는 종이가 대단히 다양한 용도로 사용되고, 사인私人간 선물에도 긴요한 것이기에 관리가 허술하면 문제가 발생할 여지가 많았기 때문일 것이다. 그에 따라 '청대', '회창回倉', '번고'가 잦았다. 청대란 창고를 봉할 때 사헌부 관원의 입회 아래 검사를 진행하는 것이고, 번고란 창고에 저장된 물건을 일일이 문서대장과 대조하여 검사하는 것을 말한다. 회창 역시 창고의 출납상황과 재고상황을 점검하는 것이다. 일기에 따르면 번고의 경우 3일이 걸리기도 했다.

장흥고 봉사와 직장은 물품의 진배뿐 아니라 수시로 장흥고에 입도 했고, 여러 능에 제관祭官으로 파견되기도 했다. 입직을 하는 경우에 1박 2일을 근무했다. 일기에서 금난수는 문소전, 경릉, 강릉, 건원릉, 선릉宣陵, 사직, 효릉, 태릉, 희릉 등에 제관으로 파견되었다. 요컨대 장흥고에서 금난수가 해야 했던 일은 이전의 참봉 시절과는 비교하기 어려울 정도로 복잡하고 높은 근무 강도를 지닌 일들이었다. 그

242

때문인지 장흥고에 있는 동안에 금난수는 한 번도 고향을 방문하지 못했다.

장흥고 봉사와 직장으로 바쁜 나날을 보내면서도 금난수는 자신과 아들들의 과거 시험에는 세밀한 관심을 유지했다. 먼저 아래는 그 자신과 관련된 기사이다.

①1587년 8월 24일

정시에 들어갔다. 논제는 '경강이 자식을 곡하지 않다[敬姜不哭子]'[44]였다.

②-1. 1588년 3월 26일

병이 깊어져서 자리에 누웠다.

②-2. 1588년 3월 29일

병세가 점차 중해졌다.

②-3. 1588년 4월 1일

병세가 중했다. 예조 판서 정자정鄭子精 영공이 약을 지어서 김언광金彦光을 보내어 문병하고, 병조 판서 이백춘李伯春 영공이 사람을 보내어 문병하고, 첨정 김이정金而精이 청심원淸心圓을 보내왔다.

②-4. 1588년 4월 2일

병세가 중하여 인사불성이 되었다.

②-5. 1588년 4월 4일

병세가 줄어드는 듯했다.

②-6. 1588년 4월 7일

병이 말끔히 나았다.

③ 1588년 5월 23일

이람李覽을 만나보고 팔자八字에 대해 물었다.

금난수는 경릉 참봉 재직 첫해인 1583년에 모두 세 차례 과거 시험에 응시했다가 하나도 합격하지 못했다. 이후 과거에 응시하지 않다가 1587년에 정시를 치렀고 역시 합격하지 못했다. 이것이 그가 자신의 생애에 마지막으로 치른 과거 시험이 되고 말았다. 이때 그의 나이가 58세이다.

1588년 3월 26일부터 약 10일간 금난수는 심하게 앓는다. 병명이 무엇인지 확인되지 않지만 인사불성이 될 정도로 앓았다고 기록되었다. 병에서 회복된 후 한 달여만인 5월 23일에 흥미롭게도, 이람이라는 사람을 만나서 "팔자八字에 대해서 물었다"는 기록이 등장한다. '팔자'란 한 개인의 정해진 운명으로 생각할 수 있을 것이다. 그는 누구의 '팔자'를 물었던 것일까? 그가 팔자를 물었다면 아들들이나 그 자신이겠지만, 전자보다는 후자일 가능성이 훨씬 높아 보인다. 아직 아들들의 삶은 정해지지 않았을 것이기 때문이다. 아마도 금난수는 심한 병을 앓은 후에 자신의 팔자, 즉 운명에 대해서 진지하게 생각하게 되었던 것 같다. 그는 어찌할 수 없는 운명의 힘을 느꼈던 것일까? 이후 그의 과거 시험 응시 기록은 확인되지 않는다. 더 이상 과거 시험을 보지 않았던 것 같다.

금난수는 이황이 살았을 때 '위기지학'을 반복해서 다짐하면서 과거를 보지 않았다. 하지만 서울에서 관직 생활을 하는 동안에 그는 부지런히 과거에 응시했다. 그가 최종적으로 과거를 포기한 것은 젊은 시절처럼 위기지학에 대한 믿음 때문은 아니었던 것으로 보인다.

　1587년에 금난수가 자신도 과거 시험을 보기는 했지만, 장흥고로 자리를 옮겼을 때 사실 그의 관심은 자신보다는 아들들의 과거 합격이었다. 그것과 관련된 사항이 다음과 같다.

　①-1. 1586년 6월 27일

　아이 경이 뱃길로 도성에 들어와서 장흥고에 와서 잤다.

　①-2. 1586년 7월 7일

　아이 각이 인천에서 돌아왔다. 경과 개가 칠석제술七夕製述을 보기 위하여

　성균관에 갔다.

　①-3. 1586년 7월 10일

　아이 업이 뱃길로 도성에 들어왔다.

　①-4. 1586년 7월 24일

　아이 개가 승보시에 제술하여 삼중三中으로 입격했다.

　①-5. 1586년 8월 13일

　네 아이와 이 서방이 장악원 시험장으로 들어갔다.

　②-1. 1586년 11월 22일

　아이 개가 승보시에 제술하여 삼상三上으로 입격했다.

　③-1. 1587년 3월 23일

　아이 경·개와 이 서방이 뱃길로 도성에 들어왔다.

　③-2. 1587년 3월 26일

유생정시儒生廷試가 실시되어 아이들이 인정전에 들어갔다.

④-1. 1587년 8월 17일

아이 경과 이 서방이 이소二所인 장악원에 들어갔다. 부제賦題는 '학직에

보임되기를 권하다[勸補學職]'이었다.

⑤-1. 1588년 2월 15일

아이 업이 중학에서 『소학』을 강했다.

⑤-2. 1588년 2월 16일

경과 개가 서학西學에서 『소학』을 강했다.

⑤-3. 1588년 2월 19일

아이 업은 성균관으로 들어가고, 경과 개 두 아이는 장악원으로 들어갔다.

⑤-4. 1588년 2월 24일

밤 2경二更에 방목이 나왔는데, 아이들은 모두 결과가 이롭지 못했다.

⑥-1. 1588년 8월 2일

아이 경이 들어왔다.

⑥-2. 1588년 8월 10일

경·개가 생원시를 보러 들어갔다.

⑥-3. 1588년 8월 29일

경·개 등이 시험장에 들어갔다.

⑥-4. 1588년 9월 2일

경·개가 시험장에 들어갔다.

1586년에도 금난수의 아들들은 시험에 계속해서 응시했다. 그런데 이해부터는 두 가지 다른 점이 눈에 띈다. 하나는 막내아들 금각이 처음으로 시험을 보기 시작했다는 점이고, 다른 하나는 외동딸과 결혼한 사위 이광욱李光郁이 함께 시험을 치렀다는 점이다. ①-5에서 확인할 수 있듯이 다섯 명이 모두 시험을 보았지만 아무도 합격하지 못했다.

다음 해인 1587년에는 첫째, 둘째 아들과 사위 이광욱이 3월 26일에 치러진 유생정시에 응시했지만 역시 합격하지 못했다. 이해 여름에 다시 큰아들과 이광욱이 시험을 한 번 더 보지만 역시 합격하지 못했다.

1588년에도 도전은 계속되었다. 이해에는 사위 이광욱과 막내 금각이 빠진 채 세 아들만 시험에 응시했다. 2월 19일에 치러진 시험에서 아무도 합격하지 못했다.

이해 8월에는 생원시가 있었다. 첫째와 셋째가 시험에 응시했다. 그런데 이들의 시험 응시는 비상하고 비극적인 상황에서 이루어진 것이다. 7월 22일부터 막내 금각에게 이질 증상이 심하게 나타났다. 8일 뒤에는 다리에 부기가 있었다. 이런 상황에서 8월 10일에 첫째와 셋째는 생원시 초장 시험을 보러 들어갔다. 그 사이에 금각의 증세는 더욱 위독해졌고 21일에는 약 쓰는 것을 멈추었다고 기록되었다. 결국 25일 새벽, 날이 밝으려는 즈음에 금각이 사망했다. 8월 28일 기사에 "성복했다"고 나온다. 그런데 바로 다음 날인 29일에 첫째와 셋째는 생원시 중장을 위해서 시험장에 들어가고, 다시 9월 2일에 시험장에 들어갔다.

8월 24일자 기사에 따르면 금난수는 장흥고에서 청대를 진행하다가 대간에게 말하고 중간에 집에 왔다. 금각이 몹시 고통스러워하는 것을, 애저로워서 차마 보지 못할 지경이라고 기록했다. 금각이 사망

하기 하루 전 상황이다. 이런 상황에서 첫째와 셋째가 시험장에 들어
간 것을 그들의 자발적 의지라고 보기는 어렵다. 그것은 아마도 아버
지 금난수의 뜻으로 보아야 할 것이다. 금난수는 9월 8일자 기록에서
발인하고 돌아온 후에 스스로 "가슴을 저미듯 애통하고 정신이 멍하
여 어찌할 줄을 몰랐다"라고 기록했다. 전혀 과장이 아니었을 것이다.
『성재일기』에도 금난수는 막내를 아껴서 어디를 가나 데리고 다니는
것이 여러 번 서술되었다. 금각은 재주가 탁월한 막내아들이었다.『성
재일기』에는 금각에 대한 금난수의 애정이 여러 곳에서 나타난다. 그
럼에도 과거 시험은 그런 것들과는 별개의 사항이었던 것이다.

1588년은 금난수와 아들들 모두에게 커다란 시련의 한 해였다. 하
지만 이러한 시련은 결국 다음 해인 1589년에 첫째와 둘째의 사마시
합격으로 귀결되었다. 3월 17일에서 19일까지 진행된 시험에서 큰아
들 경은 생원시에 둘째 아들 업은 진사시에 합격했다.

장례원 사평 시절 (1589년 6월 21일~1590년 4월 12일)

금난수는 10개월 가까이 장례원掌隷院 사평[45]에 재직했다. 하지만
임기를 채운 후 자리를 옮긴 이전과 달리 이번에는 재직 중에 '정여립
사건'의 여파로 파직되고 말았다. 그런데 금난수가 장례원 사평 기간
중에 기록한 일기를 살펴보면 그 이전시기와는 상당히 다른 분위기를
느낄 수 있다. 가장 뚜렷한 차이는 업무에 대한 이야기가 거의 나오지
않는다는 점이다. 업무와 관련해서 기록된 내용은 제관祭官으로 몇몇
능에 파견되었던 것, 그리고 국왕의 배릉拜陵[46]에 어가를 따랐던 것 정
도이다. 일기 기록만으로는 장례원 사평의 일상 사무가 무엇인지 알기

어렵다.

금난수가 장례원 사평으로 자리를 옮긴 지 불과 3개월 남짓이 지나 정여립사건이 발생했다. 일기에 두 사건의 추이에 대해서 몇 차례나 기록이 나온다. 정치적 사건에 대한 언급이 많지 않은 일기 내용을 생각하면 그 사건이 몹시 엄중했음을 짐작할 수 있다. 백유양이나 이굉중 등 친분이 있었던 여러 명이 사건과 관련해서 귀양을 가거나 장형杖刑을 받았다는 기록도 등장한다.

이 시기에 금난수에게 또 하나의 가슴 아픈 사건이 일어났다. 외동딸이 사망했던 것이다. 결혼한 지 채 4년이 되지 않은 딸이었다. 딸의 병은 이전에도 일기에 약간씩 언급되었지만 그녀의 죽음으로 이어지는 발병 기록은 사망하기 약 한달 전부터 나타난다. 정여립 사건에 대한 기록이 1589년 10월 2일자 일기에 등장한다. 3일에서 5일까지 기록이 없고, 6일에 딸이 사망했다는 기록이 등장한다.

금난수 아들들의 과거 응시는 금난수가 파직되기 직전까지 계속되었다. 1590년에 둘째 업과 셋째 개가 서울로 올라왔다. 둘째는 성균관에 들어갔는데, 못 채운 원점圓點을 받기 위한 것이었다. 원점이란 과거 시험에 응시하기 위해서 성균관에서 일정기간 이상 기숙했다는 것을 확인받은 증명이다. 하루에 아침, 저녁 두 번 식당에 들어갈 때 표시를 해야 1점을 받았다. 두 사람은 1590년 4월 2일에 정시를 보았다.

금난수는 정여립 사건의 여파로 1590년 4월 12일에 갑자기 파직되었다. 하지만 장례원 사평 시기의 일기를 살펴보면 그는 이미 당시에 관직 생활에 열의를 잃었던 것처럼 보인다. 일기 내용만으로는 장례원 사평의 일상 업무가 무엇인지 확인하기 어려울 정도로 업무에 대한 이야기는 거의 없다. 다만 왕을 수행해서 능에 제사를 지내거나, 몇 차례 능에 제관으로 파견된 것이 기록되었을 뿐이다. 아마도 어느 정도는 그가 장례원 사평에 자리를 옮긴 후 조정에 몰아쳤던 정여립 사건의 영향이 있었을 것이다. 정여립 사건은 조정에 거대한 정치적 폭풍을 몰아왔다. 하지만 이것보다 훨씬 더 크게 영향을 미친 것은 막내아들 금각의 죽음과 연이은 외동딸의 죽음이었던 것으로 보인다.

결론

금난수를 바라보는 관점은 어쩔 수 없이 그가 이황의 제자라는 사실 위에 위치한다. 그런데, 이런 관점에 서는 순간 오늘날 우리가 금난수를 살펴보아야 할 이유는 희미해지고 만다. 왜냐하면 이황에게는 탁월하고 유명한 제자들이 많기 때문이다. 이황 자신이 예안이나 안동을 넘어서 국가적 차원의 인물이기 때문이다. 평범한 예안 선비 금난수는 탁월한 동문들 중에서 눈에 띄는 존재가 아니다.

금난수를 바라보았던 기존의 관점은 금난수를 이해할 수 있는 적절한 지점이 아니다. 더구나 그 관점에는 일종의 착시도 있다. 이런 관점은 이황이 살았던 당시의 상황보다 그의 사후에 전개된 상황에 크게 영향을 받은 측면이 많기 때문이다. 많은 위인들이 그렇듯 이황은 그가 살아 있을 때보다 사후에 더 중요한 인물이 되었다. 우리가 주목할 것은 '퇴계학'이 1550년대부터 비로소 형성되기 시작했다는 점이다. 우리가 금난수를 살펴보아야 하는 맥락이 바로 여기이다. 금난수와 조목은 바로 이황 사상의 성립과정을 함께한 제자들이다. 이것을 조금 확대한다면, 이황에게는 그 자신의 사상적 성채를 지을 때 함께했던 제자들이 있다. 예안 출신의 제자들이다.

금난수의 생애를 살펴보면 가장 두드러지는 두 시기가 눈에 띈다. 그의 20대인 1550년대와 50대인 1580년이다. 20대에는 스승 이황이 알려준 새로운 학문을 익히기 위해서 정진했던 시기이고, 50대는 고향을 떠나 관직 생활을 했던 시기이다. 겉으로 볼 때 이 두 가지 모두에서 금난수가 뚜렷한 성과를 거두었다고 보기는 어렵다. 그는 자신만의 학문적 성취를 이루어 내지도 못했고, 10여 년에 걸친 관직 생활은 결국 미관말직에 불과했다. 더구나 그가 20대에 보여주었던 모습이나 발언에 비추어보면 그의 50대는 상상하기 어렵다.

이황의 문인들을 전체로 살펴보면 오히려 금난수와 같은 인물들이 더 많다. 그들은 스승이 제시한 학문의 길에서 자신만의 새로운 성과를 만들어내지는 못했지만 이황이 말한 것이 새로운 학문의 길이라는 것을 이해하고 뜨겁게 반응했다. 이황의 예천 제자들은 기꺼이 과거 시험을 포기하면서 위기지학으로 자신들의 생애를 마치려했다. 인격적 완성을 통한 자존감의 증대가 사회적 출세가 주는 명예보다 더 중요하다는 것에 동의했기에 가능했던 일이다. 물론 그것도 개인마다 차이가 있었다. 이황은 제자들이 뜨겁게 공명하는 바로 그 공간에서 자신의 사상적 성채를 완성할 수 있었다. 제자들의 스승에 대한 존경과 사랑은 이황 사후에도 식지 않았다. 그러한 존경과 사랑이 '퇴계학'의 부상에 중요한 기여를 했다.

이황을 통해서 알게 된 새로운 학문이 내인 제자들에게 새로운 현신이 되었다면, 그것보다 더 오래되고 더 강력한 현실이 있었다. 조선에서 양반으로 태어난 이상 과거 시험을 통해서 관직을 지내야 한다는 것이 그것이다. 그것은 개인의 일을 넘어선 가문의 일이기도 했다. 따지고 보면 그것은 이황도 동의했던 일이다. 금난수의 50대는 그 오래된 현실에 반응한 기간이었다. 그가 나이 50세 이후 객지에서 미관말직의 임무를 성실히 수행했던 것은 단지 그 개인만의 과거 합격을 위한 것은 아니었다고 판단된다. 그 자신도 58세까지 계속해서 시험에 응시하지만 그가 더 열성을 쏟았던 것은 자식들의 과거 합격이었다. 그의 노력은 결코 헛되지 않았다. 네 명의 아들 중에서 하나는 병으로 죽고 말았지만 두 명이 문과에 합격하고 한 명이 생원시에 합격했다. 과거 시험에 대한 금난수의 노력이 실패했다고 말할 수 없는 이유이다.

1 최영성, 「성재 금난수의 학퇴계와 주경함양 공부」, 『퇴계학맥의 지역적 전개』, 보고사, 2004.
박현순, 「성재 금난수의 수학과 교유」, 『역사문화논총』 권4, 2008.

2 정만조, 「월천 조목과 예안지역禮安地域의 퇴계학맥退溪學脈」, 『퇴계학과 유교문화』 권28,
2000.

3 박현순, 「성재 금난수의 수학과 교유」, 『역사문화논총』 권4, 2008.

4 남신신의 자는 공보公輔 호는 낙강어은洛江漁隱 본관은 영양英陽이다. 남치형, 남치리의 아
버지이고 배삼익의 장인이다.

5 김진 자는 영중瑩仲, 호는 청계, 본관은 의성義城이며 안동에 거주했다. 1525년 생원에 입격
했다. 임하 부암 곁에 서당을 짓고 젊은이들을 가르쳤다. 사빈서원泗濱書院에 제향되었다.

6 『성재선생문집』 권1, 「김수일 경순과 김명일 언순에게 절구 두 수를 부치다」.

7 비원은 이국량의 자이다. 본관은 영천永川, 호는 양곡당賜谷堂이다. 농암 이현보의 조카이고,
퇴계 이황의 문인이자 질서姪壻이다. 1546년 생원시에 합격했다.(『退溪先生文集攷證』 卷2)

8 구봉령 본관은 능성綾城, 자는 경서景瑞, 호는 백담柏潭이다. 안동의 와룡 출신이다. 1546년
(명종 1) 사마시에 합격하고, 1560년 별시문과에 급제했다. 대사성大司成·이조참판吏曹參
判·병조참판兵曹參判·형조참판刑曹參判 등을 역임했다.

9 이직은 윤의정의 자이다. 본관은 파평坡平, 호는 지령芝嶺이다. 윤관尹寬의 아들로 안동安東
에서 살았다. 1573년 사마시에 합격했다. 권호문權好文·정탁鄭琢·김언기金彦璣·권대기權
大器·고응척高應陟 등과 함께 1553년 소수서원에 들어가 공부한 기록이 『소수서원입원록
紹修書院入院錄』에 보인다. 문집으로 『지령집』이 있다.

10 자반은 권덕윤權德潤(1528~1606)의 자이다. 본관은 안동, 호는 금서헌琴書軒이다. 첨추僉
樞 권응희權應禧의 아들이며 권호문의 삼종형이다.

11 박현순, 「성재 금난수의 수학과 교유」, 『역사문화논총』 권4, 2008.

12 『성재선생문집』 권3, 부록 성재선생연보.

13 『성재선생문집』 권1, 「삼가 퇴계 선생이 승려 승천勝天에게 준 절구 시에 차운하고 그 김에
전달하여 드리다」에 "맑고 깨끗한 한서암은 네 벽이 도서圖書인데"(瀟灑寒棲四壁圖)라는
구절이 나온다.

14 '시냇가 옆에 있는 집'이라는 뜻으로 1551년에 세운 계상서당을 가리키는 듯하다. 현 퇴계종
택 맞은편 산기슭에 위치했다. 그 앞으로 흐르는 시내가 '토계'이다.

15 부귀공명을 사모하는 마음을 가리킨다.

16 서산은 『심경』의 저자 진덕수의 호이다. 그의 학문은 주희를 종주宗主로 받들었는데, 도학을
위학이라고 규정하고 일절 금지하도록 했던 경원당금慶元黨禁 이후에 정주학이 다시 번성
하게 된 데에는 그의 힘이 컸다는 평을 받는다. 서적은 『심경』을 말한다. 유교 경전과 송나라
도학자들의 저술에서 심성 수양에 관한 격언을 모아 편집한 책이다. 이황은 초학자가 처음
공부할 때 『심경』보다 더 절실한 것은 없다고 하여 그 중요성을 강조했다.

17 경은 경건함으로 마음의 주체성을 확립하는 것을, 의는 외면의 행실을 바로잡는 성리학의

수행 방법이다. 경과 의가 따로 공부해야 할 분야가 아니라 서로 보완과 필요의 관계가 있음을 말한다. 원문의 '경의상수敬義相須'는 『심경해心經解』에서 따온 말이다.

18 사서四書는 『논어』·『대학』·『중용』·『맹자』를, 유서는 성현들의 글이나 문집 등을 말한다.

19 "글은 글일 뿐인데[文自文]"라는 말은 직접 체험하는 공부가 아니라 입으로 말하고 귀로 듣기만 하는 공부를 말한다. 『대학장구大學章句』「독대학법讀大學法」에 주희朱熹가 『대학』을 언어로만 보아서는 안 되고 마음에 체험해야 하는데, 그렇게 하지 않는다면 "글은 글이요, 나는 나 일 뿐이다[書自書 我自我]"라고 말했다.

20 "존성存省의 공부"란 금난수가 말한 대로, 본성을 함양하는 공부이다. 공자는 "잡으면 보존되고 놓으면 없어져 일정한 시간과 방향 없이 움직일 수 있는 것이 마음이다[操則存 舍則亡 出入無時 莫知其鄉 惟心之謂與]"라고 하며 마음을 보존하는 공부를 강조했다.(『孟子』「告子上」)

21 안동 도산면 단천리에 낙동강을 굽어보는 고개에 위치한다. 이황이 이 암자에 머물면서 『주자전서』를 읽기도 하고 제자들과 여러 날 묵기도 했던 곳이다.

22 『성재선생문집』권3, 부록 성재선생연보.

23 안동시 와룡면臥龍面 주계리周溪里 와룡산臥龍山에 있던 절이다. 조선시대 때 누각을 비롯하여 많은 부속채를 세워 99칸의 규모를 갖추어 인근의 선비들이 모여 강학을 했으며, 조목이 1580년 이후 사직한 뒤 현사사에 들어와 후진을 양성했다. 임진왜란 때에 폐사弊寺 되었고, 중창했던 것을 6·25 동란을 겪으면서 다시 전소되고 지금은 터만 남아 있다.

24 김팔원의 자는 순거舜擧·수경秀卿, 호는 지산芝山, 본관은 강릉이다. 삼척 훈도三陟訓導 김적金績의 아들이며 퇴계 이황과 신재 주세붕의 문인이다. 1555년에 생원시, 진사시, 문과를 모두 통과했다. 더구나 각각 두 번째, 세 번째, 네 번째라는 우수한 성적으로 합격했다. 예조좌랑, 용궁 현감 등을 지냈다. 옥계서원玉溪書院·보구서원洑邱書院 등에 제향되었다. 문집으로 『지산집』이 있다.

25 권대기: 자는 경수景受, 호는 인재忍齋, 본관은 안동이다. 1552년 사마시에 합격했다. 조목·구봉령·금난수 등과 계를 맺고 산사에 모여 경사經史를 강론했다. 문집으로 『인재실기忍齋實記』가 있다.

26 『성재선생문집』권3, 부록 성재선생연보.

27 여응은 구찬록의 자이다. 본관은 능성綾城, 호는 송안松顏·용산龍山이다. 안동에 살았고, 이황의 문인이다. 군자감 정을 지냈다.(『退溪先生文集攷證』卷6)

28 인중은 이종원李宗元의 자인 듯하다. 농암 이현보의 종손이며, 퇴계의 문인이다. 요절했고, 이황이 지은 제문이 있다.

29 정만조,「월천 조목과 예안지역의 퇴계학맥」,『퇴계학과 유교문화』권28, 2000

30 같은 글.

31 박현순,「성재 금난수의 수학과 교유」,『역사문화논총』권4, 2008.

32 같은 글.

33 후조당 김부필 1537년 진사 ; 양정당 김부신은 김부인의 친동생. 1558년(명종 13) 식년시 생원; 읍청정 김부의는 김부필의 친동생. 1555년(명종 10) 식년시 생원; 설월당 김부륜은 김부인의 막내 동생. 1555년(명종 10) 식년시 생원; 일휴당 금응협. 1555년(명종 10) 식년시 생원; 면진재 금응훈은 금응협의 동생. 1570년(선조 3) 식년시 생원.

34 '유일'이란 선비로서 학식과 인품을 갖추고 있으면서도 세상에 알려지지 않은 이들을 과거시험 없이 관리로 발탁하는 인재 등용 방법이다. 선조 초반에 활발했다.

35 『성재선생문집』권1,「벽오 이문량 어른의 방문을 받고 감사하며」. 이문량은 이현보의 둘째

아들이다.

36 "상商나라 부열傳說이 '제사를 더럽히지 말라'고 청한 내용을 견주어 표문을 지으라"는 문제이다. 상나라 고종高宗이 제사를 지나치게 번다하고 융성하게 지내자, 부열이 간소하게 지내는 것이 예에 부합된다고 진언했다는 내용이다. 『서경書經』「상서商書 열명說命」에 나온다.

37 "촛불을 댕겨 조서를 불태우다"는 뜻이다. 『송사宋史』 권282, 「이항전李沆傳」에 나온다. 북송北宋의 진종眞宗이 유씨劉氏라는 여자를 총애하여 귀비貴妃로 삼으려고 조서를 내리자, 재상 이항李沆이 촛불을 댕겨 조서를 불태우고 강력히 반대했다. 이에 진종은 어쩔 수 없이 포기했다.

38 "누런 빛깔의 거친 비단으로 만든 이불"이란 뜻이다. 송나라 인종仁宗이 평소에 검소했는데, 어탑御榻 위에 덮는 이불도 질이 낮은 황시黃絁였다. 비단 색이 이미 바래어 어두웠으므로 궁녀가 새 이불을 가져다가 그 위에 덮었으나 나중에 보면 전에 덮던 그 황시 이불이었다고 한다. 『설부說郛』 권40, 「귀전록歸田錄」의 내용이다.

39 "왕윤이 동탁의 잔여 군사들을 사면하지 않았다"는 뜻이다. '부곡部曲'은 군대의 편제 단위, 혹은 군사를 지칭하는 말이다. 후한後漢 말 헌제獻帝 때 사도司徒가 된 왕윤이 계략을 써서 동탁을 죽였는데, 동탁의 부하였던 이각과 곽사郭汜 등이 왕윤에게 자기들의 죄를 사면해줄 것을 요청했으나 이를 거절했다는 내용이다. 왕윤은 결국 나중에 이각과 곽사의 무리에게 죽임을 당했다. 당시 왕윤의 처신에 대한 내용을 논하라는 논제이다.

40 "목란木蘭은 자신의 향기로 인해 스스로 불살라진다"는 뜻이다. 목란이라는 향나무는 향기를 밖으로 강하게 풍기기 때문에 사람들이 분향용으로 가져다가 태웠다.

41 송나라 때 정위丁謂가 구준寇準을 참소하여 지방인 뇌주雷州로 좌천시켰는데, 얼마 뒤에 정위가 애주崖州로 좌천되어 갈 적에 뇌주를 지나게 되었다. 구준이 사람을 보내어 삶은 양羊 한 마리를 가지고 가서 그를 뇌주 경계에서 맞아 대접하게 하고, 또 집안 하인들에게 원수 갚는 것을 금했다고 한다. (宋史·寇準列傳)

42 유생들에게 학업을 권장하기 위하여 한 달에 세 번 제술을 부과하여 시험하는 것을 말한다.

43 한양의 사학에서 성균관기재成均館寄齋에 올라가기 위하여 치는 자격시험을 말한다. 성균관에는 원칙적으로 200인의 생원과 진사를 유생으로 입학시키는데, 생원·진사가 200인에 미치지 못할 때에는 사학의 학생을 뽑아 결원을 보충했다.

44 경강敬姜은 춘추시대 노나라 공보 문백公父文伯의 어머니이다. 일찍이 공보 문백이 죽었을 적에 그의 어머니 경강이 곡하지 않았다. 그 까닭을 물어보니, 경강이 말하기를 "옛날에 내가 아들에게 중니仲尼를 섬기라고 했다. 그런데 중니가 노나라를 떠나갈 적에 전송하면서 교외 밖으로 나가지 않았으며, 물품을 보내 주면서 집안의 보배를 보내지 않았다. 아들이 병이 들었을 적에 와서 문병을 하는 선비들을 볼 수가 없었으며, 죽은 날에는 상복을 입고 따라가는 궁녀가 열여 명이었다. 이는 아들이 선비들은 대단하게 여기지 않고 부녀자들만 대단하게 여긴 것이다. 그러므로 내가 곡하지 않은 것이다"라고 했다. (『韓詩外傳 卷1』)

45 장례원은 1467년(세조 13)에 노비 문제를 처리하기 위해서 만든 정3품 아문이다. 1764년(영조 40)에 혁파되었다. 혁파된 후에는 보민사保民司라 이름하고 형조의 속아문이 되었다. 『경국대전』에 따르면 판결사 1인(정3품), 司議 3인(정5품), 司評 4인(정6품)으로 구성되었다.

46 임금이 능에 배알하는 것을 말한다.

성재일기

1판 1쇄 발행 2020년 9월 1일

지은이 · 이연순 김종석 박청미 안영석 이정철
펴낸이 · 주연선

총괄이사 · 이진희
책임편집 · 이우정
표지 및 본문 디자인 · 김지수
마케팅 · 장병수 김진겸 이선행 강원모
관리 · 김두만 유효정 박초희

(주)은행나무
04035 서울특별시 마포구 양화로11길 54
전화 · 02)3143-0651~3 ｜ 팩스 · 02)3143-0654
신고번호 · 제1997-000168호(1997. 12. 12)
www.ehbook.co.kr
ehbook@ehbook.co.kr

잘못된 책은 바꿔드립니다.

ISBN 979-11-90492-98-0 (93910)